红旗不倒——闽西为什么能

主　编　涂水发　卢伟耀

副主编　林振东　吴新业

　　　　刘路永　董东明

中国言实出版社

图书在版编目(CIP)数据

红旗不倒 : 闽西为什么能 / 涂水发，卢伟耀主编 .
— 北京 : 中国言实出版社 , 2021.10
ISBN 978-7-5171-3943-0

Ⅰ . ①红… Ⅱ . ①涂… ②卢… Ⅲ . ①思想政治教育
—高等职业教育—教学参考资料 Ⅳ . ① G711

中国版本图书馆 CIP 数据核字 (2021) 第 215057 号

红旗不倒——闽西为什么能

总 监 制：朱艳华
责任编辑：罗　慧
责任校对：王蕙子

出版发行：中国言实出版社
　　地　址：北京市朝阳区北苑路180号加利大厦5号楼105室
　　邮　编：100101
　　编辑部：北京市海淀区花园路6号院B座6层
　　邮　编：100088
　　电　话：64924853（总编室）　64924716（发行部）
　　网　址：www.zgyscbs.cn　E-mail：zgyscbs@263.net

经　　销：新华书店
印　　刷：三河市海新印务有限公司
版　　次：2022年1月第1版　2022年1月第1次印刷
规　　格：787毫米×1092毫米　1/16　12.5印张
字　　数：237千字

定　　价：42.00元
书　　号：ISBN 978-7-5171-3943-0

★ 前言

闽西（龙岩）是著名的革命老区，原中央苏区核心区域，辖区内 7 个县（市、区）全部都是中央苏区县，是彪炳千秋的古田会议召开的所在地，是毛泽东思想的初步形成地，是红军故乡、将帅摇篮，有着"二十年红旗不倒"的光辉历史，老区人民为中国革命付出了巨大牺牲、作出了巨大贡献。

2014 年 10 月全军政治工作会议期间，习近平总书记在福建古田同老红军、军烈属等代表座谈时深情地说："闽西，我很熟悉，这是原中央苏区所在地，对全国的解放、新中国的建立、党的建设、军队的建设作出了重要的不可替代的贡献。""我们永远不要忘记老区，永远不要忘记老区人民。"

闽西红色政权创建前的国民党旧政权由封建地主与官僚军阀把持，他们在政治上实行血腥的反动统治，在经济上施以掠夺与层层盘剥。这种封建官僚地主的政权，其最重要的基础是以地主阶级为中心的生产关系。农村中，封建家族组织十分普遍，各地都建有宗族祠堂，订立各种封建族规，地主豪绅充当族长，利用家族组织把持各种公堂会所，对农民实行残酷的封建统治。在封建军阀、帝国主义与地主豪绅势力相勾结的黑暗统治下，闽西的旧政权是鱼肉百姓的统治机器。闽西地区政治腐败，混战连年，社会经济衰败、盗匪出没，劳苦群众过着衣不蔽体、食不果腹，如同牛马一样的悲惨生活。

哪里有压迫，哪里就有反抗。党的"八七会议"精神在福建传达以后，在中国共产党的领导下，闽西各县党组织领导人民群众，开始了武装反抗国民党反动统治的斗争。"枪杆子里面出政权"，1928 年 3 月 4 日，后田暴动的枪声，揭开了闽西土地革命斗争的序幕，打响了福建农民暴动的第一枪。从此，闽西人民革命武装在党的领导下，克服重重艰难险阻，历经土地革命战争、抗日战争和解放战争三个时期艰苦卓绝的斗

争，于 1949 年 11 月 6 日，闽西全境解放。

革命的硝烟已经远去，但英雄的壮举永远不会被人们忘记。一句"二十年红旗不倒"，凝聚了闽西苏区革命的辉煌，也叫响了闽西人民的自豪。

在中国共产党历史上，革命斗争"红旗不倒"有三个显著标志：一是党的组织长期存在，党的活动一直坚持；二是革命武装长期存在，武装斗争从未间断；三是革命果实长期保留，群众利益得到维护。放眼全国，福建龙岩（闽西）、海南（琼崖）、鄂豫皖或大别山苏区，都可以说是新民主主义革命时期红旗不倒的地方。但是，同时具备上述"三个长期"的唯有闽西苏区，特别是土地革命部分果实长期得到捍卫和保留，20 万亩土地一直到中华人民共和国成立都掌握在群众手中，这是全国独一无二的伟大奇迹。在这里，从 1926 年建立党组织到 1949 年中华人民共和国成立，在敌我力量悬殊的情况下，闽西党组织和革命武装克服了令人难以想象的重重困难，坚持了艰苦卓绝的革命斗争二十多年。1945 年，毛泽东对赴延安汇报请示工作的方方同志说："你们坚持了三年游击战争，保留了这么多干部，保留和发展了部队，保留了 20 万亩土地，保卫了苏区广大群众的利益，这是伟大的胜利。"从此，闽西革命赢得了"二十年红旗不倒"的光荣赞誉。

在闽西，党的组织长期存在，革命活动一直坚持。1926 年初夏，中共永定支部在湖雷镇上南村羊头自然村"万源楼"成立，这是闽西最早建立的党支部，是福建农村第一个中共地方组织。从 1928 年到 1949 年，相继成立了中共闽西特委、中共闽粤赣边区特委、中共福建省委、闽西南军政委员会、中共闽粤赣边省委、中共闽西地委等。在整个新民主主义革命时期，闽西地区党的组织从未间断，这里存在着 20 余年党的省、地、县领导机关，它们是闽西人民革命的坚强领导核心。闽西"二十年红旗不倒"得益于毛泽东思想的熏陶，如古田会议的建党建军原则、反对本本主义的实事求是思想、星火燎原的农村包围城市战略、关心群众生活的群众观念、《才溪乡调查》提倡的调查研究之风以及建立灵活广泛的统一战线策略，都对闽西坚持革命斗争产生了最为直接的影响。党的正确领导是闽西成为红旗不倒堡垒的根本保证。

在闽西，革命武装长期存在，武装斗争从未间断。1928 年春夏，闽西党组织领导了后田、平和、蛟洋、永定四大农民暴动，掀起了闽西革命斗争的浪潮。1929 年，红四军二次入闽，历经长岭寨战斗、三打龙岩、"七月分兵"等，促进了闽西各县红色政权的建立和土地革命的开展。闽西苏维埃政府成立前后，闽西先后组建了红九军、红十二军、红二十军、红二十一军、新二十一军等，成为发展和保卫苏区的中坚力量。中央主力红军长征后，红八团、红九团及各县地方武装，与敌人进行了艰苦卓绝的三年游击战争。1938 年春，闽西红军游击队 2 800 余人整编为新四军第二支队，开赴苏皖抗日前线。解放战争时期，地方武装不断壮大，游击战争广泛开展，至 1949 年 11 月闽西全境解放。坚强的人民武装是闽西成为红旗不倒堡垒的决定力量。

在闽西，分田斗争不断创新，革命果实一直保留。1928 年的闽西"溪南土改"，实现了开天辟地的第一次。1929 年后，在闽西作出的《土地问题决议案》《富农问题决议案》等，使党的土地政策不断完善，80 多万闽西农民实现了拥有土地的梦想。闽西苏区最早进行土地分配探索，所采取的分田办法很实在，闽西的土地革命及其总结出来的土地革命经验具有普遍的指导意义。1934 年主力红军长征后，原闽西革命根据地的大部分地区被敌人占领，留下来坚持三年游击战争的红军游击队，进行了艰苦的保卫土地革命成果的斗争。抗日战争期间，在国共合作抗日的前提下，中共闽西南潮梅特委领导闽西人民针锋相对地与顽固派和地主豪绅进行有理、有利、有节的斗争，积极开展"保田运动"。在有 14.6 万人口的地区，一直保存着 20 多万亩土地革命的胜利果实，直至全国解放。人民群众真心实意的支持拥护，是闽西成为红旗不倒堡垒的坚实基础。

红色是闽西历史最厚重的篇章，是闽西土地最鲜亮的底色，是闽西人民最纯粹的基因。在闽西二十多年波澜壮阔的革命实践中，闽西人民始终红心向党，坚定执着追理想、实事求是创新路、艰苦奋斗攻难关、依靠群众求胜利，谱写了以"坚定信念、求真务实、一心为民、清正廉洁、艰苦奋斗、争创一流、无私奉献"为主要内容的"红旗不倒"精神。这是中国共产党人红色基因和精神族谱的重要组成部分，是一种启示今天、昭示未来的宝贵精神遗产，永远值得后人牢记和珍惜，必将成为一代又一代人的精神财富而永载史册！

时代或许有异，挑战或许不同，但如山的理想、如磐的信念、坚定的志向，却始终是我们前行的动力，值得我们不断传承弘扬。闽西风云激荡的革命历史，一个个感人至深的红色故事，不仅蕴藏着我们"从哪里来"的精神密码，更标定了我们"向何处去"的精神路标。我们梳理历史，不仅是为了恢复记忆，更是要着眼当下、关照现实。红色基因标注信仰与方向，连接过去与未来。习近平总书记一再强调，"要把红色资源利用好、把红色传统发扬好、把红色基因传承好"。这是党的事业薪火相传、血脉永续的根本。习近平总书记还提出，"要在政治工作的发源地进行情景教育，寻根溯源、正本清源，传承红色基因，不忘本、不迷途，从历史中汲取前进的智慧营养"。今天，讲好党的历史故事，唱响"红旗不倒"精神、传承好红色基因是我们义不容辞的政治责任，对于巩固壮大主流思想阵地、弘扬主旋律、传播正能量、提振干事创业的精气神具有重要的时代价值。在习近平新时代中国特色社会主义思想的指引下，不忘初心，

牢记使命，不负历史的馈赠，让红色基因代代相传，培养"一技在手的新时代阳光工匠"，是闽西红土地赋予我们的光荣使命。

本书作为学习践行社会主义核心价值观的有益读物，以闽西"二十年红旗不倒"精神为主线，在借鉴众多党史研究专家研究成果的基础上，阐述闽西为什么"二十年红旗不倒"的精神实质、成功密码及其时代价值。这有助于大学生更加准确地把握闽西"二十年红旗不倒"精神，更加深刻地认识中国共产党领导的闽西人民革命历史进程和成就，更加透彻地理解中国共产党人的初心和使命；有助于大学生多思今天的幸福生活是从哪里来的，多想美好的明天该怎样去奋斗，做党的初心的传承者、守护者、发扬者，进而以红色基因作为"最好的营养剂"，牢固树立"四个意识"，坚定"四个自信"，做到"两个维护"，把自己锻造成为"一技在手的新时代阳光工匠"，成为德智体美劳全面发展的中国特色社会主义事业合格建设者和可靠接班人。

本书由涂水发、卢伟耀任主编，林振东、吴新业、刘路永、董东明任副主编，卢伟耀审定了大纲，对编写体例和初稿提出了修改意见。全书由涂水发、林振东编写初稿并统修定稿，卢伟耀、吴新业、刘路永、董东明修改了部分章节。

本书在编写过程中，得益于傅如通、傅柒生、曾汉辉、吴升辉、江树高、王东炎等众多专家学者多年来的辛勤努力，参考、借鉴了他们大量的研究成果。同时，主要参考了《闽西人民革命史（1919—1949）》《红色闽西》《闽西红色故事100篇》《中国共产党历史》《关于建国以来党的若干历史问题的决议》《闽西地方武装概略》《从闽西走出的骄子》《无产阶级革命家在闽西》《土地之歌——龙岩保田斗争纪实》《土地改革与闽西苏区社会结构的变化》以及其他历史文献、回忆录等。本书图片来自有关书籍、网络、纪念馆陈列及个人拍摄，在此一并表示感谢！

由于编者水平有限，实难全面反映闽西人民革命斗争的艰难历程与重大贡献，敬请使用本书的师生与读者批评指正。如有其他意见或建议，恳请专家和广大读者不吝赐教。

编　者

2021 年 5 月

目录

第一章

党的旗帜领航向

红旗打多久，高潮何时到？有个问号困扰在心间。革命走向哪条路？光明出现在何方？星星之火、可以燎原，星火燎原照亮东方……这是预言，更是坚定的信念。它像朝阳拨开了晨雾，它像灯塔指明了航线。它引领红军一步步走出低潮，走向东方日出的那片天！

　　红旗打多久，高潮何时到？有个问号迷茫了视线。革命前途在哪里？胜利到底有多远？星星之火可以燎原，星火燎原照亮东方……这是期待，更是点亮的希望。它像曙光照亮了黑夜，它像航船揭起了风帆。它引领着革命一步步走出低谷，走向万山红遍的那片天！

——秋枫《星火燎原》

第一节

闽西大地东方红

党的"四大"后，加入共产党组织的闽西知识青年，先后回到家乡秘密发展共产党员，建立地方党组织。1929 年 7 月 20 日，中共闽西第一次代表大会召开后，闽西各地的土地革命很快轰轰烈烈地开展起来。随着闽西革命根据地建立，闽粤赣边区的党组织领导了建立、发展和保卫苏区的伟大斗争。

一、马列主义在闽西传播

闽西位于福建省西部，西北与赣南毗连，西南与粤东接壤。在土地革命战争时期，中国共产党在这里创建了闽西苏区革命根据地，是继井冈山之后创建的第二块农村根据地，后来成为中央苏区革命根据地的主要组成部分。闽西苏区革命根据地包括龙岩（1997 年 5 月撤地设市）、永定、上杭、长汀、连城、武平、漳平、宁洋（现漳平市双洋镇，1956 年撤销县治）、宁化、清流、归化（现明溪）、漳州南靖、平和、广东大埔等十余个县。

中华人民共和国成立前，闽西人民和全国人民一样，长期遭受"三座大山"的压迫和剥削，社会经济严重衰败，人民生活艰难竭蹶、灾难深重。在太平天国起义、辛亥革命的影响下，闽西近代反帝反封建的革命浪潮一浪高过一浪。虽然这些斗争由于缺乏先进阶级的领导而归于失败，但它预示着天翻地覆的革命风暴即将来临。

"五四"运动后，特别是中国共产党诞生后，《新青年》《向导》等革命书刊不断传入闽西，马列主义在闽西得到了迅速传播。闽西的革命知识分子深深感到，只有走马克思主义指出的无产阶级和全人类解放的道路，才是唯一的出路。他们受新思潮的影响，寻求革命真理，投身新的反帝反封建洪流。

1921 年春，被誉为"龙岩八骏"的邓子恢、章独奇、林仙亭、陈明、张觉觉、曹菊如、张双铭和陈雪琴等进步青年，在龙岩白土桐冈书院组织了闽西第一个进步社团——"奇山书社"，吸引大批青年知识分子学习马克思主义，寻求社会改造良方[①]。他

[①] 刘少雄.辉煌百年闽西荣光：写在中国共产党百年华诞之际 [N].闽西日报，2021－07－01（6）.

们阅读《共产党宣言》《新青年》等革命书籍，抨击时弊。书社成立后，吸引了一批向往革命的青年知识分子和小学教员入社，发展至 200 余人。书社的活动，"对龙岩知识分子的革命思想起了启蒙作用"。

"奇山书社"旧址：桐冈书院（涂水发 摄）

1923 年上半年，邓子恢、陈明等创办了闽西第一个宣传马列主义的刊物《岩声》。同年 9 月 1 日，《岩声》在第一期发刊词——《岩声宣言》中，阐述了刊物的宗旨："本报最伟大之使命乃在，改造旧社会，宣传新文化。"其责任是"在事实方面，作实际的调查……在理论方面，为新文化运动取各种最新学说，实为吾岩社会所急需者，为之宣传鼓动……"《岩声》月刊自创办之日起，就成为龙岩 20 万民众舆论中心，锋芒直指北洋军阀、帝国主义和官僚地主阶级。至 1926 年 11 月，《岩声》共出版 43 期，其中 1—24 期为月刊，25—41 期为半月刊，42 期以后为周刊，发行范围在国内达福建、江西、广东、湖南、湖北、河南、河北、安徽、山东、江苏、浙江、台湾等 12 省 35 个县市，发行 384 份。国外发至新加坡、日里、亚齐、三巴垄、仰光、吕宋、槟榔屿 7 处，发行量 208 份。《岩声》是当时福建省出版最早、发行范围较广、影响较大的宣传新文化、新思想的主要刊物，在传播马列主义方面起到了先导作用。

闽西籍的革命知识分子还创办了《钟声》（1923 年）、《汀雷》（1925 年）、《莲钟月刊》（1926 年）等刊物，宣传马列主义，揭露社会的黑暗，号召人民团结起来，打倒封建主义。此外，革命的知识分子还通过创办平民夜校和新剧团，向广大的农民宣传新思想、新文化。特别是参加第五届和第六届广州农讲所学习的学员返回闽西后，在农村开展农民运动，组织农民协会，宣传并实行"二五"减租等。

从"五四"运动到北伐战争前夕的六七年间，闽西各县如雨后春笋涌现出来的一批进步青年及革命报刊，说明马克思主义与新文化、新思想在闽西山区广泛地传播开来。这些革命团体及其创办的刊物，造就了具有革命思想的一代先进分子，后来逐渐成为共产党的外围组织和宣传阵地，为建立闽西党组织奠定了思想基础和组织基础。

《岩声》《钟声》《汀雷》等刊物（资料来源：走进龙岩丛书之《红色闽西》）

二、闽西早期的共产党员

1925 年 1 月，中国共产党在上海举行第四次全国代表大会，总结了国共合作一年来的经验教训，制订了开展群众运动的计划，并决定在全国发展和建立党的组织，以适应革命大发展的需要。会后，党的工作迅速深入广大群众中。于是，闽西开始有了党的活动。

闽西最早的共产党员是在先进的知识青年中发展的。这些先进的知识青年在外地求学或从事社会工作，阅读了许多马克思主义的进步书刊，接受了马列主义，树立了共产主义的理想和信念，从而成为坚强的共产主义战士。闽西最初的共产党员主要来自以下几个方面：

第一，在广州农民运动讲习所入党的中共党员。1925 年，"五卅"反帝运动期间，原在上海市一烟庄当伙计的赖玉珊、赖秋实积极参加上海市党领导的罢工、罢课、罢市斗争，被老板解雇。同年 6 月，他俩毅然离开上海，来到广州，9 月，考入彭湃主办的第五届广州农民运动讲习所。在讲习所里，他们认真学习马克思主义基本理论和中国农民问题等课程，参加实际斗争，结业前，加入中国共产党，同年底，党组织派

遣他们回永定开展工作。1926年春，毛泽东在广州筹办第六届全国农民运动讲习所。罗明奉中共广东区委的委派，到福建厦门招收学员。龙岩革命青年郭滴人、陈庆隆、李联星、朱文昭（后叛变），永定县的王奎福、胡永东，上杭县的温家福，还有平和的朱积垒、诏安的黄昭明等人经选拔，进入这所革命的熔炉学习，提高了对共产主义的认识，并先后加入中国共产党。7月，国民革命军誓师北伐，农讲所提前于9月结业。福建学员受党组织委派，回到闽西南地区开展和领导农民运动。另外，上杭县雷三明于1926年夏，在广东海丰农讲所学习时加入中国共产党。

第二，在厦门集美学校师范部入党的中共党员。集美学校师范部是福建省较早传播马克思主义和建立党团组织的摇篮。闽西早期从事革命的先进知识分子多来自此校。陈嘉庚先生开办的集美学校，特别是该校的师范部，由于免费供给学生食宿，并发给奖学金，因此，闽西穷家子弟投考该校的人员特别多。集美学校的办学思想比较开明，闽西籍学生通过阅读大量进步书刊，参加各种派别的讨论，联系社会和家庭实际，进行了阶级分析和对比，明白了只有马列主义才适合中国国情，才是拯救中国的真理。这批革命青年除读书、写文章外，还积极参加中共两广区委和厦门国民党左派组织领导的校内外各种进步活动，经受锻炼和考验，成为进步学生的骨干。李觉民、林心尧、阮山等于1926年加入中国共产党，随后，在集美学校师范部学习的闽西青年卢肇西、卢其中、陈正、钟武、谢景德、曾牧村、蓝维仁、蓝为龙、杨世宁等人陆续参加了共产党组织，并接受党组织的派遣，先后回闽西宣传马列主义，进行革命活动。另外，龙岩的谢宝萱、漳平的陈国华作为先进青年于1927年初加入中国共产党，成为龙岩县总支发展的第一批党员。

第三，在其他地方入党的中共党员。武汉中央军事政治学校曾培养一批闽西英杰。长汀县的张赤男、傅维钰，永定县的江德贤、赖连璋、何正生，上杭县的林俊，先后考入武汉中央军事政治学校，受到严格的军事训练，加入中国共产党，毕业后回闽西参加革命斗争。国共两党合作创办的黄埔军校也聚集了不少闽西有志青年。1924年5月，黄埔军校在国民革命政府所在地广州公开招收学生，这一消息传到闽西后，许多热血青年毅然告别家乡父老，奔赴广州。黄埔军校第一期至第八期共录取了闽西籍学员52人（不包括其他分校学员），另有多人考入黄埔军校潮汕分校学习。龙岩的林野、连城的李云贵等不少人在军校加入中国共产党，后回闽西领导武装斗争。许多闽西优秀儿女在全国各地求学、参加革命活动时加入中国共产党。如项与年于1925年在浙江海宁加入中国共产党，邓子恢于1926年12月在江西崇义加入中国共产党，张鼎丞于1927年6月在广东大埔加入中国共产党，阙宝兴在武汉高等师范加入中国共产党，陈明、熊一鸥、谢秉琼、刘克模均在上海大学学习时加入中国共产党，俞炳荣在厦门警官学校加入中国共产党，廖惠清在南京晓庄师范学校加入中国共产党，李国玉在武昌大学加入中国共产党，胡轶寰、修焕璜、吴炳若在广州中山大学加入中国共产党，李长明、梁心田、邹济苍、张涤心在海陆丰加入中国共产党，何耀全在广州从事革命活动时加入中国共产党。[①]

此外，还有在国外加入中国共产党的闽西学子。1916年在法国留学的蔡元培、吴玉章等人创办了华法教育会，号召国内有志青年到法国勤工俭学，以振兴中国。1919年12月3日，闽西南籍赴法勤工俭学青年学生一行50人，取道香港，乘邮船抵法国。1922年，漳平县（现漳平市）郑超麟等人在法国成立"少年共产党"，后转到苏联莫斯科东方大学学习，于1924年4月在莫斯科加入共产党组织（后为托派）。漳平县陈祖康于1923年参加"少年共产党"，1924年6月转为中国共产党党员（后叛变）。"五四"运动前后，上杭蛟洋进步知识分子傅柏翠、长汀县的革命青年黄亚光、连城的罗镇程、武平的刘克漠留学日本，加入中华革命党，回家乡后于土地革命初期加入中国共产党。

三、率先举旗的党组织

　　唤醒了昏沉平庸，迎来了十月火种。干裂的土坯墙上，绽放了一抹鲜红。背负着苦难深重，顽强把拳头高耸。紧跟着伟大的共产党，紧抱着我的工农弟兄。一粒火星点亮了，点亮了万源楼灯火，燎原成闽西大地的东方红。闽西大地的东方红！

——孙国亮《万源楼》

在外地加入共产党组织的闽西知识青年，大多数受党组织安排，先后回到家乡，深入人民群众中传播马克思列宁主义，宣传革命道理，从事工人运动、农民运动，秘密发展共产党员，建立地方党组织，领导闽西人民进行土地革命斗争。1926年下半年，闽西开始建立党组织。

闽西最早建立的党组织是永定党支部。1926年初夏，受中共汕头地委和中共厦门总干事的委派，共产党员阮山、林心尧回家乡永定开展建党工作。他们回永定后，即与先期从外地回乡的赖秋实、赖玉珊、熊一鸥等共产党员一起，在永定县（现永定区）湖雷镇上南村羊头自然村"万源楼"成立了闽西第一个党支部、福建省第一个农村党

[①] 中共福建省龙岩市委党史研究室.闽西人民革命史（1919—1949）[M].北京：中央文献出版社，2001：32.

支部——中共永定支部（后称上湖支部），阮山当选为支部书记，成员有林心尧、赖秋实、赖玉珊、熊一鸥等。党支部通过边培养、边教育、边发展的方式，先后发展了阮振鹏、阮迈、熊振声、熊永清、阮维周、阮德周、熊炳华等人为党员。

闽西第一个党支部成立旧址：万源楼（涂水发 摄）

中共永定支部的成立，标志着闽西革命从此有了以马列主义为指导的领导核心力量。湖雷人民从建立中共永定支部开始到中华人民共和国成立，一直保存了党的组织，湖雷人民革命斗争一直有党组织的坚强领导。这里，先后参加红军游击队的有1 000多人，为革命牺牲的烈士有651人，中华人民共和国成立后被评为革命基点村的有45个。在幸存的革命者中，有5人被授予少将军衔，有10多人担任县团级以上领导职务。①

1926年10月，北伐军东路军进军闽西永定、龙岩等地。闽西的共产党员在积极帮助国民党建立和巩固基层组织的同时，抓住国共合作的大好时机，与随北伐军入闽的共产党员一起，迅速建立了闽西各地党组织。郭滴人、陈庆隆等随军出发，10月下旬到达龙岩，在龙岩城关孔庙成立中国共产党龙岩小组，陈庆隆为组长。胡永东、王奎福与永定党支部书记阮山取得联系，先后发展在金丰地区开展革命活动的陈正等人为共产党员。1926年冬在下洋公学建立中共金丰支部，胡永东任支部书记（后为陈正）。与永定毗连的平和，属闽西革命根据地范畴，中共平和支部于1926年12月成立，朱积垒任支部书记。1926年12月中共上杭支部成立，温家福任支部书记，次年1月支部扩大后由林心尧任支部书记。1927年1月经中共闽南特委批准，成立中共龙岩总支委，陈庆隆任总支书记，县总支机关设在城关育婴堂。

① 傅如通，符维健.红色闽西[M].北京：中央文献出版社，2007：04.

1927 年 9 月，南昌起义军进入闽西，闽西基层党组织不断扩大，各地县委或临时县委相继成立。

在永定，中共溪南支部于 9 月上旬在金砂西湖寨建立，张鼎丞任书记；中共太平支部（不久改为培风支部）于 10 月下旬在坎市文溪建立，简祥明任书记；此时，永定县上湖、金丰、溪南、太平等支部拥有党员 120 名，中共永定县委第一次代表大会于 25 日（农历十月初一）在金砂公学召开，正式成立中共永定县委，罗秋天为书记；至 1928 年 6 月，全县共成立 3 个区委、3 个特别支部（简称"特支"）、40 余个支部，党员人数达 500 多人。在龙岩，1927 年秋，中共闽南特委指示龙岩县党组织，大胆吸收农民入党，成立东肖后田党支部，全县发展党员数 150 多人；经中共福建临时省委批准，改组为中共龙岩县临时委员会，罗怀盛为书记；至 1929 年 3 月，县委下辖 5 个区委、40 余个支部，共有党员 300 余人。在上杭，1928 年 3 月，中共上杭县委正式成立，书记郭柏屏；县委下辖 6 个党支部，至年底有党员 100 余人。[①]

此外，1927 年 9 月，经中共闽南特委批准，成立中共平和临时县委，朱积垒任书记，县委机关设在长乐乡下坪村。9 月 7 日，中共长汀特别支部成立；10 月，中共武平特别支部（县级）成立；这年冬，中共良坑支部（连城最早的党组织）成立。

1928 年 3 月至 6 月，闽西地方党组织领导农民举行了龙岩后田、平和长乐、上杭蛟洋、永定等暴动，掀起了闽西革命斗争的高潮。同年 7 月 15 日，中共闽西临时特委在永定金砂古木督成立，郭慕亮任书记。临时特委的成立，标志着闽西各县的党组织已产生了自己的核心领导。在临时特委领导下，1928 年 7 月中共永福朗车支部成立，1928 年冬中共武平县临时县委成立，1929 年 2 月中共长汀特别支部改为临时县委，1929 年春中共连城临时县委成立。

闽西地方党组织的成立，标志着革命新时期的到来，从此，闽西人民在中国共产党的领导下，进行不屈不挠的斗争，开辟了一片新天地。

四、闽西"一大"指航向

从 1928 年初到 1929 年 3 月红四军入闽前，闽西基层党组织和党员得到稳步发展，永定有 5 个区委、2 个特支，上杭有 4 个区委、30 余个支部，龙岩有支部 40 个，长汀有特支 1 个、支部 3 个，连城有支部 7 个，武平有支部 6 个，平和有支部 5 个。据

---

① 中共福建省龙岩市委党史研究室. 闽西人民革命史（1919—1949）[M]. 北京：中央文献出版社，2001：35-36.

1929 年 3 月不完全统计，全闽西已有党员 755 人，占当时福建省党员总数的 58%，其中永定、龙岩各 300 人，上杭 100 人，平和 5 人，长汀 15 人，武平 35 人。[①]

1929 年 3 月至 5 月红四军先后两次入闽，闽西各级党组织在红四军前委主要领导人毛泽东等的指导下得到进一步发展。4 月初，红四军首次入闽后，中共福建省委派谢汉秋为特派员，在上杭召开龙岩、永定、上杭、长汀、武平五县委代表会议，宣布恢复中共闽西特委（原临时特委因斗争形势紧张于 1928 年 11 月停止大规模组织活动），邓子恢为特委书记。至 7 月前后，闽西党员数已发展到近 3 000 人，占当时福建全省党员总数 3 700 余人的 4/5 以上。其中以龙岩发展最快，有 100 多个支部，党员 1 000 多人。[②]

为了巩固和扩大闽西革命根据地，加强对正在蓬勃发展的闽西工农运动的领导，1929 年 7 月 20 日，中共闽西第一次代表大会（简称闽西"一大"）在上杭蛟洋文昌阁召开。出席会议的有龙岩、永定、上杭、长汀、连城、武平等县代表 60 多人（代表党员 2 300 多人），毛泽东、蔡协民、谭震林、江华、曾志 5 人受红四军前委委派，亲临大会指导。

中共闽西特委书记邓子恢在会上作工作报告，中共福建省委委员、闽西特委组织部长张鼎丞作了重要发言。

中共闽西第一次代表大会旧址：文昌阁（王培林 摄）

① 中共福建省龙岩市委党史研究室. 闽西人民革命史（1919—1949）[M]. 北京：中央文献出版社，2001：217.
② 中共福建省龙岩市委党史研究室. 闽西人民革命史（1919—1949）[M]. 北京：中央文献出版社，2001：218.

五、苏区的领导核心

1930 年 3 月，闽西革命根据地正式形成，到了 5 月闽西党组织得到较大发展，据龙岩、上杭、永定、长汀、连城、武平、漳平（永福）等县不完全统计，共有县委 6 个、区委 53 个、特支 19 个、支部 546 个，党员 7 756 人。[①] 此后，闽西苏区党组织的统一领导机构先后为"中共闽粤赣边区特委""中共闽粤赣苏区临时省委"和"中共福建省委"。

1930 年 10 月，中共中央决定将闽西、广东东江地区和赣南部分县的苏区合并，成立闽粤赣特区。中央派邓发为代表前往闽粤赣特区，组建特区党、政、军领导机关。12 月上旬，邓发在永定的虎岗主持召开闽粤赣边第一次党员代表大会，正式宣布成立中共闽粤赣边区特委，选举邓发任书记。至此，中共闽粤赣边区特委取代了中共闽西特委，闽西各县（市）特区委直接归闽粤赣边区特委领导。闽西特委、闽粤赣边区特委，在闽西苏区先后管辖龙岩、永定、平和、上杭、杭武、武平、连城、新泉、长汀、汀连、新汀、宁化、清流 13 个县委及汀州市委。

在闽西苏区与江西赣南苏区即将连成一片的形势下，闽粤赣边特区委根据中共中央于 1931 年 5 月作出的《关于苏维埃区域的组织决议案》，于 5 月下旬将闽粤赣特区改为闽粤赣省，中共闽粤赣边特区委改为中共闽粤赣临时省委，邓发任书记，罗明任组织部部长，李明光任宣传部部长，萧向荣任省委秘书长。邓发调中共苏区中央局后，由卢德光任书记。卢德光调江西省委后，由罗明任代理书记，李明光任组织部部长，刘晓任宣传部部长。省委机关先驻永定虎岗，后北移上杭白砂、长汀涂坊。

1931 年 9 月，第三次反"围剿"胜利后，闽西、赣南两苏区已连成一片，中央苏区正式形成。为了贯彻中央苏区第一次代表大会精神，进一步健全省领导机构，加强对闽粤赣苏区革命斗争的领导，中共闽粤赣临时省委于 1932 年 3 月上旬至中旬，在长汀县城召开中共闽粤赣苏区省第二次代表大会，大会决定把闽粤赣苏区省委改为中共福建省委。大会选举罗明、张鼎丞、刘晓、李明光、郭滴人、谭震林、方方、范乐春、萧向荣、李坚贞为省委执委，罗明为代理书记。省委内设秘书处、组织部、宣传部。

1933 年 2 月 28 日至 3 月初，中共福建省委召开临时代表大会，对罗明作了错误的批判，并撤销了其省委代理书记职务。苏区中央局任命陈寿昌为省委书记。6 月下旬，陈寿昌调任中共湘鄂赣省委书记，陈潭秋接任福建省委书记。

[①] 中共福建省龙岩市委党史研究室.闽西人民革命史（1919—1949）[M].北京：中央文献出版社，2001：218.

1933年10月28日至11月2日，中共福建省委第三次代表大会在长汀县城召开，大会选举了新的省委执委常委，陈潭秋任书记、方方任组织部部长、郭滴人任宣传部部长。1934年4月，陈潭秋调任中央粮食部长，中共福建省委书记由曾洪易接任。1934年7月，曾洪易以中央代表身份随红军参加北上抗日先遣队行动。

万永诚，江西赣州人，1933年4月中央革命根据地成立闽赣省，调任中共闽赣省委常务委员、闽赣省革命委员会主席团委员。6月改任福建军区政治委员。1934年2月被选为中华苏维埃共和国中央执行委员，率领福建军区红军部队参加中央革命根据地的第五次反"围剿"作战。同年10月中央红军主力长征后，担任中共福建省委书记兼福建军区政治委员，留在闽西坚持斗争。11月初国民党军侵占汀州后，万永诚率福建省党政军机关及直属队4000余人转移至长汀四都山区。由于仍坚持执行"保卫苏区，等待主力回头"的方针，指挥集中起来的红军部队同国民党军死打硬拼，使所余红军受到惨重损失。1935年4月10日，万永诚在福建武平大乐乡梅子坝战斗中壮烈牺牲，福建省委也就中止了活动。

从1932年初至1935年4月，中共福建（闽粤赣）省委先后辖有25个县委及中心县委。分别是：中共永定县委，中共平和县委，中共龙岩县委，中共上杭县委和上杭中心县委，中共长汀县委，中共连城县委，中共新泉县委，中共新汀县委，中共汀东县委，中共汀州市委，中共武平县委，中共兆征县委，中共石城县委，中共宁化县委，中共宁化中心县委，中共澎湃县委，中共泉上县委，中共清流县委，中共归化县委，中共饶和埔县委，中共永和埔县委，中共汀四县委，中共新汀杭县委，中共代英县委，中共新杭县委。

第二节

万山磅礴看主峰

党的组织长期存在是闽西成为红旗不倒堡垒的根本保证。在整个新民主主义革命时期，闽西地区存在了20余年的党的省、地、县领导机关。红军长征后，闽西各级党组织坚持毛泽东关于游击战争战略战术的基本原则，制定新的战略方针、整理发展党组织、贯彻"隐蔽精干"方针、迎接解放大军南下，成为闽西人民革命斗争的领导核心和坚强堡垒。

一、转折关头党领航

中央主力红军转移后，闽西各县分散在山区坚持斗争的红军游击队和地方武装被敌人分割围困，由于失去上级领导，互相联系中断，只能各自为战。早在闽西敌后开展游击战争的红八、九团也成了独自坚持的孤军，面临着坚持长期游击战争的考验。

在此重大转折关头，闽西革命根据地的创建者张鼎丞从中央苏区的赣南回到闽西。1934 年 12 月，在上杭县通贤障云岭成立新汀杭县委，以刘祥文为县委书记，杨松辉为县苏主席，组建新汀杭游击纵队，雷桂林任司令员。1935 年 1 月中旬，张鼎丞率部历尽艰辛，终于回到永定县委驻地西溪的赤寨村，着手进行杭永岩游击战争的组织工作。成立永东游击司令部，以刘永生为司令员，同时派永定县委书记郭义为到龙岩寻觅红八团、红九团。1935 年 3 月中旬，红八团、红九团和张鼎丞率领的部队在永定月流胜利会师。

在月流会议上，根据方方的建议，经讨论确定红八团、红九团主要领导及部分地区党组织代表组成闽西军政委员会，一致推举深孚众望的张鼎丞为主席，从而结束了主力红军转移后，闽西各级党组织和红军部队各自为战的混乱状态。

正当张鼎丞在闽西会合红八团、红九团开展游击战争的时候，困守在赣南的中央分局，接到遵义会议后的党中央于 1935 年 2 月发来的两份指示电后，将得力干部分配到各地去领导游击战争，领导机关只留下项英、陈毅、贺昌 3 人，中央分局委员立即分路突围。陈潭秋和谭震林率领红二十四师一个主力营向闽西方向突围，准备与在永定的张鼎丞会合。

在此之前，先行向闽西转移的瞿秋白、何叔衡、邓子恢一行，2 月 9 日由警卫排护送从瑞金九堡附近出发，2 月中旬到达中共福建省委驻地汤屋。2 月 21 日，由福建省委组织一支护送队，护送他们向永定方向行进。24 日拂晓，到达长汀水口，涉水渡过汀江，在小径村被国民党保安团包围，在突围战斗中何叔衡英勇牺牲。瞿秋白不幸被捕，于 6 月 18 日，在长汀县城西门外罗汉岭英勇就义。邓子恢冲出重围后，重又回到省委所在地，同陈潭秋、谭震林不期而遇，便一起向永定进发。

1935 年 4 月中旬，陈潭秋以中央分局代表名义，在永定溪南赤寨召开闽西南党和军队领导干部联席会议，研究形势和方针任务。会议决定把不久前成立的闽西军政委员会，改称为闽西南军政委员会，推举张鼎丞为主席。邓子恢为财政部部长兼民运部长，谭震林任军事部长，郭义为任党务部长，朱森（后叛变）任参谋长，方方任政治部主任。党组织也作了相应调整，在闽西地区设立永定、永东、（上）杭代（英）、龙

岩、新（泉）（长）汀（上）杭五个县委，分别由范钦洪、马发贤、廖海涛、魏金水、钟辉元任县委书记。

赤寨会议确立了由张鼎丞、邓子恢、谭震林等组成的坚强领导集体，坚持了毛泽东关于游击战争战略战术的基本原则，得到了红军指战员和游击区干部群众的拥护。这对红军游击队在闽西南地区坚持长期的游击战争，克服种种因难，直至取得最后胜利，有着十分重要的意义。会议结束以后，闽西南地区的游击战争全面地展开了。

赤寨会议纪念碑、军政亭（王培林 摄）

1935 年是闽西三年游击战争中最为艰苦的一年。为了发挥党组织在游击战争中的战斗作用，各县党组织相继加强了领导机构，并积极恢复和发展党的区乡组织，以适应发动群众广泛开展游击战争的需要。闽西南军政委员会所在地的永定地区，除了原有以范钦洪任书记的永定县委外，还将永太特区委改为永太县委，书记马永昌，以太平区为基础，发展岩永杭边境地区的工作。原永东特区委改为永东县委，书记马发贤，重新开辟以金丰大山为中心的永东游击根据地。1935 年 5 月中旬，中共龙岩县委改为军政委员会，魏金水任主席；并在岩西北工作团的基础上，成立岩西北分会，下辖三个区委。1935 年 6 月，邓子恢到岩南漳地区检查工作，在他的主持下成立岩南漳县委，这一地区的工作也得到加强。赤寨会议后，谭震林到杭代地区领导工作，在他主持下将代英县委改为杭代县军政委员会，廖海涛任主席，以双髻山为根据地，逐步在白砂、旧县、丰稔、庐丰等大乡村恢复党的组织，同时成立岩下山工作团，开辟岩下山周围乡村的工作。与此同时，新汀杭县委也改为新汀杭军政委员会，张思垣任主席，活跃在上杭的新坊、旧县、梅溪、才溪及新泉、儒畲、莒溪一带。红九团在向闽南地区推进中，开辟了龙岩、永定、南靖边境地区的工作，建立了岩永靖特区委。闽西各县党组织的整顿和恢复，形成了以岩永杭为中心全面开展游击战的新格局，闽西地区的游击战争蓬勃开展。

在党的正确领导下，闽西红军游击队经受了严峻考验，度过了艰苦卓绝的 1935 年，迎来了 1936 年"抗日反蒋"的新局面，取得了粉碎国民党军前后共五期"清剿"的胜利。党的组织也得到了巩固和发展，至 1937 年三四月间，党的组织建立有 8 个县委，即龙岩、永定、上杭、岩南漳、岩永靖、永和靖、岩连宁、永埔；在此游击根据地内，建立有 56 个区委，400 多个支部，拥有党员 3 000 余人。[①]

二、整顿健全党组织

1937 年 10 月 2 日，中共中央与国民党政府经过反复斗争、谈判，终于达成协议，决定将南方的江西、福建、广东、湖南、湖北、河南、浙江、安徽 8 省 15 块游击区的红军游击队，改编为国民革命军陆军新编第四军（简称新四军）。

遵照中央指示，1937 年 10 月 9 日至 15 日，闽西南军政委员会在龙岩县白沙乡南卓村召开闽粤赣边区党的临时代表大会。闽西、闽南（闽粤边）、东江等地区代表 26 人代表边区 5 000 多名党员参加了会议，漳州、厦门 2 市和闽赣边、赣南党组织因环境关系，未能派代表出席。会议根据方方传达的中央对闽西南工作的指示，总结了闽西党组织胜利坚持三年游击战争的经验，确定了今后的任务。宣布取消军政委员会，选出省委委员 17 人，成立中共闽粤赣边省委，张鼎丞任书记，方方为组织部部长，邓子恢为宣传部部长，谭震林为军事部部长。省委下辖闽粤边、韩江、赣南 3 个特委。

闽粤赣边区党的临时代表会议，是抗战全面爆发后闽粤赣边区党组织召开的一次十分重要的会议。会议确定的方针和任务基本符合中共中央洛川会议的精神，它使闽粤赣边区党组织和红军正确地和适时地实现了由土地革命战争到抗日战争的战略转变，为进一步巩固和发展边区国共合作抗日局面奠定了政治思想基础。特别是中共闽粤赣边省委的成立，结束了三年游击战争时期边区各地党组织和红军游击队各自为战的分散状态，统一并加强了边区各地党的领导，对于保持党在南方的战略支点，推动

---

① 中共福建省龙岩市委党史研究室. 闽西人民革命史（1919—1949）[M]. 北京：中央文献出版社，2001：444.

抗日救国运动都具有十分重要的意义和作用。

1938 年 1 月 6 日，新四军军部命令闽西南、闽粤边、闽赣边的红军游击队改编为新四军第二支队，并决定北上抗日。开拔前夕，闽粤赣边省委于 2 月 20 日在龙岩县白土镇后田村召开省委扩大会议（闽西南潮梅特委第一次会议），根据中共中央长江局的决定，将中共闽粤赣边省委改称为中共闽西南潮梅特委，直属长江局领导。同时改选了领导成员，由方方、谢育才、李碧山、范乐春、魏金水 5 人为特委常委，方方任书记，谢育才任副书记兼组织部部长，李碧山任宣传部部长，范乐春任妇女部部长，伍洪祥任青年部部长。特委下辖潮汕、梅县、漳州、泉州、汀瑞 5 个中心县委，分别由李平、伍洪祥、何浚、吴广、刘国兴任书记。闽西地区不设中心县委，龙岩、永定、永和靖、连南等县委和杭永边、汀州等工委仍由特委领导。此外，原岩连宁县委于 1938 年 3 月改为岩西北分委，归龙岩县委领导。

闽粤赣边省委扩大会议是新四军第二支队北上抗日前夕召开的一个重要会议，不但保证了二支队的扩大与顺利开赴抗日前线，而且为闽粤赣边区党组织建设和今后的地方工作奠定了较好基础。

新四军第二支队北上抗日后，闽西党组织所处的政治环境发生了新的变化，国民党当局利用部队走后共产党力量相对削弱的时机，企图从根本上限制消灭共产党的活动。为了适应全国抗战爆发后新的斗争形势，担负起扩大与巩固抗日民族统一战线以彻底战胜日本侵略者的神圣任务，必须要有一个强大的党组织。因此，大量发展党员，扩大各级党组织，就成为抗战初期党的建设迫切而严重的任务。

闽西党组织根据中央指示精神，结合抗日救亡运动的开展和部队整编、扩军等工作，发展了一批党员，并经过审查恢复了一批过去失去联系或从国民党监狱释放出来的党员的党籍。到 1938 年 6 月，特委直属的闽西 10 个县中，已有 3 个县委，2 个县工委，党员 2 100 人。龙岩县委首先从老区抓起，然后逐步扩展到新区。短短的几个月，龙岩全县的党员就发展到 1 100 多人。[1]永定县在逐步整顿和恢复三年游击战争时期遭到敌人破坏的党组织的同时，特别注重发展在抗日救亡运动中涌现出来的知识分子。到 1939 年上半年，全县党员已达 900 人，建立起 9 个区委、168 个支部（罗炳钦《抗日战争时期永定党组织情况》，1985 年）。[2]当时发展的党员，经过后来的斗争实践的检验，大多数能够站在斗争的前列，艰苦奋斗，并在恶劣环境

---

[1]《中共闽西南特委报告》，1938 年 6 月.

[2] 中共福建省龙岩市委党史研究室. 闽西人民革命史（1919–1949）[M]. 北京：中央文献出版社，2001：470.

中经得住考验。

　　闽西各级党组织在积极发展党员的基础上，认真进行了党组织的整顿工作。由于初期发展党员很快，组织工作不够严密，致使一些自首自新，甚至个别叛徒和其他坏分子混入党内，造成组织不纯，纪律松散。为此，党组织根据中共闽西南潮梅特委提出的"发展与整理应同时进行，不应分开与片面进行"的指示精神，从1938年8月开始，在红五月大发展的基础上转入整顿组织的工作。党员整理工作，一般自下而上，先从党小组和支部着手集中党员进行思想检查，反对各种不良倾向，"从说服与教育入手，来纠正错误，不随便执行纪律，也不放弃铁的纪律"。并总结支部开展工作的情况，找出问题和原因，改善支部的领导方式，以加强区委和支部的领导，严密支部的组织。同时，对党员进行重新登记，纯洁党的队伍。到同年12月，各县初步完成了自下而上改造各级领导、改善支部的领导方式和党员重新登记等步骤，健全了组织，提高了党员的质量，发挥了党在群众中的核心领导作用。同时，闽西各级党组织利用发展与教育相结合的方式，普遍采取办短期培训班的办法，加强了对党员的政治思想和组织纪律教育。

　　为了立足老支点，坚持抗战，并应对国民党顽固派可能发动的突然袭击，闽西各级党组织根据上级指示精神，采取多种形式开展了战略支点的巩固与发展工作。第一，通过恢复和发展老支点的党组织，加强党的思想和组织建设，使老支点有了坚强的党的领导核心，这是巩固老支点的关键。第二，以壮丁队的组织形式，巩固和发展党领导下的老支点群众武装。第三，掌握和利用保甲制度，开展党在老游击区的日常工作。第四，闽西党组织领导广大农民采取多种形式开展保卫土地、减租减息的斗争，使农民群众普遍得到实惠，从而巩固了老支点。

　　抗战初期，闽西党组织在不太长的时间里发展了大量的党员，使各级党的组织得到了恢复和发展，使组织工作实现了新形势下的转变，使党在抗日救亡运动、保田斗争中更好地发挥了核心堡垒作用；同时又保持和巩固了红军游击区的老支点，这对初期抗战的发动和相持阶段的坚持所产生的坚强柱石作用是不可估量的，并为日后坚持反顽斗争奠定了组织基础。

三、挫折面前志更坚

（一）回击"反共逆流"

　　1938年3月闽西游击队参加新四军第二支队北上抗日后，闽西国共两党在武装力

量的对比上发生了重大变化。在国民党中央的策划下，闽西国民党当局蓄意制造了一系列的反共事件，破坏国共合作局面。龙岩县长陈石组织了一个半秘密的怪团体，"效忠团"专司反共活动。7月12日，中共龙岩县委委员林映雪等人被当局以莫须有的罪名逮捕，接着，龙岩小池区委书记吴裕昌又惨遭暗杀。10月，国民党又强令解散白土、黄坊（今红坊）抗日服务团，查禁中共闽西南特委和龙岩县委的机关报《前驱》《团结》，抓捕基层支部的共产党员迫其承认所在支部为"汉奸组织"。

1940年春，国民党福建省政府积极响应蒋介石发动的第一次反共高潮，除了规定把防止共产党的活动作为中心工作外，还特别拨出专款支持龙岩、永定等县国民党当局进行反共活动。因此，闽西的国民党顽固派变本加厉，从策动地主收租夺田发展到阴谋捕杀共产党人。2月21日，国民党地方保安队制造了"连坑事件"。5月21日和22日，在永定县国民党顽固派的阴谋策划和指使下，制造了震惊八闽的"马永昌事件"。

面对国民党当局咄咄逼人的反共逆流，闽西党组织遵照中共中央有关指示，给国民党顽固派以必要的坚决的回击。1940年6月10日，中共闽西南潮梅特委发布《致闽西南各地父老同胞书》和《为追悼马永昌等同志告工农群众书》，向社会各界公开揭露国民党顽固派逮捕、关押和杀害闽西南共产党人的罪行，强烈谴责国民党顽固派在抗战的严重关头制造反共摩擦，同室操戈，抵消抗战实力，指出这"无异于响应敌寇之进攻"。6月12日，中共龙岩县委组织抗日自卫武装到连坑村，果断镇压了"连坑事件"的告密者。不久，永定县委军事部长刘永生带领武装人员50余人，在大阜村严惩了反共顽固派郑良坤的壮丁队，击毙杀害马永昌的2名元凶马占林和郑恩庆。

（二）应对"闽西事变"

1940年10月19日，蒋介石发出"皓电"，掀起了第二次反共高潮。1941年1月中旬，被任命为中共南方工作委员会（简称南委，是中共中央南方局的派出机构）委员兼闽西特委书记的王涛，在龙岩县白土镇后田村召开中共闽西代表会议，正式成立闽西特委。会议正在进行期间，从报上获悉震惊中外的"皖南事变"（1月6日发生）消息，决定采取紧急应变措施并作出部署。果然，1941年1月20日"闽西事变"爆发。凌晨，国民党顽固派两个团的兵力，向中共闽西地方组织及其基本地区发动全面军事进攻。顽固派以保安第九团一个中队和龙岩白土镇队，重点包围闽西特委机关驻地白土镇后田村、榴坑村。因特委机关人员和武装基干队已撤退上山，未受损失。后田村党支部书记陈南坤因来不及突围，当场遇害。后田、榴坑两村百余户村民遭洗劫，并被捕 100 多人，连老人妇孺亦难幸免。同时，国民党顽固派两个团包围龙岩县委机关驻地西陂乡条围村，县委宣传部部长陈阿细夫妇等党员干部被捕并遭杀害。永定也接连发生严重的反共暴行，被捕的共产党人和革命群众达 700 余人。"闽西事变"发生后，国民党顽固派又推行自新自首政策，进行反共宣传，企图从政治上瓦解中共闽西地方组织。

面对国民党顽固派大规模的军事进攻与政治诱惑，闽西特委采取多种紧急应变措施。一方面，把揭露国民党顽固派反共反人民的罪行同坚持抗日民族统一战线的方针结合起来，使闽西各界人士和广大人民了解事变真相，千方百计取得社会各界的同情和支持，孤立顽固势力；另一方面，贯彻落实中共中央关于"隐蔽精干"的方针，转移党的领导机关驻地，及时将闽西特委和各县委机关迁到山高林密地形险要的大山、乡村隐蔽。同时，闽西特委和龙岩、永定县委都分别组建了数十人的武装基干队，加强武装自卫，反击顽固派的军事进攻。到 1941 年夏秋之间，闽西党组织终于度过了"闽西事变"后的艰难岁月。

（三）应对"南委事件"

1942 年 6 月，中共南方工作委员会（南委机关于 1940 年冬正式成立，设在广东大埔县境内，方方任书记）因叛徒出卖而遭到严重破坏。当年 4 月，南委派组织部部长郭潜到曲江交通站，向江西省委和粤北省委传达南委总结工作的情况并检查江西工作。5 月 26 日，郭潜被捕，当晚叛变。27 日，郭潜带国民党特务逮捕了粤北省委书记李大林等；30 日又带特务逮捕廖承志；6 月 6 日在大埔逮捕南委副书记张文彬、宣传部部长涂振农。"南委事件"是继皖南事变后，国民党顽固派制造的又一个严重反共事件。

"南委事件"发生后，南方局及时地多次发出指示，要求各地党组织采取有效措施，制止事态的进一步扩展，以保护广大干部和各地党组织。南委根据南方局领导周恩来的指示精神，结合闽粤边区的实际，作了具体部署：（一）支点保留特委、县委（取消党委制，改设特派员制）；（二）区委以下组织解散，区设联络员，支部设观察员；（三）白区党的组织全部解散，停止活动。方方按上述决定结合实际情况还作了具体补充和部署。到 1942 年 10 月底，南方局和南委的紧急应变措施及具体部署已基本传达到闽粤边区各级党组织，此后，党在闽西的斗争进入了抗日战争时期最艰苦的岁月。

在艰险复杂的形势下，闽西特委采取建立生产基地的办法就地隐蔽干部。1942 年冬，国民党福建省保安处龙岩第一指挥官王成章组织了所谓"肃奸队"，至 1943 年春，一批隐蔽下来的党员被捕。严酷的斗争现实再次教育了闽西南党组织：单纯地靠上山隐蔽生产或分散埋藏，不能有效地对付国民党顽固派长期而残酷的军事"围剿"。1943 年 10 月，在永定县黄生棋山上成立了经济工作总队闽西分队，活动于岩永杭和粤东，改变了"南委事件"后闽西党组织一度被迫停止的状况。10 月 25 日，在上杭、永定边境的梅镇乡楮树坪，魏金水代表中共闽粤边委正式宣布成立"王涛支队"（这支队伍以王涛烈士的名字命名，刘永生为支队长），主动灵活地开展了武装反顽自卫斗争。

1945 年 6 月中旬，中共闽粤边委在金丰大山召开了闽西南党的领导干部会议，即金丰会议，这是抗战胜利前夕闽西南党组织召开的一次重要会议。会议大胆地作出巩固闽西、发展闽南的决策，后来的实践充分证明了这一决策的正确性。金丰会议后，闽西各级党组织加强武装工作队的建设，在王涛支队第二大队的配合下，领导民众进行反暴政求生存争民主的斗争，最终迎来抗日战争的伟大胜利。

四、分散发展求壮大

日本帝国主义宣布无条件投降后，国内形势发生了新的变化。国民党福建军政当局，秉承蒋介石的意志以"反共内战"为唯一目标，对闽西人民进行疯狂的"清剿"。

面对严峻的斗争形势，1945 年 8 月 28 日至 9 月 3 日，中共闽粤边委员会在平和水尖山召开紧急会议。会上确定了边区党委关于争取和平、反对内战、保存革命力量的新的任务。决定闽粤边的部队实行分散发展的方针，王涛支队以大队为单位分散活动。会议特别指出闽西各级党组织必须采取十分谨慎的态度，精简隐蔽，整顿组织，避免碰硬，争取中间分子，利用合法形式，在力求生存而斗争的基础上，建立反卖国、反内战、反独裁、反特务恐怖的广大阵线，才能为最后推翻国民党的反动统治打下坚实的基础。

此后，闽西各级党组织根据形势的变化结合当地的具体实际，开始贯彻执行分散发展、隐蔽斗争的方针。连城县党组织把党员分散在农村，适时地领导群众开展反对国民党反动派在乡镇筑碉堡、派丁拉夫的斗争。龙岩县委把机关和武装人员以 3 至 5 人为一组，开展分散隐蔽活动。通过分散活动，闽西党组织得到进一步巩固和迅速发展。到 1946 年 3 月左右，整个闽西地区（当时武平县属粤东地区管辖）有 5 个县委、5 个工作团和 1 个工作委员会。其中，永定县委有 34 个党支部，348 个党员均全部恢复了组织活动，长汀县有 2 个支部，12 个党员也恢复了活动。[①]闽粤边的人民武装也积极采取措施分散活动，开展斗争，发展据点。闽西党组织和武装通过分散活动建立起来的新据点，为后来闽西普遍开展游击战争创造了条件。

1946 年 6 月，蒋介石单方撕毁"停战协定"，悍然发动全面内战，大举向解放区、游击区进攻。11 月 6 日，中共中央发出《对南方各省工作的指示信》。同月，根据中共中央香港分局的决定，中共闽粤赣边临委撤销，正式成立了以魏金水为特派员、王维为副特派员的中共闽粤边工作委员会，下设梅埔、闽西、闽西南边、闽南 4 个地委。闽西特委改称为中共闽西地委，下辖永定、龙岩、杭永 3 个县委和永埔、长汀、连城、岩永靖、杭岩 5 个工作团。

1947 年 2 月，闽粤边工委在永定县河凹头村召开干部会议，魏金水主持，学习和研究贯彻执行中共中央关于恢复和开展武装斗争的指示精神。3 月 8 日，中共中央又发出《关于在蒋管区发动农村武装斗争的指示》，3 月 9 日，闽粤边工委向各地委发出《关于新形势与新任务的指示》，要求闽西各地都要"开展灵活性、广泛性和群众性的游击战争"。5 月上旬，闽粤边工委在永定河凹头村的园头山召开扩大会议。会议最终确定"以粤东为重点，先粤东后闽西南"，广泛放手发动群众，普遍开展游击战争的战略方针。

6 月 18 日至 25 日，中共闽粤边工委在大埔隘头村召开执委扩大会议，确立苏区党的总任务是建立闽粤赣边区人民解放军和创建闽粤赣边解放区。8 月 20 日，中共闽西地委在永定金丰大山雨顶坪召开会议，决定成立中国人民解放军闽粤赣边总队闽西支队（简称"闽西支队"），此后闽西游击战争普遍开展起来。

1948 年 8 月，闽粤边工委撤销，成立中共闽粤赣边区委员会。1949 年 2 月 28 日，闽西地委、闽粤赣边纵队第七支队和永定县委负责人在永定县河凹头村召开联席会议，根据边区党委的指示精神和闽西的形势，确定了"壮大自己，发动群众斗争，使各地连成一片，有力地配合友军行动，迎接大军，为解放全边区人民而斗争"的方针，针对敌人缩守据点、放弃农村的弱点，会议决定第七支队从永和埔边地区向杭永岩边发展，并要求各地积极行动，密切配合，打击敌人，发动群众，扩军筹粮壮大人民武装。于是，闽西的斗争进入了主动出击的新阶段。

在第七支队第十五团进军永定上杭期间，闽西各地党组织和游击队迅猛发展，在党的组织建设方面，这一时期最显著的特点是地方工作团的普遍建立，为迎接解

---

① 中共福建省龙岩市委党史研究室.闽西人民革命史（1919—1949）[M].北京：中央文献出版社，2001：550.

放军南下奠定了基础。1949 年 9 月 14 日，经中共中央华南分局批准，闽粤赣边区党委撤销，原所辖的中共闽西、闽南地委，划归中共福建省委领导。至 11 月，闽西全境解放。

五、基层堡垒的典范

（一）中共后田支部

龙岩县东肖镇后田村，是大革命时期龙岩较早开展农民运动的地方。1927 年，龙岩发生"四一五"政变后，后田农民协会在陈品三、陈锦辉等人领导下继续坚持斗争。1927 年冬，中共龙岩临时县委成立，县委机关设在后田村。龙岩临时县委大胆吸收后田秘密农会会员陈锦辉等 7 人加入党组织，并于年底建立了福建省第一个农民党员支部——中共后田支部。此后，在临时县委和后田党支部的领导下，后田村农民于 1928 年 3 月 4 日举行了后田武装暴动，打响了福建农民武装暴动的第一枪。暴动后马上实行土地革命，烧毁了地主的田契、债券，没收了地主的钱、粮等并分给贫苦农民；建立革命武装——后田暴动队和游击队，从此走上了武装斗争的新阶段。1959 年，邓子恢为后田暴动纪念馆题词，赞扬它是"闽西土地革命之先声"。

后田农民武装暴动后，闽西各地爆发了一次比一次强烈的、震撼全省的武装暴动。同年 7 月，中共闽西临时特委成立的同时，成立了闽西暴动委员会，在暴动委员会的领导下，集中了龙岩、永定、上杭三县暴动武装 500 余人，于 8 月 6 日从后田村出发，攻打白土圩和龙岩县城。受挫后，后田村曾数次遭受军阀陈国辉部的"进剿"，后田村数位共产党员惨遭杀害。

1929 年 5 月 20 日，红四军第二次入闽，直指龙岩城。此时，后田游击队已扩大为东肖区游击队，在队长陈锦辉率领下配合红四军攻进县城，释放了积极参加后田暴动被捕的女共产党员张溪兜等人。在红军的帮助下，后田村进行了分田和建立苏维埃政权的工作，并随后开展了苏区各项建

张溪兜（资料来源：《红色闽西》）

设。1930年12月，国民党新编第一师张贞部杨逢年旅进占龙岩城和东肖，后田农民在后田党支部领导下，开展了反对地主倒算土地运动。1932年10月，国民党十九路军占领龙岩后，后田党支部领导开展了反对"计口授田"的斗争。此后，在漫长的革命斗争中，后田党支部成为坚强的领导核心，他们长期领导农民开展保田斗争，并最终保住了土地革命的果实，中共后田支部成为基层堡垒的典范之一。后田也成为中共闽西南潮梅特委、中共闽西特委和中共龙岩县委长期活动的地区。中华人民共和国成立后，该村有49人被评为革命烈士。

（二）闽西的小井冈山

"金丰大山坡连坡，革命山歌箩打箩。这山唱来那山应，一人唱起万人和。"这首流行于土地革命战争时期的客家革命山歌，讲述的是当年发生在永定金丰如火如荼的革命热潮。

金丰位于永定县的东南部，因在民国时期建制金丰里境内而得名，在广袤的500平方千米的大山之间，设有今下洋、岐岭、陈东、湖坑、大溪、古竹、高头、湖山8个乡镇。金丰在革命战争年代之所以闻名，就因为这里有个20多年"红旗不倒"的党组织——中共金丰支部（后改为区委）。当年在这里战斗过的谭震林，曾感慨万千地说："江西有井冈山，闽西有金丰大山，这都是光荣的山啊！"长期在金丰大山坚持斗争的原中共闽粤赣边区党委书记、新中国成立后任过福建省省长的魏金水称赞说："金丰大山是闽西的小井冈山！"

1926年10月，共产党员胡永东、王奎福，奉国民党中央农民部和中共汕头特委的派遣，以汀、漳、龙农民运动特派员的身份，随北伐军回到永定，开展农运和建党工作。他们回到永定后，即与中共永定支部负责人阮山取得联系，以下洋公学为阵地，团结和发动进步师生开展革命活动，发展党员，并于同年底在下洋公学建立中共金丰支部，胡永东任支部书记（后为陈正）。这是永定建立的第二个党支部。中共金丰支部建立后，进一步推动了金丰地区革命运动的开展。1927年冬，金丰支部改为金丰区委，下辖10多个支部，200多名党员。1928年6月中旬，中共永定县委在金丰地区的陈东召开全县党员代表紧急会议，研究了举行永定暴动的计划。按照预定部署，6月29日和30日，永定湖雷与金丰地区首先举行暴动，吸引国民党驻县城部队抽调2/3兵力前往湖雷、金丰等地镇压，此举有力地配合了溪南农军攻占永定县城。

1929年5月，红四军第二次入闽到永定后，派出第一纵队开赴陈东、岐岭、古竹、

下洋、中川一带，扫清了当地的反动势力，迅速打开了金丰地区的斗争局面。此后，金丰区委领导该地人民坚持革命斗争直至新中国成立。在此前后，毛泽东、朱德、周恩来、陈毅、叶剑英、粟裕、张鼎丞、邓子恢、谭震林、方方等许多老一辈无产阶级革命家都在金丰大山进行过重要的革命实践活动。金丰党组织培养了著名华侨女英雄、共产党员陈康容。从闽西3年游击战争时期开始直至新中国成立，这里一直是中共永定县委、闽西南军政委员会、中共闽西特委、中共闽粤边委、中共永和靖县委的机关驻地。为了革命的胜利，金丰大山的人民也付出重大的代价，为革命牺牲的英烈近千人，被杀的群众数百人，新中国成立有75个村被评为革命基点村。[①]

（三）闽西的"卢森堡"

上杭县古田镇革命基点村大源村，地处上杭、龙岩、连城3县交界的梅花山麓。1926年，该村在厦门集美学校读书的进步青年官骧瑶加入了中国共产党。1927年冬，他回到闽西进行秘密活动，并于1928年春在大源村建立了党组织。这年夏，他和胞兄官骧玖在大源村组织赤卫队，后于1929年春，在古蛟地区组织了游击总队。同年7月和12月官骧瑶兄弟俩分别参加了中共闽西"一大"和中国共产党红军第四军第九次代表大会（古田会议），之后他们被调往连城工作。在官骧瑶等的影响下，全村有50余位农民参加了游击队。1929年冬，从大源村参加游击队的人员中，调官骧璋、官先灿回本村组织赤卫队，举行武装暴动，打土豪、分田地，整顿党的组织，任命官骧敏为党支部书记，官骧都为村苏主席，并健全了群团组织。此后，闽西革命领导人张鼎丞、谭震林、郭滴人、方方等都在大源村活动过。

大源村的小块红色割据成了国民党的一块心病。敌人恼怒于大源村人民的斗志，视这个"甘心赤化"的"通匪"窝点为眼中钉、肉中刺，欲除之而后快。英勇的大源村人民却不畏强敌围攻，凡是16岁以上能拿枪的人都组织起来，或丛林伏击，或坚壁清野，以寡敌众，硬是顶住了绝对优势敌人的一次次进攻。1930年6月，团匪刘烈波乘红十二军出击东江，闽西革命武装力量十分薄弱之际，率领反动武装10个中队1 000余人，分7路围攻大源村，实行强攻猛打。大源村人民经过11个多小时的激战，打死打伤敌人20余人。终因敌众我寡，赤卫队只好掩护群众且战且退，撤出村子。敌人进村后，村庄遭到了空前浩劫，来不及转移的群众全部被杀，连嗷嗷待哺的婴儿也没能幸免，所有房屋围寮被烧成瓦砾；25座造纸寮被捣毁，村中所有六畜无

---

① 傅如通，符维健.红色闽西［M］.北京：中央文献出版社，2007：12.

一留存。[①]

　　大源村举村同悲之际，官觐瑶因肃清"社会民主党"事件（简称"肃社党"事件，是"左"倾错误影响下闽西苏区于 1931 年开展的一场错误的肃反运动）被错杀于长汀涂坊。同时被错杀的还有官觐瑶之妻、时任汀连二区妇女主任郭素英和堂弟官觐璋。一年后，劫后余生的大源村革命群众在连南党组织的帮助下，又陆续返回了村里。闽西苏维埃政府主席张鼎丞得知此事深为感动，倍加赞赏大源村的"卢森堡"精神，立即指示拨给大源村 20 支枪、两箱子弹、一把军号，鼓励他们重振雄风，再展旌旗。大源村的党组织迅速恢复建立，他们以顽强的斗志开创革命的新局面。到 1933 年冬，逃往外地的群众陆续回到村里的达 91 人。1934 年主力红军长征后，由于大源村山高林密，群众基础好，先后保护了 40 多位到该村避难的革命同志。中共大源支部成为基层堡垒的又一典范。

　　1941 年，为纪念在历次战斗中死亡的战友和乡亲，官觐玖和三弟官觐侃带领本村的乡亲们在村子里建造了"大源人民革命烈士墓"，并把张鼎丞于 1932 年写给大源村民的挽联"但愿子孙相继起，能和先烈共流芳"和横批"浩气长存"刻在烈士墓碑上。

---

① 中共龙岩市委宣传部，党史研究室.闽西红色故事 100 篇 [M]. 2018：209.

《清平乐·蒋桂战争》

一九二九年秋
毛泽东

风云突变，军阀重开战。洒向人间都是怨，一枕黄粱再现。

红旗跃过汀江，直下龙岩上杭。收拾金瓯一片，分田分地真忙。

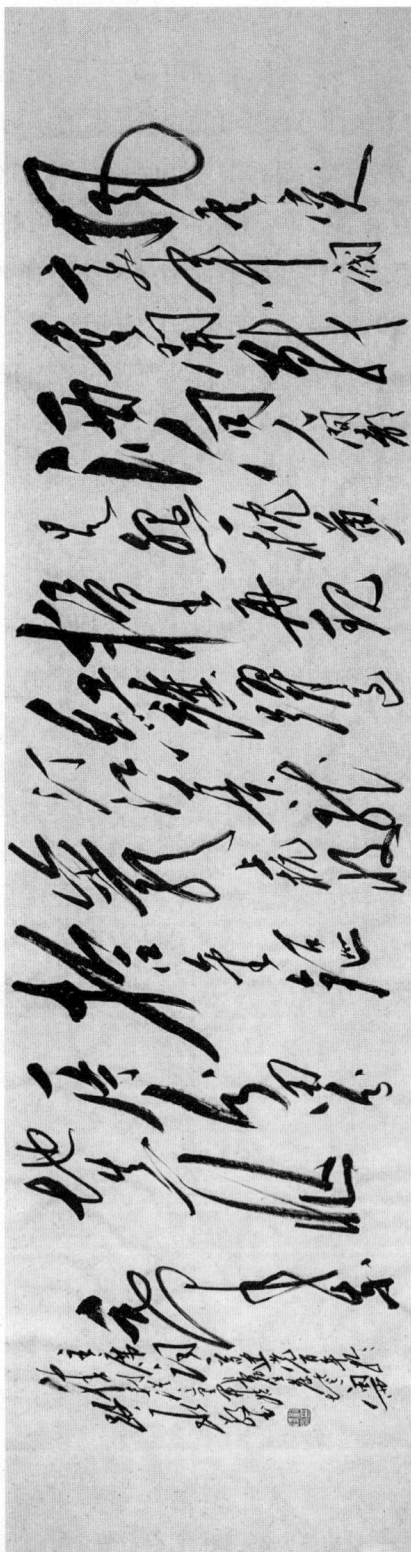

刘路永敬书主席词《清平乐·蒋桂战争》

《采桑子·重阳》

一九二九年十月
毛泽东

人生易老天难老，岁岁重阳，今又重阳，战地黄花分外香。

一年一度秋风劲，不似春光，胜似春光，寥廓江天万里霜。

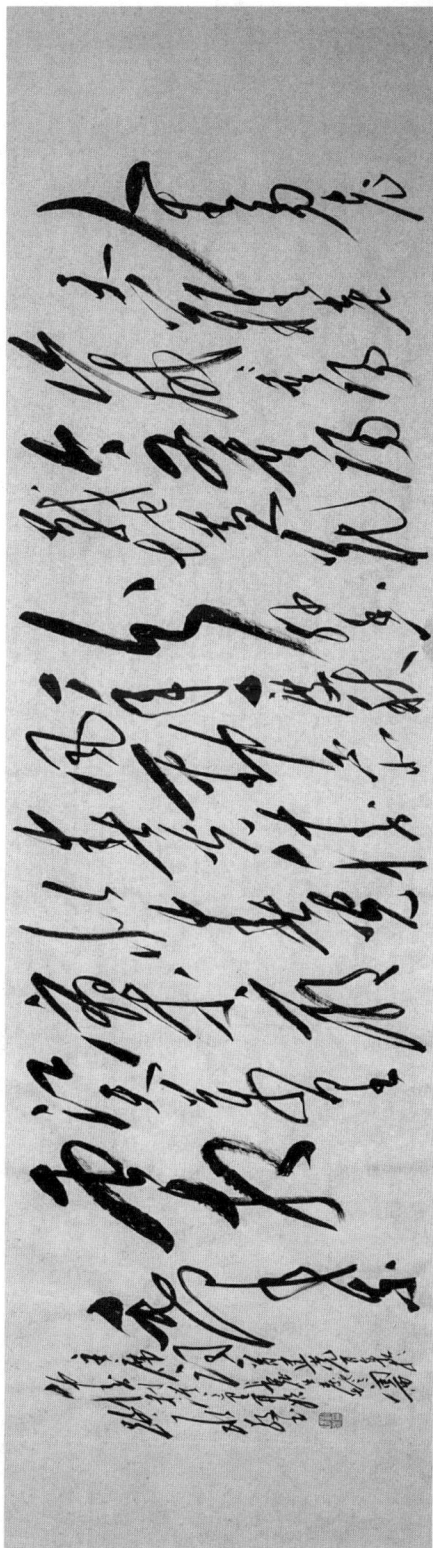

刘路永敬书主席词《采桑子·重阳》

第二章

红旗卷起农奴戟

有一种信念叫坚守，有一段岁月它血浸染。清剿狂哟敌凶残，腥风血雨夜漫漫，刀砍火烧杀不尽，何惧封山又断粮，四处游击巧周旋，民众力量是靠山。

　　有一种信念叫坚守，有一段岁月它多艰难。山沟里哟岩洞旁，密林深处盼天亮，智送盐粮过险关，军民同心共患难，声东击西破敌阵，火种不灭红旗扬！

　　大山不屈，苍松不倒，革命信念不会变；热血不冷，火种不灭，斗争气概冲云天！

——秋枫《坚守》

第一节

征战闽西显神威

1928 年春夏，闽西党组织领导了"四大暴动"，掀起了闽西革命斗争的浪潮。此后，从 1929 年春红四军入闽作战到 1931 年秋第三次反"围剿"胜利，首战长岭寨、三打龙岩城、巧攻"铁上杭"……逐步建立了方圆数百里的闽西革命根据地，铸造了中央苏区的重要组成部分。

一、"四大暴动"震八闽

轰轰烈烈的大革命运动，因蒋介石"四一二"反革命政变而中途夭折，闽西的革命运动同样遭到严重摧残，国共合作彻底破裂，革命暂时转入低潮。

1927 年 8 月 7 日，中共中央在湖北汉口召开紧急会议，清算了右倾机会主义错误，确定了土地革命和武装反抗国民党反动派的总方针，毛泽东在发言中强调："以后要非常注意军事，须知政权是由枪杆子中取得的。"闽西籍党员郑超麟以湖北代表身份参加了这次会议。

福建临时省委认真贯彻落实"八七"会议精神，认为闽西一带农民运动的急剧进展，象征着民众革命情绪的高涨，决定将龙岩、平和、上杭、永定划为第一暴动区，并派出了干部指导工作。

1928 年初春，闽西各县的阶级矛盾进一步激化，从 3 月初开始，龙岩后田、平和、上杭蛟洋、永定等地农民在党的领导下，先后举行了震撼八闽的闽西农民四大武装暴动，从而把农民运动推进到一个创建苏维埃区域的阶段。

1928 年 3 月 4 日（农历二月十三），龙岩白土乡（今新罗区东肖镇）的后田村举行一年一度的"关帝福"庙会。地主指使地痞流氓殴打农会会员，打伤 2 人，群情激愤。后田党支部认为举行武装暴动时机已成熟，挑选了 20 多名农会会员由陈锦辉率领，埋伏在"火星祠堂"附近的隐蔽处，处死了地主狗腿子陈北瑞，烧毁田契借约，收缴地主枪支弹药。白土乡的郑邦、龙聚坊、邓厝、盂头等村也相继暴动。翌日，青年妇女张溪兜等带领群众，用斧头破开地主谷仓，将 200 多桶谷子分给农民。后田暴动揭

开了闽西工农武装起义的序幕，打响了福建工农武装起义的第一枪。

后田暴动旧址：火星祠堂（涂水发 摄）

3月8日凌晨，平和暴动打响，数千名平和农军在朱积垒指挥下，经西门冲入县城，敌驻军及土豪劣绅从南门逃脱。因部分农军组织纪律性较差，进城后造成城内秩序混乱。逃出城外山上的敌军看出农军的弱点，遂进行反攻，农军不得不退回各乡村。此次攻城农军共800余人，战斗二三小时，农军攻入县城后烧毁了县公署、教育局和三四户劣绅的房屋，打开监狱放出被捕的同志群众20多人，打死打伤敌军10余人。后来，农军坚持在平和、饶平、大埔边区开展游击战争。

6月25日晨，福建省防军第二混成旅旅长郭凤鸣调遣驻上杭城的钟铭清团两个营和驻连城的罗藻一个补充团，围攻正在开展农会运动的上杭蛟洋。面对敌军的进攻，蛟洋农民自卫军在上杭县委书记郭柏屏（后叛变）和傅柏翠等指挥下，立即举行武装暴动。组织"敢死队"和农民武装近千人，埋伏于村口黄泥岗上抵抗敌军，打死打伤敌人二三十人。但终因敌我力量悬殊太大，被迫转移。后暴动队伍辗转于森坑、洋稠、大坪、巫坑等大山沟里开展游击战争。7月下旬，根据闽西特委指示，暴动队伍开赴永定大平里一带坚持斗争。

6月29日，中共永定县委领导了以溪南为中心的全县大暴动，实行土地革命，把闽西暴动推向高潮。29日凌晨，阮山、熊振声等首先率领队伍打进上湖保安队，在湖雷举行武装起义。当天下午，起义军开赴石城坑一带，与赖秋实、谢宪球带领的农军会合，当晚队伍开到陈东坑与卢肇西等率领的陈东、高头、南溪、岐岭等地的暴动队伍会合，随即举行金丰暴动。暴动队伍很快发展到500余人，地域涉及永定东部数十个乡村。湖雷、金丰一带农民武装暴动后，驻县城军阀张贞部闻讯即抽调2/3的兵力前往镇压。城内守兵仅剩百余人。张鼎丞等人率溪南农军四五千人于7月1日凌晨攻进县城，直捣县衙和监狱。暴动队伍与敌相持数小时后，出城敌军闻讯赶回援助，上午 9 时，农军被迫撤出城外。围城 3 天后，暴动队伍撤回金砂、西溪、东溪等地开展土地革命斗争。

1928 年 7 月 4 日，张鼎丞和邓子恢立即从暴动队伍（主要是铁血团成员）中精选 200 多名最勇敢、最坚定的分子，在金砂金谷寺召开代表大会建立了福建省第一支工农红军部队——溪南红军营，张鼎丞任营长、邓子恢任党代表，红军营下设 3 个连。红军营成立后，立即投入了反"清乡"的斗争。在张鼎丞、邓子恢等人领导下，3 个连同时向金砂周围的地区出击，把各村庄的反动地主监视起来，收缴他们的武器，当场烧毁田契借约，没收他们的粮食和财产，分配给贫苦农民，为建立红色区域打下了基础。

永定暴动主要策源地：金砂金谷寺（王培林 摄）

为进一步加强革命斗争的领导，1928 年 7 月 15 日，根据中共福建临时省委的指示，省委常委兼宣传部部长王海萍在金砂古木督主持召开了上杭、永定、龙岩、平和 4 县县委负责人会议，成立了中共闽西临时特委，郭柏屏任书记（后叛变），张鼎丞任组织部部长，邓子恢任宣传部部长。同时，成立了闽西暴动委员会，王海萍任总指挥，张鼎丞、邓子恢、傅柏翠任副总指挥，并将闽西各县暴动武装整编为闽西红军第五十五、五十六、五十七团 3 个团。中共闽西特委和暴动委员会成立后，立即在所占领的溪南各乡进一步发动群众，召开群众大会，先后在卓坑、双溪、樟园、赤半、太平、中金等 13 个乡成立苏维埃政府，乡苏下设土地没收分配委员会、军事部、财政部、肃反委员会、文化部等。卓坑乡苏维埃政权是由张鼎丞领导建立的福建省第一个乡级红色政权。各乡苏维埃政权的建立，为溪南区苏维埃政权的建立奠定了基础。

8 月中旬，永定县委在各乡建立苏维埃政权的基础上，在金砂金谷寺召开溪南区工农兵代表大会。会上正式成立了闽西第一个区苏维埃政权——溪南区苏维埃政府，

选举廖德修为主席（后为张子安），范钦洪为军事委员会主席、张德茂为肃反委员会主席、张慕尧为财政委员会主席、谢近元为文书。同时大会还颁布了由张鼎丞、邓子恢等调查研究后亲自起草的《土地法》《劳动法》《肃反条例》《婚姻条例》等新法令。这些新法令，在溪南地区武装割据期间，都得到了不同程度的贯彻执行。

溪南区苏维埃政府的成立，标志着溪南区红色区域正式形成。至此，在中国共产党的领导下，闽西人民经过大革命失败以后的艰苦奋斗，终于在福建全省率先创建了第一块红色区域。这一区域虽然范围不大，也不很坚固，但在当时一片白色恐怖的形势下，得以形成拥有数万人口区域的红色政权，无疑是对敌人的极大打击，给人民以莫大鼓舞，并为革命指明了奋斗目标。

永定暴动是福建省土地革命战争时期规模最大、时间最长、范围最广、影响最深远的农民武装暴动。毛泽东在中共闽西第一次代表大会（简称闽西"一大"）上对永定农民武装暴动给予了极高评价，说永定暴动"是一个英勇行动，虽然失败，但发动了闽西土地革命，意义是很重大的""对指导整个闽西人民实行土地革命，解决土地问题，提供了良好经验"。当时的福建临时省委则评价："永定农民暴动已成整个闽西暴动的开始，也就是福建总暴动的先声。"它拉开了福建总暴动的序幕，奠定了福建民主革命胜利的基础，开创了福建土地革命的新纪元。

闽西的革命斗争态势与在井冈山、赣南的"朱毛红军"遥相呼应。闽西，历史注定它必将上演一幕威武雄壮的中国革命大戏。

二、首次入闽绘蓝图

一月里来梅花香，三军全部出井冈，红旗飘扬高举起，吓得白军大恐慌。二月里来雪花飞，官兵团结心不灰，大柏岭上迎头击，刘逆士毅狗命危。三月里来气象新，红军浩荡入长汀，郭逆凤鸣不量力，长岭寨下命归阴。

——民谣

红四军主力下井冈山后，受到敌军重兵尾随和拦阻，屡次陷入险境。1929年2月初，毛泽东、朱德率领红四军进抵江西省寻乌县项山乡福中村的罗福嶂，在这里召开红四军前委扩大会议，史称"罗福嶂会议"。这时，国民党赣军独立第七师刘士毅部前来包围，于是红军即从罗福嶂出发，冒着风雪严寒，沿着冰封的崎岖山路，进入福建省武平县和平乡黄沙村（今民主乡高书村），在当地召开群众大会，宣传红军宗旨，当日再折回江西境内吴畲村宿营。翌日，红四军主力由上增坑再次进入武平县境，经龙溪、沙公排等地，下午抵达东留圩，立即展开宣传活动。第二天凌晨，红军离开武平，挥戈北进。红四军入闽第一站经过武平，虽停留时间不长，活动不多，但唤醒了革命群众。这一振奋人心的消息很快传遍闽西、粤东地区。

2月11日，红四军在江西瑞金的大柏地歼灭尾随之敌刘士毅旅大部，俘敌800多人，扭转了被动局面，扩大了红军的影响，陈毅称之为"红军成立以来最有荣誉之战争"。随后，挥师北上，在吉安的东固革命根据地与李文林等领导的江西红军独立第二团、第四团会师，开始在赣中南站住脚跟。这时，井冈山已被敌人占领，原定的回师计划已无法实现，红四军分析了周围的实际情况，决定灵活地使用兵力，"到闽粤交界处游击"，即于25日撤离东固，掉头向东，经永丰、乐安、广昌、石城向闽西进军。

闽西党组织和群众基础较好，各县的武装暴动如火如荼，创造了有利的革命形势，加之闽西的反动统治相对薄弱，敌军兵力较空虚，且闽西地域广大、物产较丰富，这些都是红四军前委作出入闽决策的依据。

3月11日，红四军从瑞金壬田出发，挺进到长汀县的楼子坝，次日进驻四都镇。盘踞在汀州（现长汀县）城内的福建省防军第二混成旅郭凤鸣部闻讯后，想先发制人，派出团长钟铭清带补充团赶往四都渔溪截击。13日上午8时，红四军分三路齐头挺进，在渔溪歼敌一半，钟铭清部仓皇向长汀城方向溃逃。红四军各部乘胜追击，一直赶到长岭寨山脚下的陂溪村——离长汀县城约15公里的小山村，毛泽东、朱德在这里召开红四军军委扩大会议，决定进攻长岭寨，直捣汀州城。

长岭寨又名胜华山，山高林密，地势险要，是红四军进入汀州城的必经之路。郭旅主力占领东侧的梁屋头和河龙头等有利地形。14日晨，红四军主力第二十八团、三十一团在朱德指挥下，抢先占领长岭寨制高点，诱敌进入伏击圈；毛泽东率领军部和特务营迂回敌后，断敌退路。在红军的夹击下，经3小时激战，歼敌2个团2 000余人，击毙旅长郭凤鸣，缴枪千余支，子弹数百箱。当天下午，守在汀州城内的卢新铭团向上杭方向逃窜，红四军乘胜解放了汀州城和周围乡村。

红四军第一次入闽，首战长岭寨，解放汀州城，大大振奋了红军的士气，鼓舞了闽西人民的革命热情，促进了闽西革命形势的发展。

红四军进占汀州城后，没收了军阀郭凤鸣的一个小型被服厂，并筹集了银洋5万元。根据这一条件，红四军前委决定，给红四军指战员每人发4元零用钱和一套军装。军服厂日夜加班赶制了四千套列宁装式样、佩有红领章的灰军装和红五星八角军帽、

灰布绑腿，从而使红四军自创建以来首次统一了军装。①

为了适应新的战争形势，红四军进行了汀州整编，改变原来团的建制，成立3个纵队：红二十八团编为第一纵队，司令员林彪、党代表陈毅（兼）；特务营、独立营合编为第二纵队，司令员胡少海、党代表张痕秋；红三十一团编为第三纵队，司令员伍中豪、党代表蔡协民。每个纵队下设2个支队，每个支队下设3个大队。在分兵游击时，"以纵队为单位分开出去，然后再分小支，分开与集中，都很便利"，充分发挥了红军灵活机动的战略战术。各纵队设政治部，以加强党的领导和群众工作。

全军整编和统一着装后，在长汀南寨广场举行了我军建军以来的首次阅兵式。全军各纵队、支队指战员迈着整齐的步伐，精神抖擞地依次走过检阅台，接受毛泽东、朱德的检阅。红军女战士还乘坐长汀城唯一的一辆老式木炭汽车，随着游行的队伍绕汀州城缓缓行驶，巾帼英雄们英姿勃发，成为汀州城内一道亮丽的风景。

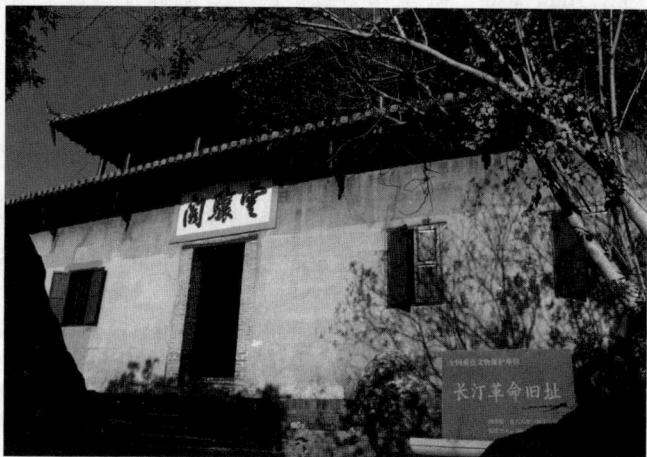

长汀县革命委员会旧址：云骧阁（涂水发 摄）

但是，面对井冈山根据地已经失守的客观情况，红四军应制定怎样的战略方针？下一步该如何行动、向何方发展？这是一个必须尽快解决的事关全局的战略问题。红四军前委扩大会议，就这一战略问题进行了研讨。会议经过认真研究后决定，"四军、五军及江西红军第二、第四两团之行动，在国民党混战的初期，以赣南、闽西20余县为范围，从游击战术，从发动群众以至于公开苏维埃政权割据。由此割据区域，以与湘赣边界之割据区域相连接"，并强调"这一计划决须确立，无论如何，不能放弃，

---

① 中共福建省龙岩市委党史研究室.闽西人民革命史（1919—1949）[M].北京：中央文献出版社，2001：132.

因为这是前进的基础"。这就清晰地勾画了创建中央革命根据地的宏伟蓝图。后来历史的发展也证明：正是由于毛泽东领导红四军前委作出了这一战略决策，红军才得以开辟和创建了赣南、闽西根据地，工农武装割据才有了坚实的前进基础，以瑞金、长汀为中心的中央苏维埃区域乃至中华苏维埃共和国才得以在此基础上构筑。

在长汀工作17天后，4月1日红四军回师赣南，长汀县革命委员会迁往涂坊，继续领导长汀人民开展革命斗争。

"紧跟着出现了在长汀的意外战果，这是革命发展的转折点。"1937年红军总司令朱德在延安向前来采访的美国女记者艾特尼丝·史沫特莱讲述红四军攻占长汀的历史意义。艾特尼丝·史沫特莱也十分赞同朱德的评价，她在《伟大的道路》一书中写道："长汀，果然是中国革命历史的一个转折点。"就是说，这是毛泽东由创建井冈山第一个农村革命根据地，向在赣南、闽西创建最为强盛宽广的中央革命根据地的历史转折点，是毛泽东在井冈山创立的"工农武装割据"理论向"农村包围城市"这一中国革命道路理论转变的历史转折点，当然也就是中国革命历史的转折点。

三、直下龙岩、上杭

1929年5月初，粤桂军阀燃起战火，接邻粤东地区的闽西各大、小军阀先后投入了这场混战，盘踞在龙岩的军阀陈国辉，于5月中旬出兵潮汕地区参加军阀混战，出现闽西腹地空虚的局面。

19日，红四军从瑞金出发，经长汀古城、四都挺进到濯田。20日上午，进抵汀江渡口——水口，在当地群众的支持下，迅速汇集9条大船，安全渡过了汀江，甩开了敌人，向龙岩方向疾进。随后，全军抵达连城庙前。

（一）三打龙岩

1929年5月21日下午，红四军在古田稍事休息后进驻龙岩小池。盘踞在龙岩、漳平一带的福建省防军第一混成旅陈国辉部，兵力3 000人。当红四军奔袭龙岩时，陈国辉率5个主力营还在广东参加军阀混战，留守龙岩城的是第六补充营及特务连、机枪连，兵力不足500人。

21日晚，毛泽东、朱德在驻地"赞生店"召集军事会议。他们在听取中共闽西特委派来的龙岩县委负责人郭滴人的详细汇报后，分析了敌情，当即拟定了攻打龙岩城的作战方案。23日拂晓，红四军兵分两路出发：第一、第三纵队首先攻占了龙岩城的

前哨阵地——龙门圩，乘胜追抵城下，猛攻西门及五彩巷的西桥，并分兵进攻南门，很快突入城区；第二纵队在地方游击队引导下，经京园、山塘、铜钵，飞快占领了龙岩北门外的小山，控制了制高点。红军两路合围，锐不可当。守敌抵挡不住，节节败退，夺路而逃。负责留守部队指挥的敌参谋处长庄凤骞逃至漳平，补充营长彭棠率残部逃往永福。红四军占领了龙岩城，二次入闽首战获胜。

23日下午，红四军为了诱敌归巢，并扩大红色区域，主动撤离龙岩城，挥师永定，攻占坎市镇。24日，红四军打下湖雷。25日，红四军第二、第三纵队在张鼎丞领导的地方武装配合下，占领永定县城。红四军转向永定之后，退往漳平永福的陈国辉残部，于25日窜回龙岩城。中共龙岩县委立即集中了千余农民武装把龙岩城团团围住，他们采取轮番进攻的战术，把敌人弄得筋疲力尽，提心吊胆。为引诱陈国辉主力回援，聚而歼之，应龙岩县委的请求，红四军前委决定：以第三纵队攻打龙岩城，第一、第二纵队分别在永定坎市和龙岩龙门一带，一面注视广东方向敌之动静，一面深入发动群众，扩展斗争区域。

6月3日拂晓，第三纵队与闽西地方武装红五十团及龙岩赤卫队相配合，分南北两路，向龙岩城逼近。他们首先占领周围山头，然后向西门进攻。城内守敌兵力薄弱，刚一接火，敌补充营首先溃散，向东门逃窜；留下的机枪连、特务连抵挡不住，再次逃往永福。红军入城以后，配合地方武装搜捕反动派，没收地主土豪财产，分给贫苦工农。

红四军二克龙岩城消息传开以后，福建省反动当局十分震惊。一时间，宣传红军攻克龙岩、反动军阀败北等消息的传单遍及省城福州及厦门、漳州等城市，极大地鼓舞了广大人民群众。正在潮汕参加军阀混战的陈国辉，闻讯后也大为震惊，唯恐老巢被端，一面向南京蒋介石告急，请求发兵"会剿"，一面草草结束广东战争，急速班师回闽。

红四军二克龙岩以后，又随即主动撤出龙岩、永定，向西及西北转移。6月7日，红四军在闽西红军五十九团配合下，分三路向白砂进攻，消灭了卢新铭的一个营。红军乘胜追击，进占了上杭东北部的旧县、才溪、南阳等地，随后进驻连城县的新泉，推动了连城南部十三乡暴动，使长汀、连城、上杭、永定、龙岩五县边界地区全部成了红色区域。

这时，陈国辉率部从广东大埔匆匆撤回闽西，红四军仅以零散部队沿途袭击，且战且退。陈国辉以为红军力弱无能、不敢交锋，将向江西退去，便趾高气扬地率其主力开入龙岩城，随即在城里举行"庆功祝捷大会"，对红军毫无戒备。

17日，毛泽东、朱德在新泉驻地接到闽西特委送来的报告后，得知陈国辉主力已全部返回龙岩，歼敌时机已到，遂决定奔袭龙岩，当晚红四军全部开往上杭古田镇住宿。18日下午，红四军神速抵达龙岩小池，当晚前委在小池圩"赞生店"楼上召开军事会议，缜密部署了三打龙岩城的计划。由于地方党组织和当地群众的大力协助，严密封锁了交通，敌我虽近在咫尺，但龙岩城里的敌人对红军的行动一无所知。

6月19日拂晓，红四军乘敌不备，在闽西地方武装配合下，突然从南、西、北三面向龙岩城发动猛攻，迅速突入城内，激战到下午2时左右，除旅长陈国辉只身逃脱外，敌第一混成旅驻岩城的主力2 000多人全部被歼，"共缴步枪九百余支，迫击炮四门，水机关枪六架，手提机关枪四架"。红军第三次占领龙岩城。

红四军三克龙岩，充分运用了毛泽东、朱德在井冈山斗争时期制定的"敌进我退，敌驻我扰，敌疲我打，敌退我追"的游击战争战术，成功地运用了诱敌深入、集中兵力打歼灭战的战略战术，使毛泽东的军事战略思想比井冈山时期又有了进一步的发展。

20日，中共红四军前委、龙岩县委在中山公园召开有3万多军民参加的祝捷大会。会上追悼在战斗中牺牲的红军战士，毛泽东、朱德相继上台讲话，获得群众雷鸣般的掌声。接着，在广场上，红军将缴获的1万磅鸦片焚烧。21日，龙岩县革命委员会成立，邓子恢任县革命委员会主席。

在红四军第二次入闽后一个月里，毛泽东、朱德等巧妙地利用了军阀混战、敌人内部处于分裂状态的有利时机，"分兵以发动群众，集中以应付敌人"，三次攻占龙岩城，连克永定、上杭、连城的部分乡镇，先后消灭了当地军阀陈国辉旅和卢新铭旅，解放了龙岩、永定、上杭、连城等县的广大地区，极大地打击了反动统治。随后，红四军在中共闽西特委及地方武装的密切配合下，在闽西进行著名的"七月分兵"，进一步扫荡了闽西地方反动势力，促进了各县红色政权的建立和土地革命的开展，以龙岩、永定、上杭为中心区域延伸至连城、长汀、武平等县的闽西革命根据地初具规模。

7月21日，中共闽西第一次代表大会在上杭县蛟洋文昌阁召开，毛泽东亲临指导。大会选举邓子恢任特委书记，张鼎丞任军委书记。会议制定了《中共闽西第一次代表大会之政治决议案》和土地政策、法规。确定闽西党组织的斗争方针和任务是：坚决地领导群众，为实现闽西工农政权的割据而斗争；巩固并扩大党的组织；发动并组织广大群众；实行土地革命；建立苏维埃政权；扩大工农武装。中共闽西"一大"的召开，将闽西的武装斗争、土地革命和红色政权建设进一步引向深入，使闽西革命根据地日益得到巩固发展。

（二）攻克"铁上杭"

在红四军第三次攻打龙岩之前，蒋介石发动了对闽西红色区域及红军的三省"会剿"。红四军实施"七月分兵"计划，深入各县分兵游击、发动群众。8月15日，朱德率红四军出击闽中地区。9月6日，红四军返回闽西，收复龙岩，国民党三省"会剿"终于瓦解，闽西红色根据地日益巩固。

但是，具有重要战略地位的上杭县城仍被军阀卢新铭部盘踞。上杭城位于汀江中游西岸，城墙坚固，三面环水，易守难攻，有"铁上杭"之称。有民谣说道："铜铁上杭，固若金汤，东无退路，西无战场，南有河道，北有鱼塘，嘱咐子孙，莫打上杭。"卢新铭部拥有兵力1 200余人，据险在此固守。

为了扩大赤色区域，消灭驻上杭城军阀卢新铭部，中共闽西特委和上杭县委在红四军主力出击闽中期间，曾集合红四军第一纵队一部及上杭全县的革命武装，并由傅柏翠、谭震林、刘端生组成攻城指挥部，两次围攻上杭城，但因武器低劣，弹药接济不上，久攻不下，被迫撤离。两次攻打上杭城，虽然没有取胜，但极大地鼓舞了上杭全县农民的革命热情。

9月中旬，根据闽西特委和上杭县委的要求，红四军前委（朱德代前委书记）决定集中兵力攻下上杭城，拔除敌人占据的这一重要据点，彻底消灭地方反动势力。随后，第一、第四纵队奉命赶到上杭白砂集结。

9月18日，红四军4个纵队秘密到达上杭城郊。朱德主持召开支队以上干部会议，制定了攻城战术，主力部队选定第二天夜间，由地方同志做向导，从水西渡择水浅处涉水过江，第一纵队进攻西门，用迫击炮猛轰，将敌主力引向西门，第二、第三纵队主攻北门，第四纵队一部配合赤卫队攻取东门，另一部和赤卫队佯攻南门。朱德一面和各纵、支队干部研究战斗方案，一面派人进城摸情况，联络地下情报站，命令部队做云梯、搭舟桥，做好一切战斗准备。

19日，红四军和地方赤卫队、运输队、担架队共1万多人，云集上杭城东北地区，在汀江东岸潜伏。此时，杭城驻敌对红军的行动毫不觉察，还在对岸河里洗澡、洗衣服。晚上1点总攻开始，在中秋明月照耀下，各部队按照预定的作战方案迅速投入战斗。守城敌军孤注一掷，拼死抵抗，红军战士勇猛地架起云梯登上城墙，被敌杀伤二三十人。第一纵队第二大队长曾省吾看见久攻不下，组织敢死队亲身跃上云梯，边打边上，不料被敌弹打中，在登城中壮烈牺牲。但是，红军战士越战越勇，奋力拼杀。卢新铭见势不妙，慌忙带少数随从从南门浮桥遁逃。战至20日天将亮时，上杭东西两城门同时被红军攻破，一时"杀"声震天，红军部队从东西两面向城内合击。朱德亲自指挥第二、第三纵队攻打北门，经过一夜拼杀后，战士们突破城防，迅速打开北城门，红军部队蜂拥进入城内，消灭残敌。到20日清晨，红军攻克了400年来无人攻破的"铁上杭"，打破了汀江天险的神话。

此次战斗获得全胜，除卢新铭带20余名随从潜逃外，守城之敌全部被歼，俘敌团长钟铭清以下官兵1 000余人，缴获枪支1 000余支，同时捕捉了躲藏在城里的200多个土豪劣绅。攻下上杭城后两天，卢新铭部第二团团长罗廷辉向南京国民党中央政府电报了上杭惨败的情况：损失死伤其巨，所有奉颁肃密电本、口令、旗帜、信号、计划书概行遗失。[①]

红四军进入上杭城以后，开展了大量的群众工作。朱德在县衙门前的广场上主持召开了军民祝捷大会，亲自宣传中国共产党的十大政纲，号召群众团结一致。红四军还帮助建立了县总工会、农会、工人纠察队、赤卫队等组织。随后，红四军各纵队迅即分赴武平、永定、上杭三县地区，继续分兵发动群众，打土豪分田地，建立革命政权，扩大工农武装。

到1929年11月底，闽西红色区域已迅速扩大到龙岩、永定、上杭、武平、长汀、连城六县纵横300多里的大片地区。在这片区域内，先后建立了4个县苏维埃政府，2个县革命委员会和50多个区、400多个乡的苏维埃政权，约有80多万贫苦农民分得土地。"虽然目前因为反动势力之进攻城市政权不能保守，然而乡村政权则确有坚固的基础"。

1930年3月18日，闽西第一次工农兵代表大会在龙岩城召开，选举产生了以邓子恢为主席的闽西苏维埃政府，闽西苏维埃政府的成立标志闽西革命根据地的正式形成。

闽西革命根据地是毛泽东、朱德、邓子恢、张鼎丞等老一辈无产阶级革命家亲手开辟的，是继井冈山之后中国共产党在南方所建立的较早而又比较巩固的又一块全国有影响的革命根据地。赣南和闽西革命根据地的形成和发展，为中央革命根据地的建立奠定了基础，并对各地区红军游击战争的发展和根据地的建设起了鼓舞和示范作用。在闽西革命根据地极其辉煌的历史上，人民群众及其领袖们创造了对中国革命有着重要意义的经验。通过在闽西的具体革命实践，毛泽东站在夺取全国革命胜利的历史高度，艰苦探索，解决了建立一支新型的人民军队和中国革命道路等重大理论问题。

---

① 傅如通，符维健. 红色闽西[M]. 北京：中央文献出版社，2007：94.

第二节

艰苦卓绝迎解放

1934年10月中央主力红军长征后，红八团、红九团及各县地方武装等闽西红军夺取了三年游击战争的军事主动权，在危难中保存并发展了党组织和红军游击队，在战略上策应红军主力长征，保持了中国革命在南方的战略支点。此后，抗日救亡、反顽自卫、迎接解放，闽西革命也坚持了正确的斗争策略。

一、坚持三年游击战

长征前夕，毛泽东对张鼎丞说："你还是回到闽西去，那里你熟悉，可以坚持，可以发展。"毛泽东的指示让张鼎丞明确了斗争的方向，1934年10月中央红军主力转移后，他从赣南中央苏区突围回闽西，在永定会合了留在闽西坚持开展游击战争的红八团、红九团及地方游击队，并成立了闽西军政委员会，以统一领导开展游击战争。

1935年3月，陈潭秋、邓子恢、谭震林一行，根据中央分局指示，从赣南向永定转移。他们经过半个多月的艰苦跋涉，终于冲破了层层的封锁线，于3月下旬抵达永定仙师大卓村，与张鼎丞的游击队会合。

为建立闽西南领导开展游击战争的统一机构，4月12日，陈潭秋以中央分局代表的名义，在赤寨一个断垣残壁的瓦窑里，主持召开了闽西南党政军领导干部联席会议。参加会议的有陈潭秋、张鼎丞、邓子恢、谭震林、方方、简载文、温仰春、魏金水、邱金声、刘永生、范乐春、郭义为、罗忠毅、廖海涛、谢育才、朱森等。

赤寨会议确定了闽西南党组织和红军游击队的新方针新任务，即"开展广泛的、灵活的、群众性的、胜利的游击战争"，并将闽西军政委员会扩大为闽西南军政委员会，张鼎丞任主席，邓子恢任财政部部长兼民运部长，谭震林任军事部长。在军事上制定出各部队分散独立作战的部署，将闽西南地区划分为四个作战区，广泛开展机动灵活的游击战争。

第一作战分区由红九团第二营、明光独立营组成，司令员：罗忠毅，政委：方方，政治部主任：温含珍。在龙岩、连城、宁洋三县边界广大地区坚持游击战争，并选择条件较好的地区发展和建立新的游击根据地。

第二作战分区由红九团第一、第三营和永东游击队组成，司令员：吴胜，政委：谢育才。任务是开辟永定、平和以及广东大埔、饶平各县边区，打通与闽南红三团的联系。

第三作战分区由红八团和龙岩游击队组成，司令员：丘金声，政委：丘织云，政治部主任：伍洪祥。以龙岩为中心，在岩、南、漳和岩、永、靖边界坚持游击战争，配合红九团向闽南发展。

第四作战分区由红二十四师 100 余人和卓林大队以及永定、杭代、新汀杭等县独立营组成，坚持在永定、上杭地区活动。由张鼎丞、谭震林等直接领导指挥。

赤寨会议的召开和闽西南军政委员会的成立，及时纠正了王明"左"倾冒险主义错误，加强了闽西党、政、军统一领导，使闽西游击战争有了正确的方针和坚强的领导。从此，张鼎丞、邓子恢、谭震林等领导红八团、红九团及各县地方武装，紧密地依靠人民群众，运用灵活机动的游击战术，在原闽西苏区的基本区域龙岩、永定、上杭、连城、漳平、宁洋、平和、南靖、长汀、清流、归化（今明溪）及广东省的大埔、饶平等县的广大地区，进行了长达三年之久的游击战争，先后打破了国民党军 10 个正规师共 5 期的反复"清剿"。

国民党军对红军游击队的"清剿"初期以军事进攻为主，依仗其军事上的绝对优势，采取分进合击、层层包围的战术，"追剿""驻剿""搜剿"并用。后又提出"三分军事，七分政治"的口号，军事、政治、经济"三管齐下"。还实行自首政策，颁发所谓"自首自新条例"，引诱红军游击队中的动摇分子投降变节。这种瓦解政策曾经给红军游击队造成一定困难和损失。

《三年游击战》（作者：王耀辉）

为求得生存和发展，红军游击队运用了灵活机动的战略战术，红八团创造的"散兵群战术"就是其中的一种。这种战术，搞得国民党军防不胜防，处处被动挨打。红八团分散活动时，国民党军大肆散布红军游击队已被"剿灭"，并准备在龙岩城召开"剿匪"祝捷大会。为打击敌人的气焰，粉碎其谎言，邱金声率一个短枪队，夜袭龙岩国民党陆军第十三医院，缴获大量药品。邱金声还在医院打电话给驻守龙岩的第十师师长李默庵，警告他不要吹牛。岩南漳游击队在掩护群众收割中，用6发子弹，打退了国民党军一个连的抢谷队；在岩永靖地区的一次战斗中，17名战士以200余发子弹，打退了敌人一个团的进攻。后来，闽西南军政委员会将这种战术加以总结，印发给其他部队，发挥了很大的作用。

为了瓦解敌人的保甲制度和壮丁队，红军游击队运用"白皮红心"的策略，创造了"身在曹营心在汉"的"两面政权"。即在革命力量较强的乡村，红军游击队派党员或革命骨干去担任保甲长，参加壮丁队，变保甲制度为赤色联防，使壮丁队成为游击队的辅助力量，变白色碉堡为红色堡垒；在革命力量较弱的乡村，同保甲长和壮丁队约法三章，要他们掩护游击队的活动并保护群众斗争，如有违反，严惩不贷。红军游击队巧妙地利用敌人的组织形式和规章制度，保护了群众，也保存和发展了自己。

在最艰苦的日子里，人民群众为了帮助红军游击队解决粮食和军需品，冒着生命危险，发明了"串担装盐"（捣通竹节，用竹做担杆）、"双层桶装米粪"（上层装肥料，下层装米）、"大蒲包装饭"等二十余种巧妙办法，把粮食和各种物资运送上山。龙岩县东肖后田村妇女陈客嫲，为支援红军游击队，两次被捕，受尽酷刑，被割去乳房，但她始终坚贞不屈，直到被国民党军残酷杀害。许多群众为了保护红军，献出了宝贵的生命。有一次，国民党军突然包围了永定县戴洋祭村，威迫群众交出红军伤病员，当众杀死了两个青年，并威胁要杀光全村人，但群众至死不肯吐露半点真情。正是由于无数革命群众冒死援助和支持，闽西南红军游击队才得以在难以想象的艰苦环境中坚持斗争，直至胜利。

1937年7月29日，为停止内战、一致抗日，闽西国共代表达成合作协议。至此，艰苦卓绝的闽西三年游击战争胜利结束。

三年游击战争是闽西开展革命战争以来最艰苦、最复杂的阶段，也是闽西党组织、人民经受最严峻考验并且获得重大胜利的阶段。闽西三年游击战争从小到大，由弱到强，保存并发展了党组织和红军游击队，开辟了大片的游击根据地，保持了中国革命在南方的一个重要战略支点，取得了与红军长征交相辉映的伟大胜利。

闽西游击区开展的武装斗争，在中国革命历史上写下了光辉的篇章。1937年2月

7日，毛泽东在延安听取了方方代表闽西南军政委员会汇报闽西南三年游击战争的情况后，赞扬说："你们坚持了三年游击战争，保留了这么多干部，保留和发展了部队，保留了20万亩土地，保卫了苏区广大群众的利益，这是伟大的胜利。"又说，"你回去问候张鼎丞、邓子恢、谭震林各位同志好，你告诉他们，你们三年的苦斗有很大的功绩。"这是对闽西三年游击战争最好的评价。的确，从艰难困苦程度来看，对于留守闽西苏区的红军将士来说，南方三年游击战争无异于另一场"长征"。

二、国共合作为抗日

1937年4月上旬，闽西南军政委员会收到了闽南红三团转来的中共南方工作委员会（简称"南委"）《给闽粤边特委的指示信》（3月5日）、中共中央《关于抗日救亡运动的新形势与民主共和国的决议》（1936年9月17日）等重要文件，即于4月25日在南靖县梅林镇科岭村召开常委扩大会议，贯彻党中央"联蒋抗日"方针和南委指示，制定了闽西南人民抗日救国纲领。会议根据闽西南地区的实际情况，决定马上发动和平运动，创造合作谈判的气氛。闽西南军政委员会随即向所属各部发出指示，停止没收地主土地，停止打土豪筹款，除了必要的自卫以外，停止一切敌对的军事行动。

由于停止内战、一致抗日已是举国一致的要求，所以闽西南军政委员会发起的合作抗日运动，赢得了闽西南各界人士和广大群众的支持，在闽西南地区造成了一股强大的抗日救亡的声势，在政治上给国民党军政当局造成了强大的压力，实行国共和谈的条件逐步趋于成熟。5月，由岩南漳县军政委员会主席魏金水通过原国民党第十九路军的营长谢再发与粤军营长吴琪会面。双方经过交谈，对合作抗日取得了一致意见。接着，闽西南军政委员会派原红九团政委谢育才为总代表，负责与粤军及驻龙岩的国民党军政当局谈判，充分阐述中国共产党与红军关于国共合作抗日的主张。

1937年6月，谢育才同驻龙岩的粤军旅长练惕生及第六行政公署专员张策安举行谈判。但此时张策安、练惕生对和谈尚无诚意，他们向谢育才提出取消闽西共产党和红军、苏维埃组织、发表"投降自新宣言"等无理要求。

为了促成闽西南的国共合作抗日，闽西南军政委员会决定派邓子恢亲赴龙岩。7月10日，邓子恢、谢育才抵达龙岩。经过多次谈判，国民党方面大致接受了邓子恢等按照《为停止内战一致抗日三致粤军公函》和平条件提出的原则立场，但是在红军点验的地点问题上，国民党方面坚持红军集中在他们指定的地点，邓子恢、谢育才警觉到国民党的这一要求，可能包藏着阴谋消灭红军游击队的祸心，因而坚持集中地点

由红军自行确定，但国民党方面不同意邓子恢的意见，谈判陷入僵局。正当相持不下的时候，从闽南传来了红三团在漳浦陷入国民党预设的埋伏，被第一五七师包围缴械的消息，邓子恢为此向粤军提出严重抗议。他严肃地指出，由于国民党军队背信弃义，制造漳浦事件，部队很不放心，因此坚持分两地集中。

经过坚决斗争，国民党军政当局不得不同意闽西南军政委员会的意见，7月29日，邓子恢、谢育才与粤军代表练惕生、第六专署代表张策安在龙岩商会谈判成功达成协议，从8月23日开始，闽西南红军游击队第一、第三、第七支队及龙岩、上杭、岩连宁、岩南漳县游击队集中于龙岩白沙，第四、第五支队及永定、永东、永埔等县游击队集中于平和县之芦溪，将红军游击队定名为"闽西人民抗日义勇军第一支队"。8月30日和9月4日分别经过点验后编为3个大队，集中于白沙之红军为第一、第三大队，驻芦溪之红军为第二大队。

新四军第二支队北上抗日誓师大会（资料来源：《红色闽西》）

1937年10月2日，中共中央同国民党谈判达成协议，将在南方八省14个地区坚持游击战争的红军游击队改编为国民革命军新编第四军。1938年1月6日，新四军军部命令闽西南、闽粤边、闽赣边的红军游击队改编为新四军第二支队，以张鼎丞为司令员，谭震林为副司令员，邓子恢调任新四军军政治部副主任。全支队共2 400余人。

"十里八乡来呀，一担又一担哪，都往白土赶呀，热闹莫非凡哪。"在新四军第二支队改编成立期间，龙岩白土成了闽粤赣边区令人瞩目的抗日救亡运动中心，各地不少爱国知识青年、海外侨胞纷纷前来投奔新四军。3月1日，张鼎丞、邓子恢、谭震林率领新四军第二支队全体指战员，告别前来欢送的父老乡亲，告别可爱的故乡，告别曾经浴血奋战的红色土地，慷慨激昂，挥泪高唱"我们捍卫祖国，我们齐奔沙场，千年夙愿，如今得偿……"的抗日战歌，浩浩荡荡地踏上了奔赴苏皖抗日前线的征途。

三、武装自卫迎胜利

1941年1月"皖南事变"后，国民党顽固派策划了"闽西事变"，袭击中共闽西特委和龙岩、永定县委机关以及许多革命基点村，杀害党员、干部和群众百余人，搜捕群众数百人。1941年9月，在国民党顽固派发起的反共逆流中，中共闽西特委再次遭袭击，特委书记王涛牺牲。同年冬，闽西党组织进一步贯彻中共中央关于"隐蔽精干"的方针，转入地下，上山隐蔽，开展生产自救运动。这时，根据国共和谈协议，闽西党组织虽然没有保留武装队伍，但仍然紧紧地掌握武装，在形势最紧张时，让军事骨干去烧炭、开荒生产，与群众一道生存下来，保存一点一滴力量，保存一人一枪。最后在迫不得已的情况下，中共闽粤边委于1943年10月决定"恢复武装自卫，解决经济困难"，先后成立了闽西南武装经济工作总队和分队。

1944年八九月间，闽西南武装经济工作总队从闽南返回闽西后，中共闽粤边委和闽西、闽南特委领导人，为了对付国民党顽固派发动新的军事反共行为，决定壮大武装队伍。10月25日，在上杭、永定边境的梅镇乡楮树坪，魏金水代表中共闽粤边委正式宣布成立"王涛支队"。这支队伍以原南委委员兼闽西特委书记王涛烈士的名字命名，由闽西南武装经济工作总队和闽西经济工作分队合并扩编而成。中共闽粤边委任命刘永生为支队长、巫先科为副支队长、范元辉为政委（未到职）、陈仲平为政治部主任（代政委），全支队49人，大多是久经考验的共产党员和武装骨干。不久，闽西特委通知一些隐蔽生产的党员前来参加支队，人数发展到100多人。

王涛支队成立后，靠着对闽西人情、地形和敌情的熟悉，在地方党组织和人民群众的大力支持下，主动灵活地开展了武装反顽自卫斗争。挺进武平县的象洞，惩处反动民团头子，缴获了一些枪支和2万斤谷款，同时还解决了一批经费，扩大了队伍。尔后返回杭永边，在永定解决了湖雷乡民团和永定金砂古木督反共自卫队，沉重打击了赶来增援自卫队的省保安三团一个大队。1945年2月，永和靖县委领导的康容支队（一支以女共产党员陈康容烈士的名字命名的武装游击队）30余人编入王涛支队。为了培训梅州地区党组织选派来的党员骨干，支队设立了教导队，并将龙岩、上杭、永

定、武平各县一批青年战士编进教导队学习。此时，王涛支队已是一支拥有 150 多人枪的武装部队，支队下辖 3 个中队和 1 个教导队。

王涛支队取得了一系列反顽武装斗争的胜利，使国民党龙岩军政当局惶惶不安，他们调兵遣将追剿王涛支队。驻防于杭永边界丰稔的国民党省保安第三团机枪中队，依仗精良的装备经常袭扰周围各乡的革命基点村。王涛支队本着"打击消灭进攻"的武装自卫方针，决定给驻丰稔之顽军予打击。1945 年 4 月 13 日，正逢丰稔圩期，王涛支队挑选 22 名队员，在邱锦才带领下奇袭了上杭县丰稔镇，歼灭保三团机枪中队，击毙中队长等 10 名，伤 2 名，俘虏 10 名，缴获重机枪 2 挺、轻机枪 1 挺、步枪 17 支、驳壳枪 3 支、子弹 20 担，取得了开展武装自卫斗争以来的最大一次胜利，打击了国民党顽固派的嚣张气焰，振奋了闽西广大人民的抗日反顽的斗争精神。①

但是，国民党顽固派在丰稔战斗惨败后，反共活动丝毫没有收敛，反而从龙岩调集保三团主力进入永定跟踪追击王涛支队。于是，王涛支队乘龙岩防务出现空虚的时机，除留下一个分队在杭、武、蕉、梅边活动外，主力再度从永定挺进龙岩，隐蔽在肖坑田螺形山上，国民党第六行政督察区自卫队从当地反共保长那里获悉王涛支队行踪后，于 1945 年 5 月 2 日在白土、紫岗两个乡镇警备队 200 余人配合下，分几路夹攻田螺形山，企图一举消灭王涛支队。王涛支队在刘永生、陈仲平指挥下，首先设伏全歼了号称"十八罗汉"的白土镇警备队，接着，在重机枪掩护下发动猛烈攻击，打得自卫队和警备队狼狈溃逃。王涛支队乘胜追击，大获全胜，共击毙 13 人、伤 3 人、俘虏 23 人，缴获手提冲锋枪 1 挺、步枪 23 支、短枪驳壳枪 9 支以及一批弹药。②这是继丰稔战斗后取得的又一次重大胜利。肖坑田螺形山战斗后，王涛支队又先后摧毁了黄田、毛桃坑等地炮楼数座，在洋坑、增坪、罗桥、谢岭、斜背等地消灭了反共势力，恢复革命老支点。接着于 5 月 8 日经隔口、蒋武、桃仔坑进入岩西北山区，隐蔽在大池乡大东坑休整。

1945 年 6 月上旬，王涛支队奉命返回永定金丰大山集中待命。中旬，中共闽粤边委在金丰大山召开闽西南党的领导干部会议，即金丰会议。会后，王涛支队进行了整编，扩编为 3 个大队，支队部改为司令部。16 日，由司令部率第一、第三大队挺进闽南，第二大队留在闽西和闽粤边界杭武蕉梅地区活动，发动群众，开展反顽自卫斗争。

① 中共福建省龙岩市委党史研究室. 闽西人民革命史（1919—1949）[M]. 北京：中央文献出版社，2001：535.
② 中共福建省龙岩市委党史研究室. 闽西人民革命史（1919—1949）[M]. 北京：中央文献出版社，2001：536.

四、闽西全境得解放

抗战胜利后全面内战爆发。闽西党组织贯彻"争取和平民主，实行分散发展"的方针，决定王涛支队"以大队为单位，分散活动"，执行巩固老据点、开辟新据点和"添丁"（扩大队伍）、"发财"（筹款解决给养）的任务。1947年6月，中共闽粤赣边工委确定了"创造闽粤赣边区人民解放军和解放区"的总任务，并创造性地制定了"先粤东后闽西南"的游击战争方针，放手发动群众，广泛开展游击战争，建立游击根据地。之后，闽西人民武装队伍闽粤赣边总队闽西支队在永定成立，并胜利地开展游击战争，发动群众反"三征"（即征粮、征税、征兵）斗争，使队伍不断壮大。至1948年年底，全支队发展至650人。

1949年1月，中国人民解放军闽粤赣边纵队（简称"边纵"）成立，由刘永生任司令员、魏金水任政委。闽西支队改编为边纵第七支队。4月，中国人民解放军南渡长江。在南下大军和边纵主力以及地方武装的强大攻势下，5月22日，闽西国民党负责人傅柏翠、练惕生、李汉冲等率龙岩、永定、上杭、武平4县县长与省保安第四团官兵4100人，在上杭宣布起义，通电脱离国民党统治，接受中国共产党领导，将起义部队改称闽西义勇军。

闽西起义后，为了统一并加强闽西南地区人民武装及起义部队的作战指挥，于6月3日在永定的湖雷成立了中国人民解放军闽粤赣边纵队闽西南临时联合司令部，负责做好支前和城市接管工作。在不到两个月时间内，闽西地区除长汀、龙岩外，6座县城先后被解放，并部分地开始了接管建政工作，使闽西和闽南、潮汕、梅州、韩江根据地连成一片，形成了闽粤赣边的广大解放区，为进一步打击逃敌、彻底解放全边区创造了良好的条件。

1949年六七月，国民党军胡琏第十二兵团4万多人，在人民解放军南下大军追击之下窜扰闽西，闽西各县立即恢复反动统治，闽西人民进入了黎明前最黑暗的日子。

8月中下旬以后，由于中国人民解放军南下大军压境，南撤闽西的国民党溃军在闽西南联合司令部所属主力部队、各县独立团及地方武工队、民兵的不断袭击下，不敢久驻，胡琏残部被逼退往广东大埔。第七支队、闽西义勇军及各县独立团各部队抓住战机，沿途截击逃敌，从而使闽西人民的生命财产少受损失。8月23日，胡琏残部500余人撤出永定经峰市向大埔溃逃，第七支队和永定独立一团迅速收复永定城，永定宣告全境解放。8月27日，残敌王靖之部撤离上杭城，上杭独立三团和县军管会随即入城，上杭全县解放。8月30日，窜扰龙岩的国民党军第五十五军曹福林残部迫于

形势，仓皇撤离龙岩城，9 月 1 日，龙岩独立五团、章汤铭起义部队进驻龙岩城，闽西重镇龙岩宣告解放。

龙岩解放后，闽西南联合司令部根据边纵司令部的指示，立即令第八支队挺进闽南参加漳厦战役。此时，漳平已成孤城，第八支队第四团第五营抓住战机，于 9 月 11 日向漳平县城发起攻击，激战两昼夜，守敌不支，弃城逃窜，第五营紧追至永福。永福镇联防大队起义，漳平国民党代理县长陈祖仁率自卫团 400 多人逃往永福后投诚。9 月 13 日，漳平县城收复。9 月下旬，宁洋游击大队（闽西北游击纵队第六支队）直逼宁洋县城，国民党宁洋县长率县自卫队 100 多人起义。10 月 1 日，成立治安维持委员会，宁洋解放。

10 月中旬，全面解放闽西的战斗打响。进驻江西会昌县的人民解放军第四野战军第一四四师第四三一团派出一个加强营（第二营），由团长王联彬率领于 10 月 16 日从会昌城向武平进军。17 日在离武平城 30 多里的万安乡小密村消灭敌人一个加强排后，采取智取战术进入武平城，经过 2 个半小时的战斗，歼灭守敌 570 余人，解放了被强迫征集的壮丁 2 000 余人，缴获八二迫击炮 6 门，各类枪支 1 000 余支，子弹数万发，白银数十箱，以及其他军用物资，胜利收复了武平县城。[①]

10 月 14 日，参加解放长汀城的第七支队独立七团和闽西义勇军一部集中涂坊，举行"解放长汀誓师大会"，随后向长汀城推进，在河田击溃卢新铭两个中队后，与起义部队易启基部 500 余人会合将长汀城包围。16 日，守敌卢新铭一面被迫表示要率部起义，并向边纵政委魏金水发了电文，一面又构筑工事，准备一战。18 日，驻赣南瑞金县（现瑞金市）的人民解放军第四野战军第一四四师派出两个支队前来增援，守敌卢新铭见大势已去，只好放下武器投降。长汀宣告和平解放。

连城的解放经历了曲折的过程。连城县于 6 月 21 日宣告起义，并成立闽西临时行动委员会连城分会，由张友民任主任，同时宣布将连城县各乡地方武装改编成立闽西义勇军独立第五团。7 月初，胡琏兵团侵犯县城，8 日起义人员撤出县城，不久，独五团部分队伍投敌叛变。闽西临时行动委员会连城分会趋于解体。8 月中旬，胡琏兵团驻连城之敌撤逃，国民党第七专署专员卢新铭任命郑渭仲充任连城县县长。10 月 1 日，闽西义勇军独立第一、第三、第五、第七团再度进入县城，俘虏国民党县长，再次宣布起义，并成立连城县临时行动委员会，各乡、镇成立分会。连城起义后，中国人民解放军福建军区司令部、政治部鉴于连城县起义队伍是由几股地方武装会合起来

---

① 中共福建省龙岩市委党史研究室. 闽西人民革命史（1919—1949）[M]. 北京：中央文献出版社，2001：586.

的，存在着不少矛盾和旧的习气，为了改造好这支队伍，于是命令驻龙岩的第八军分区组织以戴炳辉为团长、陈梅光为副团长的军事代表团接管连城县。11月6日，军事代表团一行36人进驻连城，对连城实行军事管制。

至此，闽西全境解放。

第三节
"闽西支队"成长记

1947年5月上旬，闽粤边工委在永定河凹头的园头山召开扩大会议，确定"以粤东为重点，先粤东后闽西南"，广泛放手发动群众，普遍开展游击战争的战略方针。为了贯彻闽粤边工委扩大会议精神，1947年8月20日，中共闽西地委在永定金丰大山雨顶坪召开会议，决定成立中国人民解放军闽粤赣边总队闽西支队（简称"闽西支队"），蓝汉华任支队长，林映雪兼任政委，郑永清任副支队长，邱锦才任副政委，胡伟任政治部主任。支队下辖3个班，有成员40余人，长短枪20多支。

根据闽粤边区工委关于闽西地区要"积极小搞，镇压反动派，发动群众，发展新区"的指示精神，闽西支队决定先从打击、消灭国民党基层政权开始，从开展小规模战斗开始，逐步恢复老区创造新区，以锻炼部队发展队伍武装自己。8月下旬，闽西支队在永定堂堡、湖雷一带主动出击，先后消灭了堂堡乡许家山保、九象乡李家畲保及湖雷乡石城坑保等反动武装，摧毁了各地炮楼，镇压了几个反动分子，缴获枪支20多支。从而粉碎了敌人的分兵把守限制人民武装活动的计划，极大地鼓舞了群众，支队本身扩大到60余人。接着部队挺进龙岩大池，在大和坑伏击龙岩县自卫队的巡逻班，毙敌7人，缴枪6支。战后进军小池黄畲，摧毁敌炮楼1座，俘敌5人，缴枪4支。旋即撤至永定湖雷一带基点村休整，准备开赴永和埔边进一步开展游击战争。

10月16日下午，利用陈东坑圩日，闽西支队兵分两路，一路由罗炳钦指挥，在高山侧翼阵地埋伏，担任阻击掩护；另一路由蓝汉华、邱锦才率领，把12名战士化装成赶圩群众，分成4个战斗小组潜入圩场，盯住各自目标。趁敌毫无戒备之机，蓝汉华、邱锦才等在圩场饭店一带击毙号称永定县"反共两虎"之一的便衣队长和乡警等7人，缴枪数支、子弹数百发。战斗结束后，部队在圩场召开群众大会，宣传解放战争的胜

利形势和共产党政策，当场散发了《告乡保甲长书》等宣传品，对分化瓦解国民党基层组织起到积极作用。陈东乡 4 个保长用书面形式向乡政府提出辞职。此次行动极大地动摇了国民党地方政权的基层统治，有力地打击了反动派的嚣张气焰。

1948 年 2 月，闽西支队经过 10 分钟的战斗，又一举摧毁国民党平和县大芦溪乡公所，镇压了当地反动分子、国民党芦溪乡乡长和 2 名乡队副，共缴获长短枪 40 多支、子弹 4 000 多发以及物资一批。3 月 6 日，闽西支队挑选几名精干人员化装成当地群众，以打路条外出做工为名，进入地处永定、平和、大埔边界的九象乡公所，采取内外夹攻办法，迅速结束战斗，俘获国民党九象乡乡长、副乡长等 20 多人，毙敌 2 人，缴枪 10 多支、子弹 600 多发。战斗结束后，发动群众破仓 7 处，把 700 多担谷子分发给贫苦群众。当晚，挺进下洋大水坑，抓获原保安团队长 1 人，缴枪 6 支。

4 月 20 日，闽西支队在永定河凹头与敌保安二团和永定自卫队六七百人激战一天，敌人遭到沉重打击，但闽西支队也遭受严重损失，副支队长郑永清等 5 人壮烈牺牲。4 月 24 日，国民党永定便衣队 60 余人向中共永定县委机关驻地——湖雷长坪坑进攻，好在闽西支队迅速赶到将便衣队击退，保护了永定县委机关的安全。

接着，闽西支队转移到杭岩边活动。6 月上旬，支队向卖柴坝出击，俘获永定巡河队 12 人，缴枪 12 支，然后转向上杭白砂、茫荡洋，龙岩的竹子芦，永定的莲塘、湖雷等地打击地方反动武装，摧毁国民党地方政权，领导群众开展反"三征"斗争。通过开展筹款筹粮，解决了部队的给养。

11 月上旬，闽西支队挺进永定湖雷，打下石城坑，歼敌 1 个班，摧毁炮楼 1 座。14 日，在长龙岗伏击大埔县自卫部队湖寮大队第一中队，毙敌官兵 9 人，并乘胜占领大埔广陵乡公所，伏击敌增援的两个县保警中队，毙敌副中队长以下官兵 77 人，缴获轻机枪 2 挺、长短枪 85 支、子弹 3 000 多发。半个月内，闽西支队连续出击，四战四捷，闽西地区的国民党遭到沉重打击，闽西支队荣获区党委和边区总队司令部的通令嘉奖。

11 月 24 日，闽西支队开进象湖洋竹里，经过 10 分钟的战斗攻下敌炮楼，击毙联防主任李文辉，全歼"三乡联防反共自卫军"，俘虏 40 多人，缴枪 50 多支。战斗结束后，立即召开群众大会，开展宣传，并把缴获的粮食、物资全部分发给人民群众。

闽西支队在一年零四个月里，经历大小战斗 80 多次，消灭国民党自卫中队 2 个、乡保武装人员数百人，摧毁国民党乡公所 12 个、警察所 1 个，毙敌 92 人，俘敌 250 多人。闽西支队在战斗中不断发展壮大。至 1948 年年底，闽西支队发展至 650 人。

1949 年 1 月，中国人民解放军闽粤赣边纵队成立，闽西支队编入边纵第七支队，参加了解放闽粤赣边区的战斗。

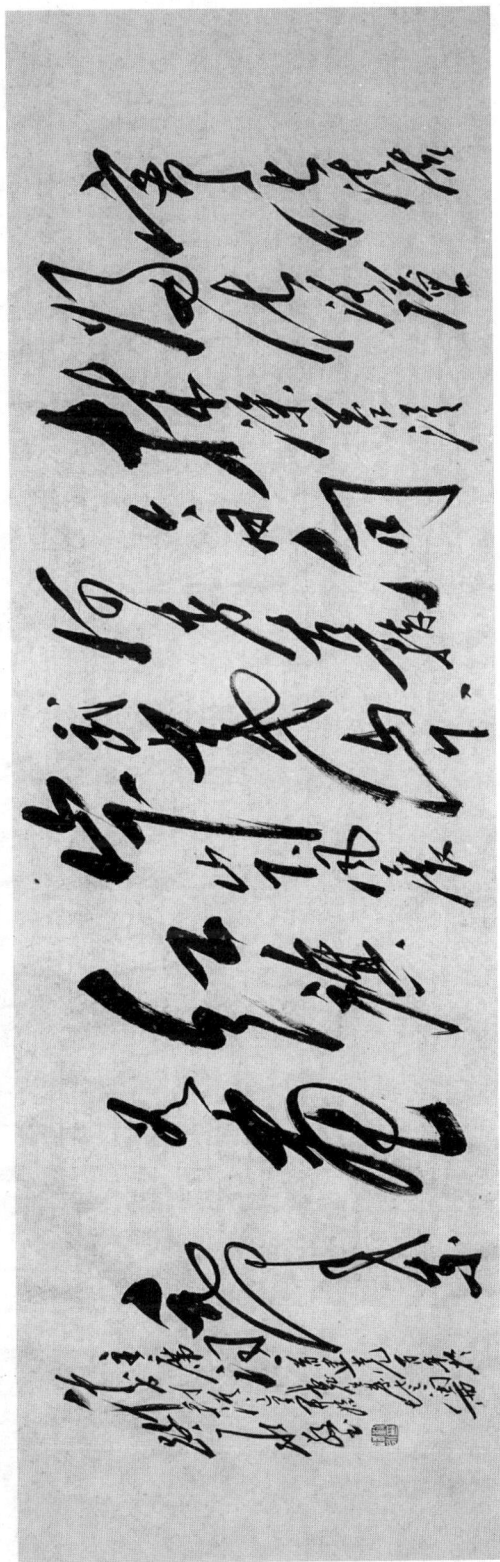

刘路永敬书主席词《如梦令·元旦》

《如梦令·元旦》

一九三〇年一月
毛泽东

宁化、清流、归化，路隘林深苔滑。今日向何方，直指武夷山下。山下山下，风展红旗如画。

蝶恋花·从汀州向长沙

一九三〇年九月
毛泽东

六月天兵征腐恶，万丈长缨要把鲲鹏缚。赣水那边红一角，偏师借重黄公略。

百万工农齐踊跃，席卷江西直捣湘和鄂。国际悲歌歌一曲，狂飙为我从天落。

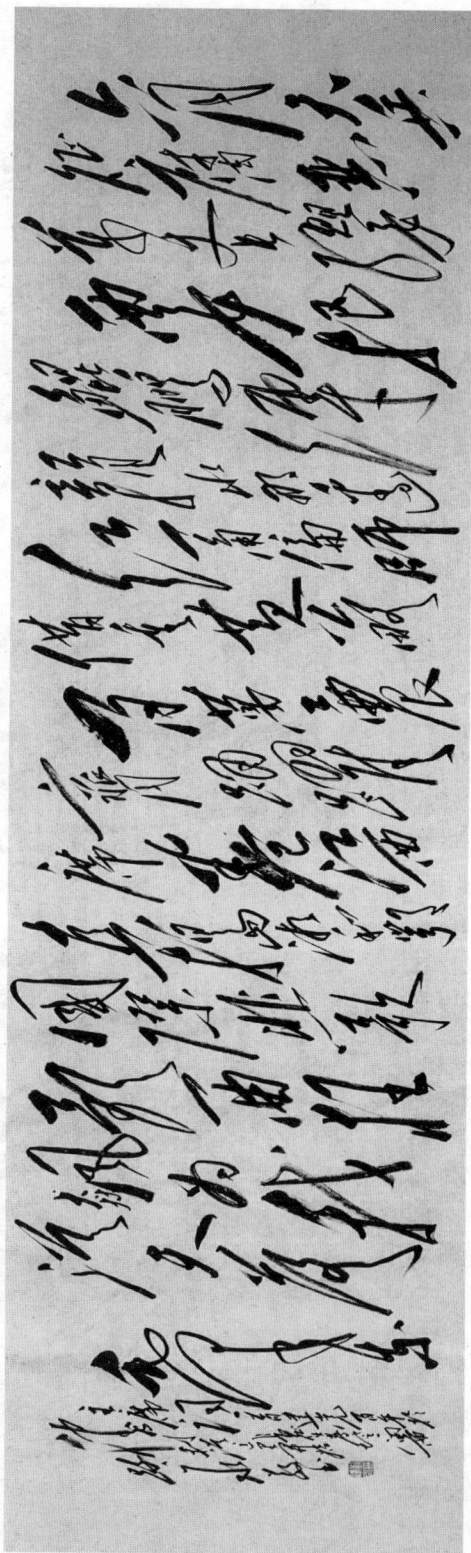

刘路永敬书主席词《蝶恋花·从汀州向长沙》

第三章

土地革命创奇迹

劳苦大众：田是咱们的命，地是咱们的根，保住田地就是保住生存的家园。

　　中农：风云突变谁能料，是福是祸真难断，当初苏区分田地，咱也跟着沾了光；如今有权有势者，逼租夺田变了天，思前想后夜梦长，我该站在哪一边？

　　地主恶霸：哼哼，世上风水轮着转，重又轮到我掌权，各家各户听清楚，新账老账一起算，冤有头来债有主，一切按我说的办，吃了我的吐出来，分我地的快退还，共匪主力已北上，想革我命没指望，哪头轻来哪头重，站到哪边多掂量，谁敢聚众来抵抗，死路一条等着看。

　　劳苦大众：乌云散，见曙光，地主恶霸莫凶狂，寸土必争誓保田，花言巧语藏祸心，如意算盘打不响，大家合力声势大，有理有据来揭穿。

　　中农：其实决定并不难，跟随大众更壮胆，谁要夺我们的根，我们就造他的反。

　　劳苦大众和中农：斗智斗勇党领导，各个击破捷报传，敌人诡计屡挫败，革命果实不能丢。

　　　　　　　　　　　　　　　——秋枫《保田记》

第一节

土地革命之先声

闽西是中央苏区分田斗争开展得最快、最彻底的地区，在土地革命中创造出许多新经验，对于党的土地政策的形成起到了关键性的作用。据中华人民共和国土地改革前调查，闽西有龙岩、上杭、永定等县的 15 个区、83 个乡、14.6 万人口的地区，约有 20 多万亩的土地一直保留在农民手中，直至新中国成立。[①]这是全国罕有的奇迹，是闽西红旗不倒的重要标志之一。在保田地区甚至还保留一年一度"抽死补生""抽嫁补娶"的调整土地习惯，这也是中国农民运动史上的奇迹，是中国革命历史上极其光辉的一页。

一、溪南分田创经验

闽西的土地革命由 1928 年中国共产党领导的后田暴动开始，接着在永定县溪南开展的分田进一步深入。1928 年 3 月后田暴动后，烧毁了地主的田契、债券，没收了地主的钱、粮等并分给贫苦农民，被邓子恢称为"闽西土地革命之先声"。7 月初永定暴动后，在邓子恢、张鼎丞的领导下，于 8 月中旬在永定金砂金谷寺召开了溪南区工农兵代表大会，宣布成立了闽西也是福建第一个区级红色政权——溪南区苏维埃政府，标志着这块红色土地上工农武装割据局面的正式形成。同时，溪南区工农兵代表大会还颁布了《土地法》《劳动法》《婚姻条例》等新法令。尤其《土地法》的颁布

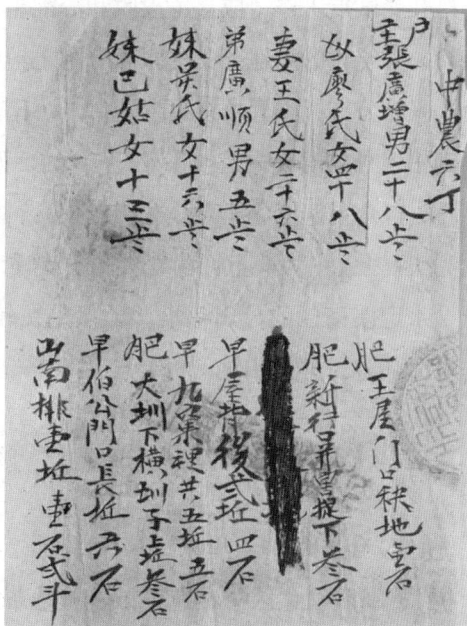

1929 年永定县溪南区竹三乡苏维埃政府
发给张广增的土地证
（国家二级文物，资料来源：龙岩电视台红土地网）

① 傅如通，符维健. 红色闽西 [M]. 北京：中央文献出版社，2007：37.

是一件惊天动地的大事，通过土地没收和分配工作，使老百姓获得了赖以生存的土地。

如何分配已收归苏维埃政府所有的土地？张鼎丞、邓子恢等同志积极依靠群众的创造性，深入各乡村进行扎扎实实的调查研究。他们分别去找一些有经验的、熟悉土地情况的老农民，通过座谈，详细了解了当地社会各阶层的土地占有情况，列举出了土地分配的许多办法。在此基础之上，张鼎丞、邓子恢等人综合大家意见，总结归纳如下：所有土地都应拿出来分配，只有中农自耕土地多一点的不动；按人口平分土地，地主、富农和贫农、中农一样分田；分田以乡为单位，各乡农民原来耕种的土地归各乡农民分配，在外乡的耕地归外乡去分配；按各乡原耕土地抽多补少，不要打乱平分；山林为各乡村公有；水利灌溉按照旧例，水随田走，不公平者，个别调整。

张鼎丞、邓子恢等同志总结出的上述分田原则并非无可挑剔，但瑕不掩瑜，溪南土改经验简便易行，立竿见影，较好地满足了贫苦农民的土地要求，并为后来毛泽东亲自指导召开的中共闽西第一次代表大会（简称中共闽西"一大"）通过的《土地问题决议案》提供了宝贵的经验。

溪南区苏维埃政府根据新制定的土地政策，首先在金砂古木督、卓坑源、樟塔等3个村开展试点工作，成立了没收和分配土地委员会，进行人口和土地的调查，召开各种会议，宣传党的土地革命主张和分配土地的办法，力求做到公平合理。分配方案确定以后，张榜公布，召开群众大会通过。溪南区在取得经验之后，立即在全区推广实行。在不到1个月的时间内，溪南13个乡约2万人口的地区胜利完成了2万多亩土地的分配工作，群众普遍感到满意。分田结束后，溪南区苏维埃政府还在金砂邹公庙召开了分田胜利庆祝大会，大会上回荡着人民的欢呼声和笑语声，他们第一次真正做了土地的主人。

永定溪南区的分田斗争，虽然是在较狭小的地区内进行，但却是福建最早，也是除了海陆丰、井冈山地区外，全国较早、较为完整意义上的一次分田。

二、土地问题决议案

1929年3月，毛泽东、朱德率领红四军第二次入闽，"红旗跃过汀江，直下龙岩上杭"，闽西红色区域迅速扩展，土地革命如火如荼地开展起来。红四军三克龙岩后，邓子恢向毛泽东介绍了分田的办法和经验。毛泽东听后对邓子恢说："你们的做法比井冈山时期有发展，现在闽西局面大体稳定，当前主要工作是领导人民开展土地革命。"

1929年7月下旬，在毛泽东指导下，中共闽西第一次代表大会在上杭蛟洋文昌阁召开，会议贯彻党中央"六大"决议精神，尤其是对党的"六大"规定的土地革命政策进行了认真的研究，并结合闽西的土地占有状况，总结了永定溪南等地的分田斗争经验，讨论通过了《土地问题决议案》，确立了"抽多补少"的土地分配原则，后来又把它推广到闽西各县和其他革命根据地，为各地开展土地革命斗争做出了重要贡献。

《土地问题决议案》是对闽西土地斗争经验的科学总结，形成了一系列比较完善可行的没收和分配土地的具体政策，比之 1928 年 12 月通过的《井冈山土地法》以及 1929 年 4 月制定的《兴国土地法》，有着大的进步和新的发展，主要体现在：

（1）没收一切地主土豪及福会公堂等土地，对大中地主区别对待，并给予生活出路，对在乡地主"将酌量分与田地"。

（2）"中立"富农，"不打击富农"。在不同的时期，对富农采取不同的政策，在革命初期"不没收其土地并不派款、不烧契、不废除其债务"。当贫农与富农的斗争已经起来的时候，"富农田地自食以外的多余部分，在贫农群众要求没收时应该没收"。

（3）团结和争取中农，对中农的"田地不没收，田契不烧毁"，"对自耕的中农不要予以任何的损失"。

（4）保护包括小商人在内的城乡小资产阶级，"对大、小商店采取一般的保护政策（即不没收）"，"对城乡小商人绝对不要没收商店、焚烧账薄和废除账目"，以保证经济的正常流通和发展。

（5）在土地分配制度上，提出了"以乡为单位，由某乡农民将他们在本乡及邻乡所耕田地总合起来共同分配"，即在原耕基础上，"照乡村人口数目，男女老幼平均分配"；分田时，实行"抽多补少"，而不采取打乱平分。

（6）关于债务问题，规定"工农穷人欠土豪地主之债不还，债券借约，限期缴交苏维埃政府或农会焚毁""工农穷人自己往来账目及商家交易之账，仍旧要还，但民国十六年底以前的旧债及非本身之债务不还""商家、土豪、地主欠农民或小资产阶级之债务，不论新、旧都要还"。

会后，闽西各县党组织坚决贯彻大会精神，积极领导广大农民深入开展轰轰烈烈的土地斗争。尤其是 1929 年九十月间，龙岩、永定、上杭、武平等县苏维埃政府建立后，土地斗争更是如火如荼开展起来。上杭县在 1929 年七八月间，全县除中都、官庄等一些地方外，其余大部分地区共有 18 万农民获得了土地。永定县在 1929 年 10 月也完成了分田工作，全县 38 196 户 146 200 人分得土地 297 723 亩，占全县土地总面积 35 万亩的 85% 以上，人均分得上地 2.03 亩。[①]龙岩县的分田工作基本上在 1929 年 9 月结束。

---

① 傅如通，符维健.红色闽西 [M].北京：中央文献出版社，2007：31.

长汀、连城等县建立苏维埃政府较晚,至1930年夏也基本完成分田工作。

实践证明,中共闽西"一大"决议案的这些规定基本上是正确的,它体现了毛泽东关于依靠贫农、团结中农、限制富农、保护中小工商业和消灭地主阶级的土地革命路线,推动了土地革命的深入发展,特别是对闽西、赣西南的土地革命斗争产生了很大的影响。

中共闽西"一大"以后,闽西土地革命得到了迅速的发展,出现了"收拾金瓯一片,分田分地真忙"的繁荣景象。到1930年春,在闽西纵横300多里的土地内,有50多个区600多个乡村进行了土地改革。当时分田的地区占全区的70%,约80万贫苦农民分到了梦寐以求的土地。

三、"抽肥补瘦"增新规

中共闽西"一大"通过的《土地问题决议案》具有重要历史意义,创造性提出了土地分配"抽多补少"的原则,但是决议忽略了土地肥瘦差距问题。作为中共闽西特委书记的邓子恢在同农民的交往中,了解到由于"抽多补少"只重视土地数量的平均,而忽视了土地质量的平均,致使许多富农"自己把持肥田",而贫雇农分到的土地多数是瘦田差田,这样"贫农就大不满意",要求重新分配调整土地。所以,1930年2月,邓子恢主持召开的中共闽西第二次扩大会议重新修订了《土地问题决议案》,在分田办法上增加了这样一条重要内容:"分田方法以抽多补少的原则,抽出之田以肥瘠均匀为度,好田多者抽好田,坏田多者抽坏田。"这项补充的重要内容,在1930年3月召开的闽西第一次工农兵代表大会发布的《土地法令》中,得到了更进一步的明确肯定。后来,邓子恢领导龙岩县土地调查工作,进而把这一经验归纳成"抽多补少,抽肥补瘦"八个字。

无独有偶,1930年5月,毛泽东在江西寻乌调查中也发现了土地分配"肥瘦"之争的问题,"抽多"的不肯抽出肥田,而"补少"的不愿补入瘦田,矛盾突出出来。因此,毛泽东断定土地肥瘦分配的斗争,"这是土地斗争的中心,也即是富农与贫农的斗争",于是也产生了"抽肥补瘦"的思想。

1930年6月,毛泽东率领红四军第三次入闽。从江西寻乌经武平、上杭才溪和通贤,进驻长汀南阳(今属上杭)。6月11日—13日,在毛泽东亲自主持下,红四军在南阳的"龙田书院"(现为龙田中学)召开了中共红四军前委、中共闽西特委联席会议,即著名的"南阳会议",朱德、陈毅、谭震林、邓子恢、张鼎丞等80多位代表参加了会议。会议通过了《富农问题》和《流氓问题》两个决议案。南阳会议通过的《富农问题》是关于土地政策的又一重要决议案，它是中共闽西"一大"通过的《土地问题决议案》的继承和发展。

在南阳会议上，当邓子恢代表中共闽西特委向会议报告闽西工作，特别着重介绍了闽西在土地革命中创造的"抽多补少，抽肥补瘦"这一重要原则时，立即得到了毛泽东以及其他与会人员的充分肯定。会议通过的《富农问题》决议案在土地分配方面作了正确的决定："应该于'抽多补少'之外，还加上'抽肥补瘦'一个原则。并在文件上将'不得妄想平均'，改为'不得把持肥田'。"还规定，坚持以人口为标准而不是以劳力为标准分配土地，因为"以劳力为标准分配土地是于富农有利的""就发展生产来说也是按人口平均分较按劳力差别分为有利"。同时，决议还规定了"何时分田，何时得禾"，改变了"本届的生产归原耕人收获"的决定。

南阳会议上通过的这些规定，极大地激发了群众耕种土地的积极性，进一步丰富了党的土地政策，推动了闽西土地革命的深入，使闽西革命根据地呈现欣欣向荣的新局面。闽西土地斗争中所创造的丰富经验，为中央苏区和其他苏区土地革命全面、深入地开展提供了借鉴。

闽西的土地革命前后经历了将近 7 年的时间，可以说是中国土地革命的一个缩影。在土地革命的中后期，由于受党内"左"倾错误的影响，闽西苏区曾进行过"反富农"、重新分配土地和查田运动，贯彻过"地主不分田，富农分坏田"的错误政策，使土地革命遭受过挫折。但土地革命"耕者有其田"的思想深入人心，极大地坚定了农民群众坚持革命的决心和信心，直接引发了后来闽西农民的保卫土地革命果实的斗争。

四、土地诗篇响神州

中国革命的基本问题是农民问题，而农民问题的核心是土地问题。闽西是全国最早进行土地分配探索的地区，在土地革命中创造出许多新经验，对于党的土地政策的形成起到了关键性的作用；闽西苏区人民为保卫土地革命胜利果实开展的保田运动，有效地维护了农民群众利益，这是全国绝无仅有的，闽西当之无愧是全国土地革命的一面光辉旗帜。

消灭封建地主土地所有制，实现"耕者有其田"的制度，是中国共产党和红军领导农民最有效的手段和措施。各苏区都陆续实行土地革命，湘南醴陵人民分配土地较早，开始于 1927 年年底，随后海南岛东会县第四区于 1927 年年底至 1928 年年初进行了

分田斗争；1928 年 1 月，湖南起义后宣布开始分配土地。但真正称得上有意义、比较彻底地实行土地革命，分配土地较好的，应该是 1927 年 11 月至 1928 年 2 月，由彭湃领导的海陆丰；1928 年二三月间，由毛泽东领导的井冈山；1928 年七八月间，由邓子恢、张鼎丞领导的闽西永定溪南区。

（1）彭湃领导的海陆丰土地革命。1927 年 11 月 13 日，在陆丰召开的工农兵代表大会通过《没收土地案》，决定立即开展土地革命。苏维埃政权采取没收一切土地、统一分配的办法，实行"耕者有其田"。广大农民群众把标志地主土地所有权的地契付之一炬。在《没收土地案》中提出了分田的五条标准："一、照人数多少分；二、照人的力量（老幼强弱）分；三、照家庭经济有无别种收入状况分；四、照土地肥瘠分；五、（分）田地的时期则不必限定，照俄国办法，经乡苏维埃认为要分时则分之。"到 1928 年 2 月，海丰县没收和分配土地占全县土地总数的 80%，陆丰县占 40%。海陆丰的《没收土地案》，是中共党史上第一个关于土地分配的法令，"照人数多少分""照土地肥瘠分"等原则，正确地解决了分配土地中的数量和质量两个基本问题，对土地革命是具有前瞻和指导作用的。但是海陆丰的土地革命"存在着严重的'左'的错误"，如：提出没收一切土地，甚至自耕农的土地也加以没收；"把一切工厂归工人"，对资本家和地主不加区别；主张把一切的反革命都杀得干干净净；规定"不革命不得田"；等等。

（2）毛泽东领导的井冈山土地革命。1928 年二三月间，井冈山开始分田试验，6 月后全面展开，并且逐步纠正"左"的错误。12 月，毛泽东总结土地革命经验，主持制定了井冈山《土地法》，以法律的形式肯定农民分得土地的神圣权利，否定了封建土地所有制。由于受"左"的影响和缺乏实践经验，井冈山的土地革命也还是存在问题的，特别是《土地法》"存在着原则性的错误"，例如，规定没收一切土地，而不是没收地主阶级的土地；规定所有权属于政府而不是属于农民，禁止土地买卖。

（3）邓子恢、张鼎丞领导的闽西永定溪南区的土地革命。在土地问题上，以邓子恢、张鼎丞为领导的闽西苏区，是全国较早进行土地分配探索的地区，而且所采取的分田办法不"左"不右、很实在，深受农民群众的拥护。并且，在毛泽东的亲自指导下，创造了以乡为单位，以原耕地为基础，按人口平均分配土地，实行抽多补少、抽肥补瘦的分配原则，为整个土地革命，特别是中央苏区的土地革命提供了理论指导和宝贵的经验。

如前所述，中共闽西"一大"所制定的土地纲领，极大地丰富和完善了土地革命纲领；"南阳会议"很好地解决了"富农问题"，增加"抽肥补瘦"的土地分配原则，从而更进一步地完善和丰富了党的土地政策。此外，闽西"土地权属"的确定，极大地调动了农民参加土地革命的积极性，巩固了土地革命的胜利成果。

闽西苏区在土地革命中的地权政策原本是非常明确的，即土地归农民所有，在溪南分田试点时，就曾明确提出土地归农民所有的政策。1929年6月，《红军第四军司令部政治部布告》明确宣告，"从今年起，田地归耕种的农民所有"。但在此后的中共闽西"一大"及其相关的决议中都未能很好坚持土地归农民所有的政策，而是执行了一条土地归国有，归苏维埃政府的方针，农民只领到"耕田证"，只有使用权，而没有处置权，这样就影响了农民的积极性，妨碍了农业生产，同时"禁止土地买卖、抵押、出租，结果不仅使劳动力不足的老弱残废的及红军战士的家庭，分得了田地没法耕种，很难维持生活，而且使农村经济不能得到很好的调剂，减少生产的数量"。认识到这一问题严重性的还是农民，因为他们"认为取得所有权才真是得到土地"。而土地权属问题在闽西苏区是渐渐式得到推进的。

首先是闽西苏区的龙岩县行委常委会制定了"租田制"，即经过苏维埃许可，生活痛苦无法维持的贫农、老弱残废的及红军家属，可以出租田地给他人耕种。12月，闽西苏维埃政府土地委员会各县土地科长联席会议制定的《决定分田及租田的新办法》中规定，凡符合出租条件，履行出租手续的农民，遵照租田条例，"可以自行出租"。同月，《中共上杭县委扩大会议案》针对"过去苏维埃不准租田，但农民秘密实行租田"这一"异常矛盾的事实"，认为"不应禁止租田"。12月30日，上杭东山区苏维埃转发了闽西苏维埃政府关于租田条例的布告。布告详细规定了出租条件、租额的制定、批准出租的机构、出租期限和出租田地的土地税等内容。闽西苏区的租田制允许农民有条件地出租土地，使农民在享有土地使用权的同时，获得了部分的处置权，这是地权政策转变的开端。

1931年4月，闽西苏维埃政府颁布了《土地委员会扩大会议决议》，纠正了土地国有的地权政策，确定了"土地农有"的新政策：农民领得田地即为自己所有，有权转租或变卖、抵押，苏维埃不禁止，但绝对严防富农利用机会来欺骗诈取贫农、中农的田地。田地、山林分配给农民之后，死亡的不收回，新生的不再补。该决议还第一次以法律文书的形式确定土地权属关系，即由县苏维埃政府发给"土地所有证"。这是苏维埃政府给农民以法律形势的"一种正式的凭据"，"用这个土地证去确定农民的土地所有权，确定某块土地归谁所有，他人不得侵犯，政府不得无故没收"，农民从此吃下了定心丸。这一权属关系的确定，极大地激发了农民群众的生产积极性，发展了苏区经济，巩固了苏区。这一土地农有政策后来成为解放战争和建国初期土地改革中一贯坚持的成功政策。

五、社会结构新变化

闽西苏区的土地改革既是一场政治、经济革命，深刻影响了闽西农村的历史进程，也是一次社会革命，使苏区的社会结构发生变化，并对苏区农民的社会心理、社会意识产生多重影响。

土地革命前闽西农村是宗族社会：血缘家庭聚族而居，一村一姓的村庄较为普遍，家庭、房族、家族（宗族）结构上环环相连，家长、房长和族长权力层层相扣，亲属关系纵横交错，各种称谓体现着尊卑亲疏的辈分与等级。土地改革后，在新旧因素的磨合与创新中，闽西苏区出现了以政治系统为核心的社会结构。原有的社会等级划分和社会资源占有被打破，社会财富、社会权力和社会地位在不同阶级中重新分配，地主与农民的社会地位呈颠覆性改观。土地改革后，闽西农村由阶级分化不明显的乡族社会，转化为农民与地主两大基本阶级阵线分明、相互对垒的社会。苏区内阶级构成为：在总人口中，农民占80%上下，富农约占5%，地主约占3%，其余是小手工业者、小商人和游民。农民各阶层人口占人口总数的比例大致为：中农17%—20%，贫农65%—75%，雇农1%—5%。[①]

从社会分层看，苏区内阶级分层取代姓氏之分、家族之别，苏区居民的社会地位主要是由其阶级成分决定的。各阶级的权利与义务界限清楚，地位明确。地主阶级是革命的对象，不仅失去土地、财产，经济上被剥夺净尽，而且不给予任何政治权利，政治权威丧失殆尽，社会声望扫地，跌落为最没社会地位、最受鄙弃的"落魄潦倒的居民"。革命伊始，他们杀的杀，跑的跑，大部分被肃清。留在乡村里的大多是中小地主，感觉"从天上被丢到地下来了""年复一年衰落下来"。一杨姓老地主分田前生活"相当优裕"，分田后，老婆和他自己非挑担不得饱食。武平外逃地主现钱用罄，生活艰难时，普遍的心理是"只要共产党不杀，我们都愿意搬回家去，不要田地也可以"。尤其实行"地主不分田"政策后，地主基本断绝与生产、生活资料的联系，被编入劳役队强制劳动，一无所有。一些小地主或上山为匪或逃往白区或讨饭度日。

革命之初，共产党对富农实行的是经济上限制、削弱，政治上吸收、联合的统一战线策略。富农大多受过教育，"在社会上早就处于领袖地位"，被大量吸收进党政机关工作，掌握部分领导权。富农利用手中权力不失时机地保护自己的利益（如延迟分田、瞒占良田等），引起党和贫雇农的愤怒与不满；共产国际亦批评中国共产党"联合

[①]《闽西革命史文献资料》第二辑，第142页；第三辑，第275页.

富农"政策。以南阳会议为转折，开始执行"向富农进攻"政策：剥夺政治参与权，被驱逐出党和苏维埃组织；经济上受打击，生产条件恶化，经济地位下滑；对富农的定性也由农民之一部分，属中间阶级，转变为是剥削阶级的一部分，是革命的敌人，富农社会政治、经济地位骤降。1931年后从经济上消灭富农，他们只能分得较坏的"劳动份地"，没收其多余的生产、生活资料。1932年，征发富农组织劳役队，限制人身自由。查田运动更使富农处境困顿，社会地位跌至谷底。随着对富农阶级定性的改变，富农的社会地位亦经历了大起大落。

农民参与了土地革命，土地革命也使农民摆脱封建压迫，获得梦寐以求的土地，农民的社会身份、经济地位发生根本性改变，成为独立的小私有者。他们主持土地分配、建立苏维埃政权、参加苏维埃选举，行使当家做主的权利，一下子成为乡村政治舞台的主角，"贫农是农村政权的主干，成了农村中的指导阶级"。获得土地的农民尽心尽力地为自己生产，粮食产量普遍提高，生产和生活条件大为改善。分田前，农民收获的粮食向地主或高利贷者谷仓里集中，自己却无以为生，"卖田、卖屋、卖儿子者比比皆是"，分田后，粮食归自己，一般农民生计改善很多；佃农生活与过去相比也"大有天渊之别"。具有初步阶级意识的农民大量加入共产党，闽西党组织迅速壮大，到1930年7月约有万人之众。农民在收缴土豪、民团枪械武装自己的同时，踊跃参加红军。在苏区内，农民全面参与苏区的政治、经济生活，成为最有社会地位、社会权利的阶级。

妇女社会地位提高也是苏区社会结构的新变化。妇女们走出家门，广泛参与苏区政治、经济、文化等活动，"妇女得到了解放，各级苏维埃代表与委员都有女子参加，无论在政治上、经济上、教育上都与男子丝毫没有两样，对革命的贡献与男子也是一样"。妇女与男子一样分得田地，到"政府中去做事"，享有选举权与被选举权，是平等的公民；苏区内实行一夫一妻，废除了买卖婚姻，妇女有婚姻自主权，能够自由地"找爱人"，自由地离婚。童养媳的权益也得到法律保障；妇女们第一次跨进学堂大门，参加夜校、扫盲班、识字班，学文化，取得受教育权；苏区妇女是军事化的妇女，是劳动生产的重要力量，"她们截了发，赤着足，完全是另一个世界的妇女"。

闽西苏区社会结构的变化，尽管是短暂且是局部的，但对整个闽西社会的影响是深远的。

六、基层权力苏维埃

直至近代，我国广大农村一直普遍处于村落权力的直接控制之下，政府权力只伸

展至县一级。"村落权力"是指以村落为单位反映的农村体制性权力和村落内生性权力的互动与整合。土地革命打破地主阶级对乡村权力的垄断，铲除其赖以生存的经济根基，使国家权力渗透到偏僻的乡村基层，实现了社会权力转移。其中最具意义的是农村苏维埃取代村落权力。

闽西苏区基层政权的组织形式是乡苏维埃，它是全乡选民"选举出来的全乡政权机关，为苏维埃政权的基本组织"，是一个具有广泛权力的基层国家政权，乡村中一切权力属于苏维埃。由群众选举产生的程序使乡苏维埃具有行政合法性；议行合一的代表会议制则从制度上保证农民群众"话事"主事的权力。苏维埃代表会议的代表同居民有固定的联系，使苏维埃政权得以与民众直接沟通；群众对代表的工作进行直接监督，无法胜任工作或选民不满意的代表或被罢免或是将在下一次选举中落选。上杭县才溪乡 1933 年 10 月进行乡苏选举时，先公布候选人名单，让群众评议。下才溪每村贴一张 160 多人的候选人名单，群众在候选人的名下填注意见，受到群众批评的有 20 多人。80% 的选民参加了投票选举，老人也拄着拐棍到会。下才溪前任代表 73 人，落选的有 23 人，50 名连任，新当选代表 41 人。上才溪 53 名前任代表中有 32 人落选，21 人连任，新当选代表 54 人。[①]代表会议下设有常设或临时委员会，才溪乡就设有拥护红军委员会、选举委员会、劳动委员会等。委员会由乡苏代表和普通的农民共同组成，围绕苏维埃政府的日常工作和中心任务开展工作。乡苏领导下的委员会制度让农民直接参与行政管理，既扩大了政权的参与面，也培养了农民的自我管理、相互协调的能力。因此，毛泽东在考察了才溪的情况后说，委员会制度"使苏维埃与民众的关系更加密切""使苏维埃工作的执行得着雄厚的力量"。乡苏维埃的建立，使乡村权力从地主士绅手中转移到农民手里，乡村政权的基础由地主士绅变为农民群众。

苏维埃政府拥有广泛的社会职能，其影响力渗透到苏区社会生活的所有领域。闽西苏维埃政府不仅颁布了土地法、婚姻法、劳动法等法律，而且发布通告禁止杀耕牛、禁止烟赌、保护婴孩以及关于组织残废院、设立赈灾委员会和募捐等法令，对社会生活的各个方面加以规范，乡苏依法律、法规行使职权，牢牢地掌握了农村基层权力。

中国共产党之所以能在农村站住脚，最主要的因素之一是在苏区建立起稳固的基层政权，基层政权组织强化共产党的政治权威和其所建立政府的权威，又抓住了大部分农民群众，从而增强了共产党和苏维埃的力量。"红军与苏维埃区之所以发展存在，在第一个重要原因为中共的土地政策……苏维埃政府成立，实行没收土地、重新分配。

---

① 《才溪乡调查》，《毛泽东农村调查文集》，337-338 页.

满足农民毕生所愿，对红军自大为感戴，唯恐其败"。苏维埃权力渗透至农村基层，这是中国历史上首次将国家权力延伸到村落，村落权力置于政权的直接控制之下，受到打击并退缩到政府权威的背后。反观国民政府各种乡村改造的顿挫，其中重要一点就是国民政府对农村渗透受阻，造成国民党和国民政府同乡村的疏离。国民政府治下，在乡间担任公职的人有两派，"一派是不做事体的好好先生，一派是武断乡曲的土豪劣绅"，因而它在农村实施的各种土地政策都因缺乏社会基础而难以推行，无论是土地整理、田赋整顿、租佃改良，还是扶植自耕农，均以失败告终。

中央红军北上后，闽西苏维埃政权主导下的社会结构的变化被打断了。返乡地主在国民政府的支持下向农民反攻，欲强行恢复地主阶级原有的政治经济秩序，但是遭到农民的抵抗，经过土地革命的暴风骤雨，闽西社会已经无法恢复到原有的轨道。各种社会政治力量相互交织，彼此争夺，成为 20 世纪三四十年代闽西社会的一大特点。

第二节

这里红出一片天

"抽多补少""抽肥补瘦"，就是这么朴素又简单的两句话，实现了农民千百年来拥有土地的梦想。闽西土地革命起步时政策就比较正确，实施过程中反复变化少，原则性错误犯得少，基础扎实，给贫苦群众信任感较强。1930 年在南阳会议上，毛泽东称赞"闽西土地解决办法最好"。滔滔汀江水弯弯，欢畅的歌声飘两岸；这里的天地红火火，这里的世界明灿灿。

一、苏区政权一枝花

1928 年 3 月至 6 月，龙岩后田、平和、上杭蛟洋、永定农民举行了武装暴动，拉开了创建苏维埃的序幕。尤其是永定暴动后，在张鼎丞、邓子恢等人的领导下，先后在双溪、樟园、赤半、中石等 13 个乡成立了苏维埃政府。8 月初，成立了区苏维埃政府，很短的时间内，在 1 万多人口的区域内完成了土地分配任务，进行了"工农武装割据"的尝试，为闽西各县组建基层红色政权提供了宝贵的经验。

红四军入闽后，在党和红军的帮助下，闽西人民经过艰苦的斗争，开辟了大片

红色区域，奠定了红色政权的坚固基础，闽西苏维埃政府的成立条件已经基本成熟。1929 年 7 月，中共闽西第一次代表大会胜利召开。大会确立了闽西党的总路线是："坚决的领导群众为实现闽西工农政权的割据而斗争。"要求暴动后的乡村立即组织苏维埃政权。"一区中有三个乡苏维埃以上，即可成立区苏维埃"。

这期间，适逢红四军在闽西"七月分兵"，扫除了一大部分军阀残余势力和地主民团武装，促进了各地工农武装暴动的开展，掀起了组建区、乡苏维埃政权的热潮。到 1930 年春，在各县已有的广大红色区域里，普遍开展了自下而上的政权建设运动，各区乡都召开工农兵代表大会，民主选举区乡苏维埃政府执行委员会委员和区乡苏维埃政府主席副主席。据统计，闽西苏区共有 69 个区、597 个乡进行了民主选举区乡苏维埃政府的领导人。[①]

1930 年 3 月 18 日至 24 日，闽西第一次工农兵代表大会在龙岩城内的省立九中胜利召开，大会宣布成立闽西苏维埃政府。选举了邓子恢为闽西苏维埃政府主席，通过了《土地法案》等 16 项法案、条例。它的成立，标志着闽西革命根据地正式形成了一块统一而巩固的苏维埃区域，为以后中央革命根据地的建立打下了重要的基础。此后，闽西人民在闽西特委、闽西苏维埃政府的领导下，各县的红色政权进一步得到巩固和发展，先后都召开工农兵代表大会，宣布成立县苏维埃政府。到 1931 年底，闽西各县都建立了工农群众当家做主的苏维埃政权，并统一在闽西苏维埃政府的领导下。

闽西苏维埃政府在政权建设中进行了许多有益的尝试和探索，为后来成立的中央苏区政权建设提供了借鉴。如《闽西工农兵代表会（苏维埃）代表选举条例》规定：凡在闽西赤色政权的地域范围内，年满 16 周年以上的劳动男女均有选举权和被选举权；代表选举产生的程序要经过基层的初选、中层复选、县或相当于县级单位选举的三选。《苏维埃政府组织法案》规定：苏维埃是工农兵自己选举代表组织的政权机关，规定了各级苏维埃政权的职权，各级苏维埃制定相应的政策法令并执行该级地区内的一切行政事务，承受上级苏维埃的命令，掌管各级地区内的一切权利，行使一切职权。各级代表会为各该级区域内的最高权力机关，代表会闭幕后，所选出的执行委员会即代替该代表会为最高权力机关，行使一切职权。法案同时对闽西苏维埃政府和县区乡苏维埃政府的组织系统作了相应的划分。

1930 年 12 月 15 日，国民党军张贞部杨逢年旅等进占龙岩城，中共闽西特委、闽西苏维埃政府迁至永定县虎岗。

---

① 中共革命根据地史 [M]. 北京：人民出版社，1986.

1931年10月，闽西苏维埃政府从永定的虎岗迁至长汀县城的汀州试院。11月25日，闽西第三次工农兵代表大会在汀州试院召开，张鼎丞、邓子恢传达了中华苏维埃第一次全国代表大会（简称"一苏大"）会议精神，会议确定闽西苏维埃政府的任务是"巩固闽西苏维埃的政权，开展宁化、清流、归化、闽北的工作，把闽西和闽北联系起来，把闽北闽西造成一大块的红色区域，来建立福建全省苏维埃政权，造成中央苏区巩固的后方"。会议确定了为召开福建省第一次工农兵代表大会的各项筹备工作。

福建省苏维埃政府旧址：汀州试院（涂水发 摄）

经过几个月的筹备，在中华苏维埃临时中央政府的领导下，福建省第一次工农兵代表大会于1932年3月18日在汀州试院大礼堂胜利召开。中华苏维埃临时中央政府派代表任弼时出席指导大会。会上，任弼时作了政治报告；闽西苏维埃政府主席张鼎丞作闽西政府一年来的工作报告，并宣读中央政府给大会的指示信。大会讨论通过了《土地问题决议案》《军事工作决议案》《经济财政问题决议案》《实行劳动法令决议》和《苏维埃建设问题决议》等重要文件；并正式选举成立了福建省苏维埃政府，张鼎丞当选为主席，阙继明、张思垣为副主席。由35名执行委员和13名候补执行委员组成执行委员会，下设土地、劳动、工农检察、财政、内务、文化、粮食、裁判8个部，不久又增加了妇女部。福建省苏维埃政府的成立，标志着闽西苏区的巩固和成熟，从此，闽西苏区进入了强盛与发展的新时期。

二、中央苏区模范乡

才溪，位于上杭县西北，在苏维埃政权建立后，才溪人民在政权建设、经济建设、

文化教育以及扩大红军支援前线等方面，创造了光辉的业绩。1933 年春，福建省苏维埃政府为表彰才溪人民取得的巨大成就，印发了为建立才溪光荣碑《告才溪群众书》并拨款建光荣亭（1956 年，毛泽东亲笔为亭题字"光荣亭"）。1933 年 7 月 5 日建成光荣亭，亭中竖立了福建省苏维埃政府授予的光荣碑，碑上刻着"我们的第一模范区"。1934 年 1 月，在第二次全国工农兵代表大会上，才溪又被中华苏维埃共和国临时中央政府授予"中央苏区模范区"和"中央苏区模范乡"的光荣称号。

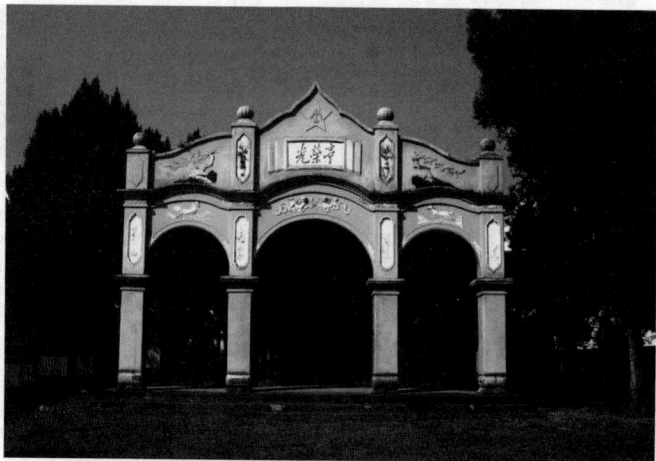

模范才溪"光荣亭"（王培林 摄）

才溪人民在苏区建设中创造了很多经验，是中国共产党人治国理政的实践典范。当年的《青年实话》《红色中华》《斗争》等报刊称赞："上杭才溪区是福建的第一模范区，一切工作取得了光荣伟大的成绩"，是"选举运动的模范""生产战线的模范""退还公债的模范""节约的模范"，并且创造了模范合作社，各方面的工作均成为全苏区第一的模范。

才溪人民十分注重政权建设。1929 年 7 月 21 日在红四军的策应支持下，才溪举行人民武装暴动，开始了建立和巩固苏维埃政权的工作。一方面，充分发扬民主，运用选举的办法，把一批最有觉悟、最先进、有能力、有经验、懂政策的积极分子选进苏维埃政府里去，"使之能起到打击内外反革命势力，增进工农生活福利的重大作用"。通过自下而上的选举运动，吸收大批积极分子参加工农代表会议和各级政府工作，保证了政权机关的高度纯洁性。另一方面，健全各乡代表会议制度和实行巡视制度。村代表每周须向乡苏报告一次工作，乡苏 10 天须向区苏报告一次工作；区苏主席团 5 天须召开一次会议，执委会每月开会一次，讨论具体工作计划和各项重大问题。

同时，区苏维埃政府十分注重把乡区全体干部培养成为群众工作的模范。才溪区、乡苏维埃干部深入群众中去宣传群众、组织群众，真心实意地帮助群众解决生产、生活当中遇到的各种问题。比如，每位苏区干部出门随身只带一个公文包和一个饭包，但他们每天的报酬只有 1 角 5 分钱的菜金，区苏规定每个工作人员每月必须自带伙食 4 天。所以各乡苏维埃政府在人民群众中享有崇高的威信。苏维埃干部还处处做艰苦奋斗的模范，有力地支援了革命斗争。

农业是苏区经济的基础，发展农业生产是苏维埃经济建设的中心工作。为了大力发展农业生产，1930 年按照换工习惯，才溪率先办起了耕田队。1931 年，他们根据自愿互利原则，又在耕田队的基础上创设了全苏区第一个"劳动合作社"，接着又创设了犁牛合作社，进行各种有效的生产互助互利，有组织有领导地进行劳力调剂，开展劳动竞赛，从而保证了农民增产增收，改善了苏区人民群众的生活。才溪乡创办耕田队、互助社的经验，逐渐在闽西、赣南推广，才溪乡成为农业合作发源地。

为了进一步为民谋福利，才溪各级政府创办了消费合作社和粮食合作社。1929 年 11 月，创办了闽西第一个消费合作社——才溪区消费合作社。1930 年为了保护群众利益，根据当时的实际，才溪苏维埃政府又创设了粮食合作社。这不仅打破了敌人对苏区的经济封锁，解决了群众的生产生活必需品问题，同时又极大地改善了人民群众的物质生活。

才溪人民积极发展生产，特别是妇女在劳动力缺乏的情况下，积极行动起来，投入火热的生产劳动中，争当生产战线上的模范，成为生产的主力军。才溪妇女积极参加生产劳动，既解决了根据地劳动力的不足，又使广大妇女进一步认识到自身解放的巨大力量，从而促进了农业生产的恢复和发展。

才溪人民大力开展经济建设，发展合作社事业，不仅激发了人民群众的革命热情，发展生产、发展苏区经济、粉碎敌人"围剿"，而且还进一步改善了人民的生活，在 80％的青壮年男子出外当红军和做革命工作的情况下，才溪生产仍然超过了暴动前 10％，群众的吃肉、穿衣改善了 100％以上。毛泽东在《才溪乡调查》中说："劳动合作社（别地称劳动互助社）、消费合作社、粮食合作社，组织了全乡群众的经济生活。经济上的组织性进到了很高的程度，成为全苏区第一个光荣的模范。这种经济战线上的成绩，兴奋了整个群众，使广大群众为保卫苏区，发展苏区手执武器上前线去，全无家庭后顾之忧。"

全力推动"扩大红军运动"。为了粉碎敌人的反革命"围剿"，保卫苏区，巩固苏维埃政权，才溪人民掀起了一次又一次的扩大红军热潮。1932 年 11 月 14 日，《红色中华》报刊登消息：才溪区顶呱呱，数量又多，成分又好，党团员也不少，欢送的一队队，

慰劳品一担担，最整齐、最出色，政治影响最大，优胜红旗二把给他们取去了。还赞扬说：上杭扩大红军，在福建要算第一，可以算是模范县。翻身的才溪人民把革命当作自己的生命，广大青壮年都纷纷报名当红军。在"扩红"运动中，才溪出现了父母送子、妻送郎，兄弟争相当红军和独子孤儿踊跃入伍的感人场面。通贤白石坑黄三妹全家5口人，她把3个儿子和1个媳妇全都送去当红军、上前线。上坊村民王葱娣把2个儿子送去当红军，先后光荣牺牲。下才溪贫农王秋莲，听到要"扩红"了，马上先替丈夫报名，几天后她丈夫入伍当红军。

在长期的革命斗争中，才溪人民在党的领导下，为了中国人民的解放事业作出了巨大贡献和牺牲。据不完全统计，从1929年到1933年，才溪全区有3 400多人参加了中国工农红军，占全区青壮年总数的80%，1 000多革命志士英勇牺牲，40多位烈士是团级以上干部。1955年被授予少将以上军衔的军人10名，副部级、地师级干部20名，才溪被誉为"九军十八师"的将军之乡。[①]

另外，长汀县红坊区（今涂坊镇）人民为革命战争和根据地的建设也作出了巨大的贡献，他们在扩大红军、发展经济、拥军优属和文化教育等方面取得了很大的成绩。1933年6月，长汀县红坊区被福建省苏维埃政府评为第二个模范区。

三、苏区"红色小上海"

长汀作为中央苏区的核心组成部分，是中共福建省委、省苏维埃政府的所在地，是中央苏区的经济中心，被称之为中央苏区的"红色小上海"。

长汀作为历代州郡路府治所，地处闽赣边陲，工商业发达，为开展大规模的根据地经济建设提供了前提条件。汀州城是闽西历史最悠久、规模最大、人口最多、商业最繁荣的一座历史古城。汀江绕城南流，经上杭下永定、大埔至韩江、经汕头流入南海。自宋绍定五年开通了长汀至广东潮州的汀江航运后，汀江每天往来运输的货船川流不息，有"上八百（长汀至上杭）、下三千（上杭至峰市）"之称，航运的繁荣可见一斑。明清时期，由于汀江商业航运的快速发展，长汀发展成为闽粤赣边物资集散重镇和古代福建六大转口贸易中心之一。

1929年3月红四军第一次攻占长汀城，红四军颁发了毛泽东起草的《告商人及知识分子书》，指出共产党对城市的政策是"取消苛捐杂税，保护商人贸易""保护中小

---

① 刘忠. 才溪人民革命史是宝贵的精神财富［M］//才溪人民革命史，北京：北京广播学院出版社，1997：序.

工商业者，保护私营经济"。红军走后，长汀城又为敌所占，嗣后敌我几进几出，屡经拉锯。直到 1931 年，红十二军攻占汀州，长汀城才最终为我掌握，此后汀州市经济建设出现了生气勃勃的现象。

苏维埃政府首先加强了汀州市交通事业的建设。对于汀州与外地主要交通联系的汀江航运，福建省苏维埃非常重视汀江水道的整治工作，曾由内务部主持召开县、市、区交通科长联席会议，决定组织成立汀江河道修理委员会，并向船老板、商人老板募捐大洋 2 元，用于修治河道。汀州通往各县的陆路本都是羊肠小道（清代称官道），崎岖不平；各级苏维埃政府都非常重视整修道路，每年都利用冬闲发动群众修路。

苏维埃政府致力于发展苏区内部的邮政建设。1932 年 3 月，福建省邮务管理局在汀州设立。在省邮务管理局的领导下，长汀县局（设在河田）、汀东县局（设在馆前）均开辟三条邮路，主要是保证苏维埃政府至苏区各县、至瑞金中央机关的邮路畅通无阻，从而基本形成以汀州为中心的红色邮路网。1932 年 2 月，开始架设汀州城至瑞金、至河田的电话线。3 月，电话开通，福建省委、省苏、省保卫局、省军区、汀州市委、市苏、兆征县委、县苏、长汀县委、县苏都安装了电话。

财政、金融是加强经济建设的基础。1930 年 9 月，闽西第二次工农兵代表大会决议设立闽西工农银行，并规定闽西工农银行的任务是：调剂金融，保存现金，发展社会经济，实行低利借贷。同年 11 月 7 日，闽西工农银行在龙岩城正式营业，以阮山为主任，曹菊如为会计科长，赖祖烈为营业科长兼秘书，陈寄今为司库。闽西工农银行在各县设分行，各区乡政府附设代理机关。总行以后迁往永定的虎岗，上杭的白砂、溪口，长汀的涂坊。1931 年 8 月，红军攻克长汀后，银行又随闽西苏维埃政府迁设汀州。这对于稳定汀州市的金融，促进汀州市的经济发展，起到了非常重要的作用。

繁荣的汀州水东街（资料来源：《闽西人民革命史》）

汀州市委和市苏维埃政府大力发展手工业生产，把原来分散的、个体的、技术落后的手工业组织起来，创办手工业生产合作社。汀州市先后组织了造船、农具、铁器、织袜、铸锅、皮枕、雨伞、油纸、斗笠、烟丝、染布、陶器、制糖、榨油、锡纸、理发、硝盐、樟脑、酱油、竹器、木器、砖瓦、缝衣、竹篓、豆腐、纸业等合作社，共计50多个生产合作社，社员达5 000余人。

在组织发展手工业生产合作社的基础上，在汀州迅速创办了一批具有社会主义成分的国营工业即公营工业，逐步形成了中央苏区的骨干工业。具有代表性的有：

（1）红军被服厂：1929年3月红四军从军阀郭凤鸣手中缴获，为红军赶制了4 000套军衣，该厂后来成为中央红军被服厂的第二分厂。

（2）中华织布厂：1930年夏天成立，不但供给军需，也供给民用。

（3）红军斗笠厂：1931年冬建立，月产量6 000顶斗笠。

（4）红军印刷厂：以长汀毛铭新印刷所为基础组建而成，分石印和铅印两部分。

（5）汀州弹棉厂：1931年冬建立，日弹棉花4千多斤，棉被30多床，全部供给红军被服厂和医院做药棉。[①]此外，还创办了四都兵工厂，濯田炼铁厂、熔银厂、造船厂、熬盐厂、樟脑厂、砖瓦厂、石灰厂、造纸厂等。总之，汀州市的手工业、公营工业，占了整个苏区工业的1/2，是一个主要的手工业、公营工业城市，为苏区的巩固发展、保证供给军需民用物资、支援革命战争等都做出了巨大的贡献。

汀州市的公营商业是中央、省、市苏维埃政府投资兴办的，在汀州市整个商业中起着主导作用，主要有：

（1）汀州市粮食调剂局：开办于1932年春，由省苏维埃政府粮食调剂局管辖。

（2）中华纸业公司：1932年冬，由汀州市纸业合作社和纸行老板凑股成立。

（3）中华贸易公司：1933年初在汀州成立，是一种购销结合的商业性公司。

（4）中华商业公司汀州分公司：1934年初成立，资本全靠政府投资，约10万余元。

（5）汀州市小小商店：1932年春成立，是汀州市品种最齐最多的商店。

（6）红色饭店：1932年初开办，主要招待苏区来往干部的吃住。

为了活跃苏区经济、减少"剪刀差"现象，在发展公营商业的同时，大力发展合作社商业。汀州市的合作社商业是以粮食合作社、消费合作社为主，此外，还有购买和贩卖合作社，以及各种合作商店等。为了使商人得以正常营业，党和苏维埃政府对私商实行保护和鼓励的政策。为了让无店的个体小商贩经营农作物产品，政府在水东

---

① 中共长汀县委党史研究室.福建中央苏区纵横：长汀卷[M].北京：中央党史出版社，2009：17.

街大观庙前和司背街分别开设了红色米市场，主要是进行大米、豆子及其他农副产品的交易。

为了粉碎敌人的经济封锁，苏区政府大力发展对外贸易。苏区对外贸易主要是对国民党统治区的贸易，汀州市是苏区发展对外贸易的重镇，1933年2月在这里设立了苏区对外贸易局、汀州市对外贸易分局，同时选调一批精通业务、善于交往、长期从事商业工作的骨干担任各级外贸局的干部。

市场贸易兴旺，沟通了长汀与瑞金、石城、会昌、宁化、上杭等县的经济联系，使长汀成为赣南、闽西主要农副产品的集散地。长汀的市面呈现一片繁荣景象，成为中央苏区的商业重镇，被誉为"红色小上海"，流传着"上海广州，不如汀州"的赞誉话。在攻克漳州后，毛泽民同志还在长汀举办过"金山""银山"展览会，一方面显示红军攻打漳州的胜利，缴获了大批金银；另一方面也显示苏区时期长汀经济繁荣的景况。漳州组织了工人到汀州参观学习，周恩来同志致了欢迎词。

这样的繁荣景象不仅表现在经济上，在文教卫生体育事业方面，长汀也出现了前所未有的繁荣景象。1932年5月，福建省苏维埃政府组建福建省苏维埃剧团，同月汀州市成立了工农剧社，汀州市各区、各街道委员会都设有列宁小学，省、市苏维埃政府每逢重大节日和纪念日都有开展体育比赛活动。长汀"福音医院"医治了大量的红军伤员，后来搬迁瑞金，改为中央红色医院。

在毛泽东的根据地经济建设思想的指导下，长汀苏区的经济繁荣昌盛，以发展农业、工业、对外贸易和合作社为中心的苏区经济建设出现了崭新的局面。长汀苏区的经济发展，对打破敌人的经济封锁，稳定人民生活，保障中央苏区的物资供应，促进整个中央苏区的经济建设，起了重要作用，做出了很大贡献。

四、战地黄花分外香

（一）最早的红军学校

1930年初，红四军离开古田向赣南进军，中共闽西特委接管了由红四军随营学校更名的红军学校，并在红军学校基础上开办闽西红军学校，3月改名为福建红军学校，4月改称为中国红军军官学校第一分校。校址设于龙岩县省立第九中学内，校长蔡升熙（蔡未到职，改为谭希林），政委邓子恢。12月因敌杨逢年部侵占龙岩城，第一分校退出龙岩城区迁至龙岩大池，改校名为彭杨军事政治学校（为纪念彭湃、杨殷烈士

而定名）第三分校，校长萧劲光，政委张鼎丞。1931 年春，第三分校又搬到永定虎岗，9 月初迁入长汀县城，9 月中旬迁至瑞金。10 月彭杨军事政治学校第三分校与红一、三军团随营学校合并，成立中央军事政治学校，刘伯承任校长兼政委。设在龙岩的中国红军军官学校，是我军创办较早也比较正规的红军学校。它为红军造就了一批军政人才，对提高部队军事政治素质起过重要作用。闽西籍的中国人民解放军空军司令员刘亚楼上将、解放军军政大学副校长刘忠中将、解放军空军副司令员罗元发中将、解放军铁道兵副司令蓝廷辉等都毕业于中国红军军官学校。

（二）发达的印刷业

闽西苏区的印刷业相当发达，而其中又以长汀县城的毛铭新印刷所最为出名。该厂拥有 3 台石印机、2 台圆盘机、1 台四开铅印机以及其他较先进的机器设备，印制出来的产品字画清晰，图像绚丽，很受用户欢迎，成为长汀周边闽赣十多个县中设备最为齐全、规模最大的印刷厂，对革命宣传工作起到了重大的作用。红四军首次入闽在汀州驻扎 17 天的时间里，毛铭新印刷所 24 小时轮班生产，赶印了大量的宣传品。中华苏维埃共和国临时中央政府成立后，毛铭新印刷所更具有了用武之地。该厂主要印刷当时少共中央编辑出版的《青年实话》，全总苏区中央执行局主办的《苏区工人》以及当地党政机关的文件、宣传品。毛铭新印刷所于 1933 年迁至瑞金，不久，毛焕章家决定将其全部印刷设备捐献给了少共苏区中央局，此后正式更名为青年实话印刷厂。

（三）我党卫生事业的始创

福音医院和院长傅连暲分别被誉为中国革命史上第一个红军医院和第一位红色医生。1929 年 3 月，红四军首次入闽解放了长汀城。当时正值天花流行，为了防止天花病在部队中蔓延，傅连暲带领医护人员医治了红军伤病员，还主动为全军官兵接种了牛痘。福音医院成了一所不挂牌子的红军医院。中央苏区形成后，长汀已成为中央苏区的经济中心，福音医院也成了中央苏区最大的一所医院，医院还附设了休养所，毛泽东等许多中央领导人和红军指战员前来治疗休养。傅连暲还创办了中央苏区第一所中国工农红军看护学校和中央红色医务学校，为红军培养造就了第一批医务工作者。1933 年年初，在毛泽东的动员下，福音医院迁往瑞金，正式改名为中央红色医院（后改称苏维埃国家医院），中央政府机关报《红色中华》称赞傅连暲是"苏区第一模范"。

长汀福音医院：中央苏区第一所红色医院（涂水发 摄）

（四）蛟洋红军医院

闽西红军医院（蛟洋红军医院）是红军部队医院中创办时间较长、影响较大的医院。1929年6月，红四军攻占龙岩城，消灭了军阀陈国辉部后，闽西红色区域迅速扩大。为了适应革命形势发展的需要，红四军在上杭县蛟洋石背村傅家祠创办了闽西红军医院（蛟洋红军医院）。红四军军部副官陈永林任院长，王俊恒任党代表兼中医，当地苏维埃政府聘请了江寻一、傅赞漠等人为医生，并派人协助管理。闽西红军医院（蛟洋红军医院）是在红四军军部直接领导下建立起来的中国革命史上第一家正规的红军医院。毛泽东对这所医院非常关心和重视，多次前往调查研究，并以它作为一个典型材料写进了著名的《古田会议决议案》。古田会议后，红四军准备转战江西，将医院交给闽西地方党组织管理。1930年，闽西红军医院（蛟洋红军医院）迁往小吴地，后又迁到龙岩小池，改为红十二军闽西后方医院。1932年再迁到了长汀濯田，成为福建军区后方医院总院，院长为罗化成。同时，医院又在长汀四都、南阳、宁化等地设立分院。此时，红军医院医护人员日渐充实，医疗条件也日益完善。医院共有医务工作人员80多人，一次可接受伤病员500多人。

（五）第一所妇女夜校

1929年7月，在毛泽东的倡议和红四军的帮助下，闽西苏区创办了新泉工农妇女夜校。这是闽西苏区第一所妇女夜校，也是闽西苏区妇女教育的开端。这不仅打破了当地"女不入校"的老观念，更是让广大妇女接触到了进步思想。新泉妇女夜校实施了新的教育方针，学员除了学习《看图识字》《识字课本》《群众课本》，学唱《国际歌》

《妇女解放歌》《十二月革命歌》等革命歌曲外，还学习政治和军事等方面的知识。夜校教员最初是由区苏干部轮流担任，后来逐步实行了"兵教兵"的方法，由学员边学边教，提高了教学质量。为了适应形势发展的需要，新泉区苏维埃政府在很短的时间内先后办起了 18 所妇女夜校，学员达到 700 多人。[①]通过夜校学习，劳动妇女的政治觉悟很快提高，担负起慰劳红军和站岗、放哨、巡逻的任务，有的还投入参军参战的行列，参加打土豪、分田地的斗争，为革命作出了突出的贡献。

五、革命思想万万年

"工农妇女上夜校，读书识字开了窍。封建礼教全打倒，三从四德全不要"。这首山歌充分反映了广大妇女在参加夜校的学习后获得了思想解放，提高了思想觉悟，并积极投身于革命斗争的洪流中，为中国革命事业的发展作出了贡献。

在闽西苏区教育史中，意识形态的教育占有很大的分量。早在 1930 年闽西苏维埃政府文化委员会就决定了教育的任务是站在无产阶级的立场上和"封建思想、富农意识、地方主义"作斗争，要提高群众政治水平，使每一个群众都能了解目前政治形势，努力扩大斗争。1931 年 6 月，工农妇女夜校学员学习了扩大红军的课文，懂得扩红的道理和方法后，积极进行宣传鼓动工作，结果掀起了扩大红军的高潮。1933 年 10 月召开的中央文化教育建设大会对于整个苏区的文化教育工作来讲，具有典型的标志性意义。这次文化教育建设大会的主要意义在于肯定了无产阶级的教育方针，促使了苏区教育体制的初步形成。

在教育大会后，闽西苏区的教育工作更加深入地开展了起来，各地区的工作热情迅速高涨。如长汀县教育部与团县委在 12 月 1 日召开了全县各区教育部长、小学教员、各区团委宣传部部长、儿童局书记开联席会，认真地讨论了各区的教育工作，各区团委与各区教育部还签订了协助条约。在各方面相互协助下，闽西苏区的教育蓬勃发展了起来。

1933 年 10 月至 1934 年 10 月的这段时间，苏区教育进入了成熟发展的时期。据 1934 年 9 月《红色中华》第二百三十九期刊登的一篇报道：据不完全统计，到 3 月底，在中央苏区的江西、福建等地，办了列宁小学 3 199 所，学生约达 10 万人。补习学校 4 562 所，学生约达 88 000 人。俱乐部 1 917 个，会员 93 000 人。在闽西，1934 年 1 月的《青年实话》第 3 卷第 8 号报道了上杭县才溪、通贤两区在消灭文盲运动中的成绩。

---

① 傅如通，符维健.红色闽西[M].北京：中央文献出版社，2007：61.

报道说，上杭县才溪区全区 8 782 人中，除小孩外有 6 400 余人。其中能看懂《斗争》者约占 8%，能看懂《红色中华》与写浅白信纸者约 6%，能看路票与打条子者约 8%，能识 50~100 字者约 30%，能查普通路条的妇女占 30%，不识字者占 10%。通贤区有人口 7 248 人，减少了 65% 的文盲。[①]

苏区教育的发展，进一步巩固了苏区文化的主流地位，并对当时的社会心理和文化结构的变迁形成了重要的影响。到土地革命后期，苏区人民的心理结构逐渐地从狭隘的宗法主义走向了朦胧的国家主义，并不断地调整自身与宗族、国家和政府的认识。所以，尽管随着红军的北上闽西苏区教育停止了它的实践活动，尽管在失去政权和土地权威的辅助下甚至在更为残酷的社会背景中，它仍然在发挥着它的社会功能与作用。

红军北上后，残酷的"清剿"严重地约束了人们的思想和行为，然而阶级革命与阶级斗争的思想并没有就此销声匿迹，反而愈演愈烈。在革命理念的支配下，在龙岩、永定等地，农民群众纷纷自发地组织了游击组，配合红军游击队展开了激烈的反抗斗争，并在村子张贴了无数的革命标语，如"严禁地主夺田收租""夺田者死""收租者杀"等。为了保卫土地革命的果实，为了自己的生存，在龙岩的白土村，农民游击组配合当地的红军游击队，杀死了还乡的地主陈桂堂等十余人；在永定的南溪，土地被地主夺回去以后，有的在农民游击组的斗争下第二次分配了土地；在上杭古蛟的边境，桃源与桃源沙等地大地主黄永兹（曾任国民党上杭县党部书记长）带保安团丁来收租，被组织起来的农民群众给打跑了。据统计，闽西苏区之龙岩县、上杭县和永定县约 15 万人口的农民群众，通过长期的斗争，至 1949 年福建解放之前，基本上保持了土地改革后的分田状态。这不能不说是一个伟大的历史奇迹。

农民的阶级革命精神不仅表现在同地主、政府的夺田斗争中，而且还表现在对当时红军游击队的勇敢配合以及无私支持。以龙岩县东肖区的后田村为例：在国民党"清剿"的时候，后田村无数的家庭遭到了残酷的迫害。据统计，当时被无辜杀害的群众约有 60 余人。在这样恐怖的社会环境里，后田村的农民表现了大无畏的革命精神。当时龙岩县委驻扎在后田村的后山上，有时会下来办公。全村人民为了掩护县委的工作，都自动站岗放哨，并规定暗号：当国民军、民团来时，首先看到的人就喊"牛吃麦子啦"，并一个一个地传出去。而且，当时的群众为了帮助红军克服困难、渡过难关，用尽了种种巧妙的办法，他们冒着生命危险，把平时节省下的粮食、盐凑起来送给红军游击队，并及时地为红军游击队送信、报告敌情。在这些工作中涌现出了像陈客嫲、

①《才溪消灭文盲运动成绩》，《青年实话》第 3 卷第 8 号（1934 年 1 月）.

张溪兜、张龙地等无数的英雄。陈客嫲是红军游击队的一位接头户。平时她出生入死，经常挑着一担特制加工的双层粪桶，把米和盐巴装在底层，上层装粪，一次又一次地为红军游击队送米送盐。在她被国民党军队逮捕以后，忍受百般凌辱和酷刑，始终一言不露，最后被活活地烧死。

当今天我们从文化心理的角度去审视这段历史时，更大的感慨是阶级意识和革命精神的形成过程——革命教育无疑改变了一代甚至数代人的文化心理结构。

第三节

保田斗争创奇迹

主力红军长征以后，在敌强我弱的不利情况下，闽西党组织将维护和捍卫群众利益作为游击战争的主要目标，灵活运用各种策略和手段，领导人民进行了艰苦的抗租斗争、春荒分粮斗争、群众性保田斗争、反收买军米斗争、反"扶植自耕农"斗争等，粉碎了国民党顽固派的种种阴谋，终于部分地保住了土地革命的果实。

一、武装抗租反复辟

1934年10月主力红军长征以后，原闽西革命根据地的大部分地区被敌人占领。留下来坚持游击战争的红军队伍，进行了保卫土地革命成果的艰苦斗争。

这年冬，国民党军队占领闽西苏区以后，还乡地主也乘机向农民反攻倒算，纷纷夺回已分给农民的土地。国民党政府颁布《收复区土地处理条例》，规定原来已经没收分给农民的地主土地，"一律以发还原主确定其所有权"。他们在国民党军队的支持下，从各县、各区到各乡、镇层层设立反攻倒算的机构——"农村兴复委员会"，其任务就是支持收租夺田，保护地主富农财产，强迫农民向业主交清租谷。第一步是强制农民在田中插标，写上原业主姓名，耕种者姓名，进行登记，分清业佃；第二步是在分清业佃基础上，农民向业主纳租……这样，经过复辟和不断的蚕食，原属闽西苏区的永定、上杭、长打、连城、漳平等县被地主收回的土地有267个乡，遭反攻倒算的农民有53万多人。国民党复辟以后，还乡地主更加残酷地剥削农民。上杭县才溪乡还乡地主强迫农民交纳1929年至1934年的全部租谷。上杭县石玉村地主张洪元强夺红军烈属张垣同在土地革命中分得的土地，并追缴五年的租谷，逼得张垣同倾家荡产。

主力红军长征后的闽西，虽没有苏维埃政府了，但还有坚强的党组织；还有坚持游击战争的红军队伍：红八团、红九团、明光独立营以及邓子恢和谭震林从江西带回的队伍，加上各县游击队，有两千多人；还有广大有觉悟的农民。这是保卫土地革命果实的不可战胜的力量。但是，我们的兵力毕竟有限，与十多万装配精良的敌人比，力量悬殊太大。我们党根据实际情况，对地主的复辟行为寸步不让，提出了"收租者杀！"的口号。农民用自己的话"谁敢收租就用谁的肚皮当刀鞘！""有命收租没命吃！"引导群众利用政治斗争和武装斗争相结合、游击小组的秘密活动和游击队的公开战斗相结合的办法，对付敌人的反攻倒算。

当各地"农村兴复委员会"要农民插标报田时，我们的许多乡党支部组织农民出来与之周旋。农民对"兴复委员会"的人说："田是打乱平分的，业权早已弄不清了。""弄不清楚，实在无法报呀！"用各种办法跟他们磨，尽量拖延时间。永定西二乡党组织发动大家，在报田时都讲田是自己的，田都分了，早没有地主的田了。晚上散传单，警告地主和反动分子不得收租，否则就头壳开花。地主们以为是游击队下的催命符，怕当无头鬼，态度也软下来。尽管到处有国民党的军队，却无法守在每个地主身边，保障他们的安全。而游击队说来就来，说去就去，如何提防呢？有的地方，群众一面去登记，一面通知游击队包围"兴复委员会"，将反动家伙一网打尽。谭震林就曾带领游击队包围了大田乡公所，当场打死"兴复委员会"主席。红八团团长丘金声，曾化装成敌人军官，带了20多人，到国民党独立旅的鼻子下——龙岩石粉岭收缴了民团的60多支枪，杀死为地主收租夺田的首恶分子、民团团总和团副。还有一次，游击队在永定西溪乡打埋伏，打死了几个从城里来收租的家伙。神出鬼没——来无踪去无迹的游击队，给"兴复委员会"的反动家伙造成很大的精神压力，使出头夺田的人无一例外地"赚了一尺布，赔了一条裤"，不得不收敛嚣张的气焰。

我们党分析，地主里有3种态度：一是又当地主又当官的，或是靠山硬的，死顽固，坚决要收租；二是当年"吃桐油吐生漆"里的一部分人，心有余悸，担心再吃大亏，表示不干了；三是在观望的，收得来也跟着收，收不来也不去冒险，不当出头鸟，这种地主为数最多。对第一种地主，我们坚决要杀，确实也杀了几个。对表示不干的地主，则保证他的安全；同时争取了中间状态的地主，最后把顽固不化的地主孤立起来。

坐镇龙岩城的"清剿"指挥官李默庵，认为各级"农村兴复委员会"不中用，竟被

几个共产党游击队和几张传单吓得不敢动弹。于是，他再一次发动"清剿"，到处搜山，搞移民并村，颁布"五光"（烧杀抢抓移）十杀令，妄图以血腥手段来隔绝群众与游击队的联系，消灭我武装力量。他想以"清剿成绩"来鼓舞地主们的斗志，进行收租夺田，大肆散布"红军游击队已被'剿灭'"，并准备在龙岩城召开"剿匪祝捷大会"，命令全城张灯结彩，放假三日，让各地豪绅、地主前来观光，壮壮他们的胆，好回去重整旗鼓，再亮出"兴复委员会"牌子大干一番。谁料，正当李默庵得意忘形的时候，红八团决定夜袭龙岩国民党陆军第十三医院。红八团以1个连分成几个战斗小组，分别在莲花山下、南门桥头、东门外监视敌军动向，邱金声亲率1个短枪队30余人，化装成国民党军，以神秘迅速的动作，直奔医院。他们巧妙叫开大门，冲进院内，俘虏敌军伤病员100余人，缴获大量药品。对敌军伤病员，教育后全部释放。邱金声还在医院打电话给驻守龙岩的第十师师长李默庵，警告他不要吹牛。待李默庵派援兵赶到，红八团早已不知去向。此次夜袭，不但在军事上给敌以打击，戳穿敌人的谎言，还因龙岩是国民党军"清剿"指挥部所在地，因而政治影响也很大。

经过这些斗争，在红军游击队经常活动的地区，农民对地主实际上是不交租的。土地所有权表面上是地主的，实际上仍归农民。至1937年7月，闽西共产党组织与国民党当局经过艰苦的合作抗日谈判，在双方签订的协议中，国民党保证"土地革命时期所分配的土地应保持原状；未分配土地的地区，应实行减租减息"，从而确认了保田地区农民对土地的所有权。

二、针锋相对抗"业权"

抗日战争期间，在国共合作抗日的前提下，中共闽西南潮梅特委领导闽西人民针锋相对地与顽固派和地主豪绅进行有理、有利、有节的斗争，积极开展"保田运动"。土地问题是抗日战争时期农村最基本与最严重的社会问题。

1938年2月，闽西红军游击队根据国共两党谈判达成的协议，改编为新四军第二支队。3月1日从龙岩白土出发开往苏皖抗日前线。魏金水奉命留在闽西坚持斗争，担任中共闽粤赣边省委（后改为闽西南潮梅特委）常委、组织部部长和龙岩县委书记。同时，魏金水也是闽西国共谈判的代表之一，公开的身份是新四军第二支队驻龙岩留守处的副主任。

当时，仅龙岩"分田之面积达二十万八十余亩，几占全县耕地面积四分之三"[①]。国

---

① 赵钜思：《龙岩扶植自耕农纪实》，1947年9月．

民党当局认为这是其政治上的一大"污点"。因此，新四军第二支队北上后，国民党当局就和地主、反动分子密谋，要对根据地人民进行反攻倒算。5月的一天，国民党福建第六行政督察区（龙岩）专员张策安提出要重新讨论土地问题，请魏金水他们去谈判。会上，张策安赤裸裸地提出要"恢复地主土地业权"的无理要求。

这回，与三年游击战争时期不同了，张策安用的是"政府"的名义，打的是"顺从民意"的旗号，共产党已承认、拥护抗日民主政府，就不便再用公开镇压的武装手段去对付妄想夺田的反动地主了，而只能通过"合法"的形式进行斗争，顺势说理，以理导势，掌握主动。这样一个严峻的新课题，摆在了这位年仅30岁出头的闽西党的领导人面前。

会上，魏金水理正词严地回答张策安："根据我党中央'停止没收地主土地，采取减租减息'的新土地政策的精神，我们已在闽西的地方谈判中，根据本地区的实际情况达成了协议——土地革命时期所分的土地应维持现状，未分土地的地区实行减租减息。在这个原则的问题上，双方唯有遵守已达成的协议，别的都没有任何再商量的余地。"

"但是，"龙岩县县长陈石接上话说，"魏先生你也知道，龙岩县已经组织了业主团，业主们要求政府主持公道。"

"业主团有多少业主？"魏金水问。

"少说也有百人之数。"陈石颇为夸张地说，"如此庞大的数目，而且都是本县有声望的士绅，政府是一定要支持他们的。"

魏金水冷笑一声说："那么请问陈县长，本县分得土地的农民有多少？"

"这……"

"有10来万人。"魏金水替陈石回答，同时大声责问，"政府是百人之政府，还是10来万人之政府？"紧接着，魏金水又进一步晓以利害说，"我们希望政府能遵守国共两党订立的协议，如果故意违反协议支持业主团，破坏抗日团结之局面，那么地方上万一出现了治安的问题，我方是不能负这个责任的。请陈县长三思。"

"好你个魏金水，浑身匪气依然不改。"陈石气势汹汹地说，"告诉你，国民政府是坚决支持业主收租的，恢复旧的土地制度是我们的国策，一定要恢复到民国18年以前的状况。否则……"

"否则要怎么样？"魏金水也提高了声音说，"我洗耳恭听。"

闽西地区只驻扎着国民党的军队，陈石有恃无恐地说，"你们不是放出口风'有命收租没命吃''有两个头壳的来收租'吗？那好，我就派人先从后田村收起，我陈某人

有 3 个头壳，而且都是石头的，看谁能硬得过谁？！"

魏金水也毫不退让地说："陈县长要一意孤行，那就不妨一试，但若闹出了乱子，甚至发展到动刀动枪，届时勿推责任。"

谈僵了，双方不欢而散。但对陈石的话，魏金水却不能掉以轻心。后田村，是闽西总暴动的发源地，闽西党的机关当时也正驻在后田村，革命群众都称它为"小莫斯科"，是插在国民党当局腹部的一把锋利的钢刀。如果真的被陈石攻开了突破口，那么蚁穴毁堤的后果就不堪设想了，农民被收去田租经济遭受损失且不说，交了租就等于承认了旧业主对土地的主权，就等于宣告我们土地革命的失败，用心何其毒也！

魏金水在后田村召开县委扩大会议，从上而下进行了层层布置，指导各乡秘密农会通过决议：任何人都不准向地主交租，谁交谁就是农贼、叛徒，不但要被农会开除，而且会被视为全村人的公敌。同时，开展"合法"和"非法"手段相结合的斗争，警告已参加和未参加业主团的地主，对胆敢出头收租者严惩不贷，必要时可以杀一儆百。

这一招果然有效，后田村的农民团结一心、同仇敌忾。自从后田暴动的近 10 年来，本村的地主不是已被制服，就是已被教育过来投靠了共产党。而那些逃亡在外的地主，一听到"后田"两字就已心寒胆战，就是想收租也没有这个胆量了。而在龙岩县其他的乡村，甚至在永定、上杭等地，大多数的地主也都不敢先出面收租，他们害怕共产党抓典型打击，田租未收到先把命来丧，划不来。

三、理直气壮不交租

张策安、陈石并不甘心失败，他们一计不成又生一计，不敢先去后田村收租，于是又重新找了一个突破口。1938 年 5 月 27 日，从魏金水的老家条围村传来了消息：苏溪乡的大地主杜应江，在龙岩县政府的支持下，带着两个荷枪实弹的兵丁，到条围村向魏金水的父亲魏根木逼租。

魏根木一家有多人参加革命，儿子又是共产党闽西的主要领导人之一，10 年来和国民党斗来斗去，他已经积累了很丰富的革命斗争经验。魏根木一边向家里的人使眼色，示意去找条围村党支部的同志，一边胸有成竹地对杜应江说："欠债还钱，欠租还谷，理所当然。民国十八年以前，我魏家有欠杜家的钱和租吗？如果有，请你拿出账本和契据来对账，我保证一分一厘也不少你的！"

1929 年分田分地以前的账本和田契，在土地革命时期都已经烧掉了，杜应江去哪里找？他假装慷慨地说："民国十八年以前的账嘛，咱们乡里乡亲的就一笔勾销算了。我今天来要的，是民国十八年至二十七年的田租，我不要积年的利息，你也不要再赖我了吧。"

"民国十八年以后的，那就对不起了。"魏根木理直气壮地说，"民国十八年，苏维埃政府把田分给了我家，田契上写着我魏根木的名字，这田也就是我的了，我为什么要犯贱再向你交租？"

"你们分田是非法的！"

魏根木说："你是读过书的人，说分田是非法的，要拿出证据来，条围村是有王法的地方，你可别乱吓唬人哟。"

就在这时，村党支部的一个委员带着保长来到了魏家。村支委捅了保长一下，保长板着面孔说："杜先生，你拿不出证据，我手里却有证据。你看，国共双方合作的协议写得清清楚楚'共产党不再打土豪分田地，土地革命时分的田地也不必交租'。你今天是吃了豹子胆了，敢来这里瞎胡闹！"

"是陈县长叫我来收租的。"杜应江大拇指一翘，威风十足地说。

"哟，小看你了。"保长伸出摊开的巴掌说，"那就拿来吧。"

"你要什么？"

"县政府的公文呀。没有，我就要把你当作扰乱治安分子抓起来！"

"你敢！"杜应江气呼呼地拍了一下桌面。跟随他来的两个兵丁，应声都把挎着的枪拉到了腹前，紧攥着枪把子，四只大眼睛虎视眈眈，仿佛只要杜应江一声令下，他们就要动手把保长和魏根木都反抓起来。

村支委冷冷一笑，有意无意地撩了一下衣襟，露出了插在裤腰上的半截手枪。接着他咳嗽一声，瞬间从门外闯进来了七八个彪形大汉，一个个也都是肚腰鼓鼓的，不用说肯定也都藏着短枪。

这下子，两个兵丁立刻手软了，小腿也情不自禁地哆嗦了起来。一个兵丁对杜应江说："杜先生，我们这就回县拿公文给他看。"杜应江瞪了他一眼说："怕什么？有我呢！还有陈县长呢！"另一个兵丁见他不识相，就说："你不走，我们可要先走了。"

杜应江终于发现形势已急转直下。他也不是傻瓜，脚底一滑抢先溜到了门口。但他是鸭子死了嘴巴硬，临走还要丢下一句话："好哇，你们想造反！也不看看现在是什么时候了，你们胆敢抗租不交，我叫陈县长派兵来和你们算账！等着瞧！"

"哈哈哈！干得好！"魏金水听了西陈区委书记和条围村党支部书记的汇报，不由得纵声大笑起来。笑罢，他又深谋远虑地说："对不知好歹的顽固分子，就是要和

他们进行面对面的斗争。敢于斗争，就是胜利！不过，光把杜应江赶走还不够，这正是一个送到我们面前的好机会，我们要进一步扩大影响，彻底粉碎所谓业主团的夺田阴谋！"

第二天一早，魏根木在保长的陪同下，带了几个魏姓家族的长辈，到苏溪乡找杜家的族长。魏根木不慌不忙地说："我不是来打架的，今天只要求族长评评理。国共合作的协议明明规定，民国十八年分的田维持现状，你杜应江带兵丁来我家强行收租，把我的家人都吓病了。现在要怎么办？你们杜家的族长要还我一个公道，给魏家以及全村人一个安慰。"

送走了魏根木一行人，杜家族长就派人把杜姓的头面人物，全都请到杜氏祠堂里开会。杜应江虽然是晚辈的身份，但今天的事情是他引起的，族长叫他也要参加。

族长开门见山地说："应江带兵丁去条围村强行收租，闹得魏家人视杜姓为敌。今天人家找上门来，要求我还给他们一个公道。按族间交往的常规，明天我亲自带应江去向魏家赔礼谢罪……"

杜应江一听，马上就跳了起来说："族长，你这是在长别人的志气，灭我们自己的威风。这个决定，恕晚辈难以从命！"

族长正色说："你逞什么威风？那么多的业主，谁也不敢第一个出头收租，为什么？就因为枪向来是要先瞄准出头鸟打的。而你小子傻里傻气的，抢先出头拣个软的吃也就罢了，哪家不好啃非要去魏金水家讨没趣？条围村保长暗中向我透了信息，共产党已经把你作为第一个打击的对象。我身为族长，在要打击的名单上摆第二位，在座的也都是榜上有名的人，所以我才把你们请来商量。你小子闯了祸，没事找事要挨打，你可以脚底抹油往县城溜，却害得我们这些人受你的连累。你明天要是不去赔礼，就先把杜姓改了，我替你去向魏家请罪，说你已不是杜家的子孙。"

听了杜家族长的这一番话，在座的杜家长辈全都吓了一跳。共产党不好惹，为了自家不受牵连拖累，他们不约而同地埋怨起了杜应江，有的斥骂，有的责备，有的劝说，说来说去都只有一句话，就是要杜应江去条围村还魏家一个面子。

杜应江也被族长唬得一怔一怔的，分辨不清族长的话到底是真还是假。但大家既然已把话说到了这个份上，众怒难犯，他今天不点头就过不了坎。当然，更主要的还是他害怕，怕受到共产党的惩罚小命不保。命比田租和面子都要紧，他只好不情愿地接受了族长要他去赔罪的决定。

第三天早上，杜家族长带了杜应江来到魏根木家，先在厅堂点香烛拜了魏家的祖宗牌位，然后在大门口燃放了3串100响的大鞭炮。远近村子有许多人跑来看热闹，魏根木趁机把杜应江教训了一顿，也替革命群众撑了腰。翻身农民大长脸，一个个扬眉吐气。

四、毁"农场"拒"收军米"

顽固派"重点突破"的阴谋破产了，张策安下台，改换韩涵担任专员。韩涵、陈石和业主团的地主们不甘愿就此罢休，既然"硬"的啃不下，就改换策略，找"软"的下口。他们有 3 种"软法"：一是让带有武装的大地主到共产党力量相对薄弱的地方去抢粮；二是让参加了业主团的中等地主"面含笑容"去骗租；三是让被业主团鼓动起来的小地主"装穷乞求"去收租。

针对这种情况，魏金水主持召开了全县区乡党员干部会，在夏收的时节适时地提出"还税不还租，给地主以生活"的口号，并且主动向国民党当局表示，土地是一定要维持现状不能改变的，农民愿交纳土地税以利抗战，租额应扣除土地、房屋税（实际上趋于抵销）。而"对确无饭可食的地主，由群众捐钱捐米帮助他；若故意想恢复暴动前土地制度的，群众坚决打击他"。这种斗争的方式，充分利用了"合法"的手段，既占了理，又顾了情，既打击了妄想变天的大地主，又争取了中等地主，也照顾到了小地主的利益，在坚决保卫土地革命胜利成果的前提下，进一步扩大了统一战线。

1939 年秋天，石有纪担任龙岩县县长。他向韩涵陈议："以县政府的名义开办'试验农场'，用强硬的手段把田地先收为国有，看共产党敢不敢和政府对抗？要敢，就抓之有理！" 11 月，龙岩县政府在龙岩城郊的罗桥、大洋两村强行圈占 42 户农民的 120 多亩良田，插上农场界牌，贴出告示："界碑内的田地已划为政府试验农场，秋收后佃户不得再栽种。"

中共龙岩县委及时识破顽固派企图以此为突破口、进而全面变更现有土地所有权的阴谋，魏金水一针见血地指出："这不仅仅是办农场损害了农民利益的问题，而且还是顽固派耍的变相夺田的诡计！"当夜，他们在罗桥村召开了紧急应变会议。魏金水在会上做了三点指示："第一，加强领导，团结一心，坚决斗争。全村 20 多个党员，马上分头到田地被占的 42 户人家去做工作，先把他们的家人发动起来，并取得村内、村外和附近区、乡农会的支援。第二，建立保田统一战线，争取当地士绅和本村保甲长参加支援农民的斗争。第三，大造舆论，争取社会各界人士的同情和支持。"于是，在魏金水、吴作球等的精心领导下，一场声势浩大的群众性保田斗争，在龙岩城乡爆发。

保田斗争示威游行（版画）

首先，中共龙岩县委通过罗桥、大洋两村党支部，发动土地被圈占的农民不顾政府"禁令"，于秋收后照旧在自己的土地上种麦子。11月中旬，麦苗长到两寸多高了，农场的头头突然从城里带了一批人来，在保安部队的配合下，要铲除田里的麦苗。值班的农民立即发出警报，当大批农民闻讯赶到田头，绿油油的麦苗已被犁去了 60 来亩。愤怒的农民和军警发生冲突，区委的同志趁机拍下了多张相片。魏金水叫人把照片放大裱成条屏，在城镇大庭广众处摆出展览，揭露国民党当局破坏协议强占农田的罪行，争取社会各界人士的同情和支特，积极准备继续扩大斗争。

接着，中共龙岩县委于 12 月 1 日发动了各界民众参加的请愿示威游行。队伍从罗桥出发，沿途群众纷纷加入，从出发时的二三百人，到龙岩城内时已会合成一支 2 000多人的浩大队伍。他们沿途高呼"反对政府破坏抗日谈判协议！""反对政府没收农民土地！""我们要吃饭！"等口号，张贴"人多田少，生命攸关"等标语，先后到国民党龙岩县党部、县政府和龙岩专署门前示威并递交请愿书。面对强大的抗议浪潮，龙岩专署专员韩涵和龙岩县长石有纪不得不表示缓办农场。

请愿胜利后，国民党龙岩县政府竟又食言，仍告示继续办农场。广大农民群众对此更为愤慨，农田被占的农户继续在被圈占的田里抢种小麦，以示绝不屈服。石有纪先是派保安队下乡弹压，继而又亲自到罗桥村召集农民开会游说，农民群众软硬都不怕，最后他不得不作出让步，提出以下解决办法：田地由政府租用 3 年，每年亩租金 16 元；农场的农活雇用当地农民来做；肥料向本村农民购买。农民代表坚持要田不要租金，绝不做农场雇工。石有纪无奈，只好到外地去招农工，但招来的农工很快就被罗桥村农民劝走了。石有纪孤注一掷，把监牢里的犯人押来，在所圈占的土地上强行耕种。

1940 年夏，农场的稻子熟了，西陈区委组织农民悄悄地钻进农场，把稻穗全部剪下来。石有纪气得七窍冒烟，下令保安队在罗桥村抓走十几个农民。正当顽固派大打出手时，龙岩城里竟看不见一个卖柴卖菜的农民了，但这并没有引起人们的警觉。第二天，城里的人突然发现粪坑满了，而在前一天农民也没有进城掏粪。第三天还是不见农民进城，城里闹起了米荒、柴荒、菜荒，粪便和垃圾夹杂着污水横流，臭气冲天。封锁龙岩城是农民反对政府当局强行收租夺田抓人的又一次大规模的抗议活动。

仅三天的封锁，林涵和石有纪就招架不住了，急用帖子"恭请魏金水先生"进城商谈有关事宜。虽然当时双方剑拔弩张，但为了表示诚意和顾全大局，魏金水还是毅然只身进了龙岩城。经谈判，国民党龙岩县政府不得不释放了被抓的农民，并答应暂时停办试验农场，还田于民。农民的保田斗争又一次取得了胜利。

1940 年夏收前夕，国民党龙岩县政府在策动地主收租夺田失败、开办农场计划即将破产的情况下，又变换手法，借口支援抗战，要农民每亩田交 120 斤"军米"，并决定先在东陈、西陈、铁山三个区收起，然后在全县普遍征收。中共龙岩县委及时揭穿这是变相收租的诡计，并发动农民群众坚决抵制，先是指示东陈等三个区的党组织，利用其掌握控制的保甲长，同时争取联保主任，通过他们出面向国民党区乡政府为民请命，申诉农民无法上交军米的各种理由。接着在农历七月二十三，组织发动三个区的数千农民向地方当局请愿，强烈要求免交"军米"，许多农民还同国民党派到乡下催收军米的军警发生冲突，各区区长纷纷向县政府告急，县长只好把收买军米的责任推到国民党汀漳师管区。于是三个区的中共党组织又通过 30 多个保甲长到师管区为民请命。国民党军政当局眼见收买军米不但困难重重，而且搞得民情鼎沸、怨声载道，不得不放弃这一计划，于是，反收买军米的斗争又取得了胜利。

五、拖避不理反"自耕"

国民党福建省政府在策划、支持闽西当局收租夺田、占田办农场及征收军米的阴谋失败后，于 1943 年春天，决定把龙岩作为推行所谓"扶植自耕农"土地政策的试点，企图消除隐患，然后推之全省、全国。

扶植自耕农是国民政府在抗战时期推行的旨在变佃农为自耕农的土地政策。1943 年，国民政府要求各省先后订出办法择区试办。由于国民党福建当局特别不满龙岩"迄今全县四分之三土地，尚存留生授死归不纳地租"的现状，便把龙岩当作试办扶植自耕农的实验区。

早在 1942 年春，国民党福建省政府主席刘建绪，就派出省府地改局秘书林诗旦出任龙岩县长，并"以解决土地问题相委"。林诗旦上任后，经过一年的调查了解，认为以往国民党恢复土地业权之所以失败，是因为"办法不合实情，计划未臻完善，以致决而难行，行而鲜效"。他参考了 1940 年龙岩县未能实施的《龙岩土地问题调整方案》，提出一套所谓"扶植自耕农"的方案。其具体办法是"将有纠纷的土地，由政府依法实施征收，转售与需要土地的农民，其所需资金向中国农民银行贷款，以领地人分期缴付之价陆续偿还原业主"。这样做的实质就是强迫农民交出土地，而后向政府买田，政府再将农民买田的地价款归还业主。这就从根本上否认了这一区域农民在土地革命分田后所拥有的土地所有权，以恢复土地革命前的地主所有的土地制度。

林诗旦拟定的这个方案为国民党福建省政府所采纳并正式下达。1943 年 6 月，龙岩县政府专门组建了土地经济调查队，省政府派屠剑臣亲临督导，接着便分赴各区、乡，按保逐个调查摸底。9 月，又成立了县地权调整办事处，由县长林诗旦兼任处长，并设立扶植自耕农协进会，于各乡镇组建农协进会及地价评估委员会。从 1943 年 9 月开始，分 5 期在 20 个乡镇实施。第一期先从紫岗（今红坊）、白土 2 个乡镇着手，征收耕地 27 916 亩；第二期在曹连（今曹溪）、大同、合作（今城区）、西墩（今西陂）4 个乡镇，征收耕地 26 920 亩；第三期在大池、小池、铜江（今江山）、龙门 4 个乡镇，征收耕地 7 020 亩；第四期在平铁（今铁山）、厦和（即厦老）、雁石、内山（今岩山）4 个乡镇，征收耕地 51 974 亩；第五期在白砂、美和、象和、适中、溪口、梧新 6 个乡镇，征收耕地 82 008 亩。[①]

此外，国民党当局还在闽西的其他县推行过这一政策。推行的结果也使得在共产党力量较为薄弱的乡镇，有些农民被迫倾家荡产缴交地价款。据新中国土地改革前的调查，在闽西实际推行"扶植自耕农"的地区有龙岩、上杭、永定、武平等县的 39 个乡，67 970 人。[②]

"扶植自耕农"政策的实行，遭到广大农民的坚决反对，就连地主们也"透过各种组织，利用各种方式，予业务的攻击阻挠与破坏"。特别是一些乡村中小地主，"整个生活是寄托在地租收入之上，在政府办理扶植自耕农、征收土地时，他们恐惧生活失去稳固的保障，或认为出卖土地是一种耻辱的行为"，因而"出面反对"。一些开明的地主和工商业者则表示不愿再收地价，因此也不赞成这种做法。而只有那些顽固的地

---

① 林诗旦.龙岩之土地问题[M].上海：上海新民出版社，1942.
② 傅如通，符维健.红色闽西[M].北京：中央文献出版社，2007：36.

主，认为过去收不到地租，现在可以收回地价款了，而且政府又规定"原业主有优先承领自有土地之权"，他们可以乘机从佃给农民的土地中收回好田，而将公田、坏田转卖给农民，从中得到好处，因此积极赞同。

此时，国共合作虽然破裂，党的活动转入地下，但由于有党组织的存在，又有自卫武装作为后盾，农民心里是踏实的。分散在各地农村的党员和秘密农会会员，依然在组织领导农民秘密进行反对"扶植自耕农"的斗争。他们总结了过去"保田"斗争中"争取多数、打击少数、利用矛盾、各个击破"的斗争策略，针对地主内部的不同表现及同国民党政府之间的矛盾，分别采取不同的方式进行斗争。对表示不收地价的开明地主，争取他们出面承认土地已经分给农民的事实，说明不必再搞征收土地、收缴地价这一套了；对于因为地价过低而不赞成这个办法的中小地主，暂时采取分化中立的对策，并让他们为了地价去同国民党政府抗争；对于顽固地主则集中力量给予警告打击，让他们不要忘记在收租斗争中受到挫败的教训，不要继续与农民为敌。

国民党龙岩县政府推行扶植自耕农政策遇到重重阻力，就动用保警协同征收员下乡强制征收。分散在各乡镇的共产党员就秘密串连各家各户，发动农民采用拖、避、不理等办法进行抗争。政府人员来，就同他们进行说理斗争，软磨硬顶，一拖再拖，或者事先派人在村头放哨，发现收地价款的人员来了，即发出信号，大家避开，让他们扑空。有时还利用县政府与地方之间的矛盾，两面推托，寻机应付。在农民的抗争下，扶植自耕农的首步工作征收地价就搞不起来，许多人借故拒交地价款。在这种情况下，龙岩县政府提出资金可由政府向中国农民银行贷款解决，农民分 15 年归还。第一期征地试点的白土、紫岗两个乡镇，可贷 574 万元，结果在征收土地 27 916 亩中，有 19 740 亩作为自有土地承领而抵销，其余征地 278 起，地主不敢领取地价，而由政府代为存储在银行里。[①]国民党龙岩县长林诗旦召集白土、紫岗的乡镇保长开会，宣称：地价款农民交不交，地主收不收，县府不管，只要形式上算是这两个乡镇已经实施了这个政策就行了。国民党所谓的扶植自耕农的试点就这样草草结束了。

此后，由于国民党当局采取各种行政手段与军事压力强制推行这一土地政策，在党组织力量较为薄弱的乡镇，有些农民被迫倾家荡产缴交地价款。但是，到了 1943年 10 月，闽西党组织重建武装，成立了闽西经济工作队，开展武装自卫斗争，为农民的"保田"斗争撑腰，到了 1944 年秋天又发展成为王涛支队，几次挺进龙岩，有力

---

① 中共福建省龙岩市委党史研究室. 闽西人民革命史（1919—1949）[M]. 北京：中央文献出版社，2001：507.

地支持了农民反对"扶植自耕农"的斗争。国民党拖到 1947 年底，只好连"扶植自耕农"的办事机构也取消了。

六、革命果实得保存

闽西党组织在领导反逆流斗争、武装抗租斗争、反"恢复业权"斗争、群众性保田斗争和反"扶持自耕农"运动等过程中，发动和依靠广大群众，坚持了原则立场和灵活方法。

在龙岩县委的领导下，以抗日大局为重，采取土地维持现状、还税不还租、分化瓦解地主、合理处理土地问题等不同的斗争方式，赢得了 1939 年夏至 1940 年年底群众性反收租夺田、反占田办农场及反征收军米等三次大规模斗争的胜利。与此同时，中共永定县委在革命基点村领导群众，采用合法与武力相结合的办法，开展保田斗争。根据国共和谈达成的协议，规定土地革命时期所分配的土地应维持原状的条款，据理力争；当地主带武装来逼租时，采取拖和躲的办法，或改换土地坐落名称等，使地主无法收租；对个别恶霸地主则进行镇压，使其他地主不敢作恶。而在上杭的古田、蛟洋和白砂部分乡村，自土地革命分田后，一直维持保留土地革命果实，地方实力派傅柏翠在古蛟地区还仿效十九路军颁行的"计口授田"办法，搞过试点，又采取"抽死补生"的办法，三五年调整一次。后来经国民党福建省政府主席陈仪许可，农民分得的土地列册呈报批准，从而确定了产业权。

在残酷的斗争岁月里，国民党顽固派貌似强大，但我党的主张和政策得到了人民群众的拥护和支持，保田斗争也因此始终占据着主动地位。尽管顽固派不断地玩弄新花样，比如，实行"土地问题调整方案"、大喊"耕者有其田，平均地权"的口号、推行"扶持自耕农"的政策等，但一个个阴谋最终都被我们挫败了。

土地，是农民的命根子，也是革命的中心问题。在极其艰难困苦的环境里，龙岩的保田斗争在党的领导下，高唱着一曲雄壮、动人的土地之歌。1946 年 11 月中共闽粤赣边区工作委员会指出：龙岩党组织的"斗争之所以能够保持，工作还不至于陷于失败，它与土地的保存是有着重大的因果的。"闽西党组织通过保田斗争，同人民群众建立了生死攸关的血肉关系，提高了党的威信，巩固了党的组织和革命基点村、户。即使在恶劣的环境和复杂的斗争中，党始终能得到农民坚定的支持，能在广袤的农村土地上生根开花，始终能保持着党的革命红旗永远不倒！到 1940 年 10 月，龙岩县委已辖有东肖、黄坊（后称红坊）、西山、东陈、小池、山马、岩东、岩西北（包括岩连汀宁边）、连南（新泉带）、汀州等区委，党员约 1300 人；永定县委辖湖雷、金砂、丰稔、金丰、坎市、芦州等区委，党员约 600 多人。[①] 区委之下，还拥有同党血肉相连的数万秘密农会会员。

中共闽西各地组织通过发动群众进行不懈的斗争，即使在党组织被迫上山隐蔽斗争的岁月里，各地秘密农会也仍然坚持抗租保田而从未停止过，在敌强我弱的情况下，打破了国民党顽固派一次又一次的夺田阴谋，终于部分地保住了土地革命的果实。保田的地区包括龙岩全县 3/4 的耕地，上杭古蛟、白砂等地的 19 个乡、34 689 人、84 946 亩耕地，以及杭永边的西溪、东溪、金砂、下溪南、上杭县丰稔等部分乡村和岩永靖边、岩永边、永和靖边的金丰、湖雷等部分基点村，特别是西二乡所属的赤寨、肖地、芹菜洋、七桥、光坑等 10 多个自然村的 3 000 多亩土地。[②]

据新中国土地改革前调查，闽西有龙岩、上杭、永定等县的 15 个区、83 个乡、14.6 万人口的地区，约有 20 多万亩的土地一直保留在农民手中，直至新中国成立。这是全国罕有的奇迹，是闽西红旗不倒的重要标志之一。在保田地区甚至还保留一年一度"抽死补生""抽嫁补娶"的调整土地习惯，这也是中国农运史上的奇迹，是中国革命历史上极其光辉的一页。

闽西地区是中国共产党在新民主主义革命初期创建并长期坚持的一个重要战略区域。在新民主主义革命的艰难岁月里，闽西地方党组织领导人民前仆后继，顽强战斗，终于迎来了全区的解放，赢得了"二十年红旗不倒"的光荣赞誉。闽西革命老区的光荣历史，永远值得后人牢记和珍惜；闽西老区人民的光辉业绩和艰苦创业的老区革命精神，永载中国革命的光辉史册。

① 中共福建省龙岩市委党史研究室.闽西人民革命史（1919—1949）［M］.北京：中央文献出版社，2001：505.
② 傅如通，符维健.红色闽西［M］.北京：中央文献出版社，2007：37.

《减字木兰花·广昌路上》

毛泽东

一九三〇年二月

漫天皆白，雪里行军情更迫。头上高山，风卷红旗过大关。

此行何去，赣江风雪迷漫处。命令昨颁，十万工农下吉安。

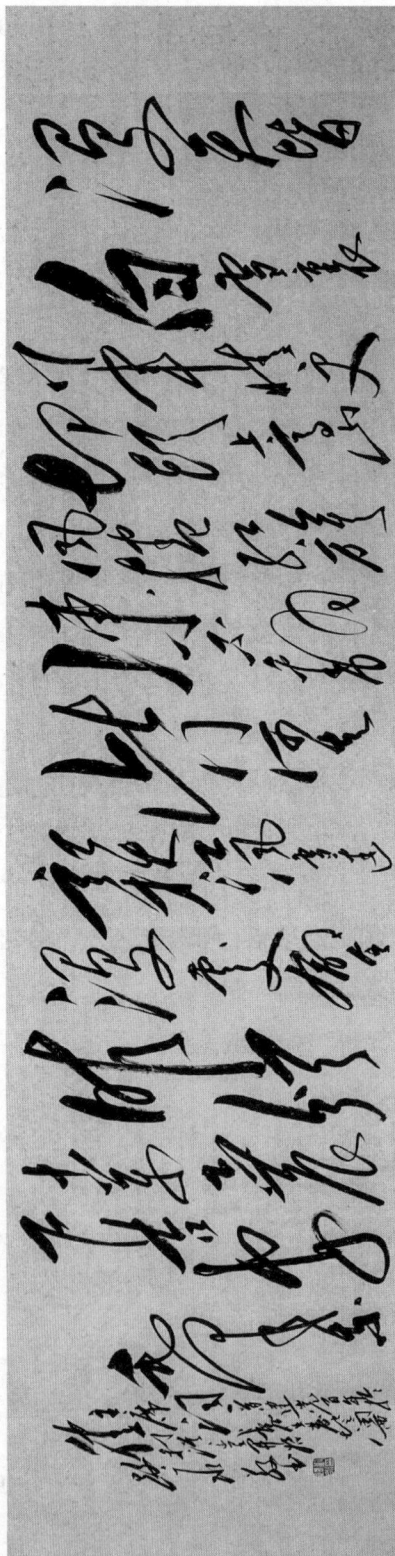

刘路永敬书主席词《减字木兰花·广昌路上》

《菩萨蛮·大柏地》

毛泽东

一九三三年夏

红赤橙黄绿青蓝紫，谁持彩练当空舞？雨后复斜阳，关山阵阵苍。

当年鏖战急，弹洞前村壁，装点此关山，今朝更好看。

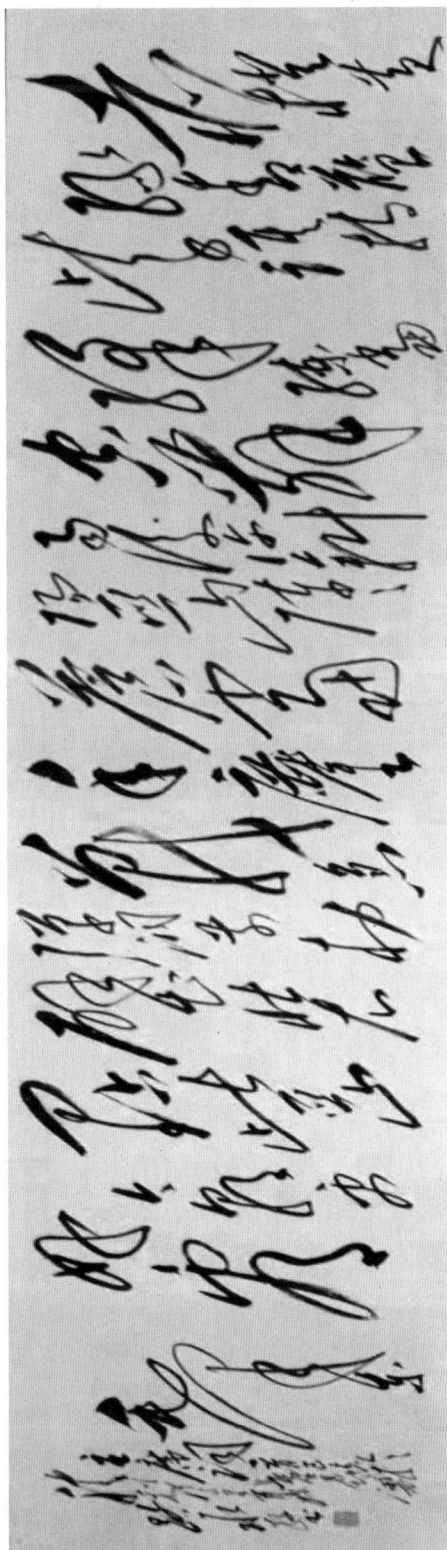

刘路永敬书主席词《菩萨蛮·大柏地》

第四章

遍地英雄下夕烟

你在哪里？你就在那大树下；你在哪里？你站在那烈火中；大树见证你的英勇，烈火闪耀你的光荣。你是那么的不凡，你是那么的普通，风里来么雨里去，崇山峻岭有你的影踪。

　　百姓喜爱的客嫲，战士你挂在心中，千锤百炼你明白，革命为的是劳苦大众。啊客嫲！不屈的英魂；啊客嫲！不灭的火种；啊客嫲！伟大的母亲；共和国的丰碑上你是英雄。

——卢伟耀、秋枫《客嫲赞》

第一节

伟人足迹遍闽西

闽西始终有杰出的共产党人领导革命斗争，毛泽东、周恩来、刘少奇、朱德、邓小平、陈毅、邓子恢、张鼎丞、谭震林等同志都在闽西留下了光辉的足迹和辛勤的汗水。这里也洒下了瞿秋白、何叔衡等著名烈士的鲜血。闽西还有一批卓越的革命领导人，他们善于从实际出发，不断纠正自身的错误，不断修正政策和策略，紧紧依靠人民群众，与人民群众生死与共，结下鱼水深情。

一、毛泽东先后六次到闽西

从红四军首次入闽到红军长征，毛泽东历任红四军党代表、前敌委员会书记，红一军团政委和前委书记，红一方面军总政委和中共总前委书记，中央苏区中央局代理书记、中华苏维埃共和国临时中央政府主席、中央革命军事委员会副主席等职。

1929年3月，红四军首入闽西，毛泽东亲自领导组织成立了长汀县革命委员会。此后，毛泽东还指示前委通过长汀县委与上杭、武平、永定、平和等县党组织取得联系，确定了新的工作方针。5月，毛泽东又率红四军二入闽西，三克龙岩城，横扫了盘踞闽西境内的敌人，在广大农村开展轰轰烈烈的武装斗争、土地革命，红色区域不断扩大，基本上实现了创建闽西革命根据地的战略目标。毛泽东在中共闽西"一大"提出巩固和发展闽西革命根据地的"六个条件""三个方针"，为闽西革命斗争指明了方向。1930年6月，红四军第三次入闽西，攻占武平城。毛泽东组织整顿健全了武平县委及县苏维埃政府，推动了武平土地革命斗争向纵深方向发展，闽西红色区域得到了进一步的巩固和扩大。同月，毛泽东在长江南阳（今属上杭）主持召开中共红四军前委和中共闽西特委联席会议，会上通过的《富农问题》决议案，确认了"抽多补少""抽肥补瘦"的土地分配原则，进一步完善了土地革命政策。

1932年10月，由于遭到"左"倾教条主义者的排挤，毛泽东被迫离开了红四军，来到长汀福音医院养病。虽然远在后方，但毛泽东仍然关心着他矢志追求奋斗的革命事业。在长汀期间，毛泽东积极指导闽西苏区的革命斗争。毛泽东在汀州经过4个月

的社会调查，为他后来写成《关心群众生活，注意工作方法》这一光辉著作准备了大量第一手资料。该文辩证地将群众生活和革命战争联系起来，正确地解决了工作方法和完成工作任务的相互关系，是正确处理群众生活和革命战争发展的人民内部矛盾的典范之作。1933 年 11 月下旬，毛泽东通过深入才溪乡做调查，写下了《才溪乡调查》一文，驳斥了"左"倾机会主义者关于战争时期不能进行经济建设的论调，成为推动苏区各项建设开展、确立实事求是思想路线的又一力作。

从 1929 年开始，毛泽东先后六次来到闽西，通过在闽西的革命实践活动，与闽西人民建立了血肉相连的关系，给闽西党和人民指明了前进的方向。

二、朱德率红四军出击闽西

1929 年 3 月，红四军在军长朱德、党代表毛泽东、政治部主任陈毅的率领下，离开井冈山经赣南进入闽西长汀。

3 月 14 日早晨，红四军按照朱德的战斗部署，分兵三路向长岭寨发起进攻，打得敌人尸横遍野，并将敌旅长郭凤鸣击毙，彻底消灭了郭凤鸣旅。长岭寨战斗胜利结束的当天下午，红四军指战员在朱德、毛泽东的带领下进驻汀州城。3 月 15 日上午，汀州县城一万多群众云集南寨广场，参加红军召开的祝捷大会。为了便于开展游击战争，驻汀州期间，红四军进行改编，将原来团的建制改为纵队。军长仍由朱德担任。

5 月 18 日，红四军前委重新讨论了红四军的行动计划，决定趁有利时机，再次入闽，开创闽西革命的新局面。朱德、毛泽东和陈毅等经过反复研究，决定出其不意先打龙岩。5 月 23 日，红四军第一、第三纵队奋勇追击，迅速抵达龙岩城下，红军两路合围，势不可当。闽西重镇龙岩城第一次回到了人民的怀抱。之后，红四军又两次攻占龙岩，消灭敌陈国辉部主力两千余人。

红四军二次入闽、三打龙岩的节节胜利，震惊了国民党当局。国民党调集闽粤赣三省兵力，对闽西红色区域和红四军实行"会剿"。朱德率红第二、第三纵队出击闽中，对于分散和牵制三省敌军的兵力、打乱敌人的军事部署起了极其重要的作用，而且在闽中播下革命火种，扩大了党和红军的政治影响，为以后的革命斗争打下了基础。回师闽西后，朱德率领红四军第二、第三纵队到上杭白砂同第一、第四纵队会合，攻克了易守难攻的"铁上杭"，为红军争得了一个休整的机会。红四军人数发展到 7 000 人，每个纵队由两个支队发展为三个支队。

11 月 23 日，在朱德指挥下，红四军击溃敌周志群旅，重占汀州。为了开好古田会议，毛泽东、朱德、陈毅在汀州会议后立即开展调查研究工作。12月3日，红四军进驻连城开展新泉整训，朱德负责军事整训，还主持制定了红军的各种条例、条令等法规。在古田，朱德亲笔著书《新游击战术》，这是朱德在无数次战争实例中总结出来的新鲜经验，是一部崭新的马列主义军事著作。12月28日，古田会议在毛泽东、朱德、陈毅主持下召开，朱德作了军事报告。在古田会议精神指引下，红四军内部消除了意见分歧，统一了思想。会议一结束，朱德、毛泽东立即率领这支军队，转战赣南。

1930年6月，朱德、毛泽东率领红四军第三次进入闽西后，利用战争间隙，于6月12日开始在长汀县的南阳（今属上杭县）举行中共红四军前委和闽西特委联席会议（史称南阳会议）。会议在19日又移至汀州城进行，到22日结束，对闽西土地革命的分田政策、红军的整编和行动方针以及政治工作等问题作出了决议。

6月22日，朱德、毛泽东向第一路军发布由闽西出发向江西广昌集中的命令。23日，长汀群众三四万人在长汀县城南郊举行欢送红军北上大会，朱德、毛泽东率领部队由汀州出师北上。从此，朱德便离开了他亲手开辟的闽西苏区，投身到新的征途中。

三、陈毅襟怀坦荡亦英豪

1929年3月红四军首次入闽，解放了汀州城。3月20日，陈毅参加了红四军在汀州城辛耕别墅召开的前委扩大会议，参与了前委决定在赣南、闽西建立革命根据地的战略决策。

5月19日，陈毅与毛泽东、朱德率红四军第二次入闽，东进百余里，首次攻占龙岩。随后，陈毅又率领第一纵队向永定挺进，与其他纵队一起攻克永定城。此后，陈毅又率部参加了两次攻克龙岩城的战斗，真是"闽赣路千里，春花笑吐红。孤军气犹壮，一鼓下汀龙。"陈毅这首《反攻连下汀州龙岩》诗，真实表现了当时红四军豪情万丈的一幕。6月，陈毅接替刘安恭任红四军政治部主任之职。

伴随着胜利而来，红四军党内和军内原来就存在的对一些问题的不同主张和分歧，由于在是否设立军委这个问题上的争论而公开化了，引起了混乱。为了总结经验，克服错误倾向，加强党和红军的建设，前委决定召开中国共产党红军第四军第七次代表大会。6月22日，红四军党的"七大"在龙岩城内公民小学召开，陈毅在会上作了报告。陈毅一方面想要息事宁人，停止争吵，维护团结；一方面又想表示自己的独立见解，所以他在会上对毛泽东、朱德都提出了批评。他也注意维护二人在党内和红军中的领

导威信和地位。大会民主选举陈毅为红四军前委书记。[①]毛泽东、朱德被选为前委委员。但是，由于这次大会时间短，认识水平有限，对红四军长期存在的争论只是作了一次展开，并没有把问题彻底解决，因而存在着许多不足之处。

8月初，陈毅离开闽西转赴厦门，然后绕道香港到达上海。陈毅以革命事业的大局为重，襟怀坦荡，实事求是地向中央汇报了红四军的历史和现状以及存在的各种问题，使党中央能及时、全面、准确地了解和掌握了红四军的真实情况，从而做到有的放矢地对红四军中存在的问题作出了正确的指示。最后，陈毅受中央委托，根据周恩来历次谈话的要点和中央军事工作会议精神，并参照各地的经验，于1929年9月28日代中央起草了《中共中央给红军第四军前委的指示信》，经周恩来审阅后定稿，这就是著名的中央"九月来信"。10月初，陈毅肩负重托，带着中央指示信，动身回红四军去贯彻执行。

12月28日至29日，红四军党的第九次代表大会（即古田会议）在上杭古田廖氏宗祠召开。陈毅主持了大会，传达了中央会议和"九月来信"的精神。毛泽东、朱德分别作了政治与军事的重要报告。陈毅作了反对肉刑、反对枪毙逃兵的专题发言。大会期间，陈毅兼任大会秘书长，做了许多具体工作。

陈毅作为我党我军的早期创建者，对古田会议的胜利召开所建立的卓著功勋，对毛泽东军事思想和农村包围城市道路的形成所起的重大作用，将永远载入党的史册。

四、瞿秋白罗汉岭上铸丰碑

瞿秋白是中国共产党早期主要领导人之一。在中央苏区时期，瞿秋白担任中华苏维埃政府人民教育委员。中央红军长征后，担任中央分局宣传部部长兼后方办事处人民教育委员。

中央苏区失陷后，中央分局决定送患了肺病的瞿秋白取道香港转往上海就医。瞿秋白一行从瑞金出发后，经过几天的昼伏夜行，通过了敌人的层层封锁，于1935年2月24日清晨冒雨渡过汀江，来到长汀县濯田区水口乡小迳村地带。此时，敌武平保安14团钟绍葵部发现了他们的行踪并实施了围攻。由于敌众我寡，瞿秋白不幸被捕。在被关押于上杭期间，因叛徒出卖，暴露了身份，5月19日被押送至长汀，关在国民党三十六师师部（现为长汀县博物馆，保留着"瞿秋白同志被囚处"）。

敌人如获至宝，派出许多军政要人前往长汀劝降，但都被瞿秋白严词拒绝了。他

[①] 萧克.关于红四军党的"七大"[J].北京社会科学，1993（2）：130-136.

对劝降者说："人爱自己的历史，比鸟爱自己的翅膀更厉害，请勿撕破我的历史。"瞿秋白在长汀狱中严守机密，刚正不阿。为了表白自己的心迹，他在狱中写了近两万字的《多余的话》，表达其由文人从政曲折的心路历程。敌人无计可施，6月2日蒋介石给蒋鼎文发去密电，命令就地处决瞿秋白。

18日，瞿秋白来到中山公园，《大公报》记者这样报道："全园为之寂静，鸟雀停息呻吟。信步行至亭前，已见菲菜四碟，美酒一瓮。彼独坐其上，自斟自饮，谈笑自若，神色无异。酒半乃言曰：'人之公余稍憩小快乐；夜间安眠，为大快乐；辞世长逝，为真快乐。'继而高唱《国际歌》，以打破沉默之空气。"[①]瞿秋白说罢此话，坦然正其衣履，到公园凉亭前拍了遗照——他背着两手，昂首直立，恬淡闲静之中流露出一股庄严肃穆的气概。

瞿秋白在刀兵环护下，神色不变地缓步走出中山公园。刑场在长汀西门外罗汉岭下蛇王宫养济院右侧的一片草坪，距中山公园两华里多。倘是怕死的人，不要说步行两华里，就是二十米也无法走，恐怕是要被人拖行的。

瞿秋白手夹香烟，顾盼自如，缓缓而行。沿途用俄语唱《国际歌》，还唱《红军歌》。到了罗汉岭下，他自己找了块草坡面北盘足坐下，回头看了看行刑者说："此地甚好。"饮弹洒血，从容就义。瞿秋白牺牲时，年仅36岁。敌人可以消灭一个革命者的肉体，但是正如鲁迅先生指出的："瞿秋白的革命精神和为党为人民的崇高品格是杀不掉的，是永生的！"

五、邓子恢闽西苏区的主要创建者

邓子恢，原名邓绍箕，闽西革命根据地主要创始人之一。"五四"运动后，邓子恢逐渐接受马克思主义。1921年春，与进步青年在龙岩白土桐冈书院组织奇山书社，创办《岩声》月刊，传播马克思主义。1926年秋，北伐军挺进赣南，解放崇义县，在杰坝圩成立国民党（左派）区党部，邓子恢任常务委员。同年12月，在大革命的风暴中，于崇义县加入中国共产党。

1927年冬，邓子恢任中共龙岩县委宣传部部长。1928年3月4日，参与领导龙岩后田暴动，建立了闽西第一支农民游击队，开始了创建闽西苏区的斗争。4月，任中共上杭县委宣传部部长，深入蛟洋一带，协助当地领导人发动蛟洋农民暴动。6月底永定暴动后，建议暴动队伍撤离县城，到农村开展土地革命。他与张鼎丞一起，领

---

① 瞿秋白毕命纪［N］.大公报，1935－07－05（4）.

导分田斗争，创造了溪南分田经验，并担任"红军营"党代表。7月中共闽西特委成立，担任宣传部部长，并任闽西暴动委员会副总指挥兼任红七军第五十七团党代表。

1929年3月任中共闽西特委书记，领导地方武装，配合毛泽东、朱德率领的红四军入闽作战。同年6月红四军三打龙岩城后，任龙岩县革命委员会主席。7月在毛泽东指导下，主持召开中国共产党闽西第一次代表大会，确定了闽西土地革命和工农武装割据的总路线，并当选为中共闽西特委书记。1930年3月18日主持召开闽西第一次工农兵代表大会，成立闽西苏维埃政府，并当选为主席，领导闽西人民巩固发展了闽西革命根据地。

1930年7月8日，邓子恢以中共福建省委农村巡视员名义，派往闽中、闽东、闽南等地开展白区工作。1931年11月当选为中华苏维埃共和国临时中央政府财政部部长，并兼任代理土地部长。1933年又兼任国民经济部长。他亲自主持制定和颁布了一系列中央苏区财政税收的政策和法令，对统一中央苏区财政、巩固土地革命胜利成果等作出了重要贡献。

中央主力红军长征后，邓子恢留在中央苏区坚持游击战争，任中共中央分局委员。1935年4月回到闽西，组建闽西南军政委员会，先后任宣传、财政兼民运部长，副主席兼财政部部长，同张鼎丞、谭震林、方方等一起，开展了广泛的、灵活的、群众性的游击战争，保存和发展了革命力量。全面抗日战争爆发前后，遵照中共中央的方针，经过艰苦、复杂的斗争，同闽西国民党当局达成和谈协议，实现了闽西南第二次国共合作。

1938年1月6日任新四军政治部副主任。3月1日，率领新四军二支队北上抗日。

六、张鼎丞求真务实为人民

张鼎丞，闽西革命根据地主要创始人之一。1926年，大革命风暴席卷闽西，张鼎丞到与永定毗邻的广东省大埔县青溪保灵寺小学当教员。在这里，张鼎丞在中共大埔县委书记饶龙光的引导下阅读进步书刊，开始接受马克思主义，并参加革命活动。1927年6月，率家乡部分农会会员参加大埔农民暴动，并在革命危难之际加入中国共产党。

1927年7月，中共闽南特委派张鼎丞回永定溪南，以教员身份从事农运工作。不久，任中共溪南支部书记。1927年10月，中共永定县委成立，张鼎丞当选为县委常委兼农民运动委员。他积极发展党员，领导群众开展日常斗争，并建立以农会骨干为主的"铁血团"组织，为武装斗争作组织上和军事力量上的准备。后被推举为永定暴动总指挥，6月底永定暴动开始后，张鼎丞带领溪南农民攻进县城。后令暴动队伍撤回各乡村，开展土地革命，建立了福建省最早的一支红军部队——红军营；与邓子恢一起，领导溪南近两万多人口地区的农民开展了分田斗争，创造了溪南土改经验。7月15日，中共闽西特委在金砂古木督成立，任中共闽西特委组织部长。接着又任闽西暴动委员会副总指挥，龙岩、永定、上杭三县的暴动武装整编为红军第七军十九师后兼任五十七团团长。

1929年3月至5月，红四军两度入闽，攻克龙岩城后又挥戈永定。张鼎丞率永定红军游击队配合红四军攻克永定县城。随后，被推选为永定县革命委员会主席，开始了创建苏区的斗争。7月在中共闽西一大上，被选为中共闽西特委委员、军委书记。与此同时，闽西地方武装改编为红四军第四纵队，张鼎丞任四纵队党代表。此后，国民党发动闽粤赣三省"会剿"，红四军主力先后出击闽中、广东东江。张鼎丞则与胡少海、谭震林等率四纵队留在闽西独立作战。至年底，在闽西建立了6个县、50多个区、400多个乡的苏维埃政权。1929年12月下旬，张鼎丞参加古田会议，会后率部随毛泽东、朱德转战赣南。1930年6月奉命调回闽西，当选为闽西苏维埃政府主席。此后，他与邓子恢一起抵制李立三"左"倾错误，领导闽西苏区军民投入反"围剿"斗争，致力于闽西苏区的建设，使闽西苏区得以巩固。

1931年11月，在全国第一次工农兵代表大会上，张鼎丞当选为中华苏维埃共和国临时中央政府执行委员会委员、土地部长。1932年3月当选为福建省苏维埃政府主席。他在实际工作中执行毛泽东的正确路线，使福建苏区得以巩固和发展。

中央主力红军长征后，张鼎丞以中共福建省委代表的身份率一支10余人的小分队，冲破敌人重重包围，于1935年1月回到永定，与红八团、红九团取得了联系，建立了统一的组织领导。1935年4月，在赤寨会议上，成立了以张鼎丞为主席的闽西南军政委员会，确定了开展广泛的、独立自主的游击战争战略方针。在与党中央和苏区中央分局失去联系的情况下，坚持从实际出发，制定正确的方针和灵活的政策，在广大群众大力支持下，粉碎了几十倍于我的敌人的多次"清剿"，保存了革命有生力量，配合了南方其他地区的游击战争，支援了红军北上抗日。以后，他坚决贯彻党中央关于建立抗日民族统一战线的指示，坚持独立自主的方针，建立了闽西南抗日义勇军第一支队，为推动国共两党联合抗日起了积极作用。1937年年底，根据国共和谈协议，闽西南红军游击队改编为新四军第二支队，张鼎丞任司令员。1938年3月，张鼎丞等率二支队将士投身抗日前线。

七、陈丕显童心向党志更坚

陈丕显，少年时期受进步思想影响，追求革命真理。1929年7月参加罗化成领导的南阳暴动，9月加入中国共产主义青年团，并当选为少共南阳区儿童团总团长。1931年转为中共党员，不久，被选为少年先锋队中央总队执行委员。1932年6月被选为少共福建省委常委，后任少共福建省儿童局书记，年仅16岁。1933年初调瑞金少共苏区中央局工作，5月任少共闽赣省委儿童局书记，7月被临时中央政府人民委员会第46次常委会任命为教育委员会委员。

1934年10月中央红军长征后，他留守中央苏区任少共中央苏区分局委员兼儿童局书记，不久，任少共赣南省委书记。1935年4月初和赣南军区司令员蔡会文率领最后突围的赣南军区部队80余人到达油山，与先行到达的中共中央分局领导项英、陈毅会合。

4月中旬，项英、陈毅在大余县长岭村召开军政干部会议。陈丕显、李乐天、杨尚奎、蔡会文、李国兴（赣粤边军分区政治部主任）、刘建华等70多人参加了会议。长岭会议实行由正规战到游击战的转变，成为赣粤边三年游击战争的新起点。同时，会议确定陈丕显为赣粤边特委领导。从此，陈丕显和项英、陈毅朝夕相处，生死与共，在同党中央失去联系并被敌人封锁的极端困难环境下，领导和指挥红军游击队转战赣粤边一千多个日日夜夜。

为便于保密，陈丕显和项英、陈毅都使用化名。陈丕显沿用在中央苏区时人们对他的习惯称呼"阿丕"，陈毅化名"老刘"，项英化名"老周"。4月下旬的一天，他们一行70多人转移到距长岭村不到5公里的棚洞村。这是个仅有10户人家的屋场。由于外出采购物资的事务长被敌人发现，回村时粤军和土匪武装周文山部跟踪而来，并抢占了村庄对面的山头，用猛烈的火力封锁了出村的大门，致使游击队无法冲出去。幸好村子里还有一个侧门，项英、陈毅指挥大家从侧门转移。陈毅凭枪声发现村庄背后山上没有动静，便命令大家冲往后山树林脱险。敌人摸不清他们的底，不敢恋战追击，便撤了回去。

当天夜里，特委研究决定，机关人员和部队进一步分散以缩小目标，利于与敌人周旋和隐蔽。从此，他们告别了房子，开始过着终年风餐露宿的山林隐蔽生活，项英称之为"山林流浪生活"。陈毅后来曾向延安美军观察组属下的外交官谢伟思说，从那时起，"我们就像野兽一样生活"。当地群众称之为"打拼（躲的意思）生活"。

但是，革命的火种是扑不灭的。他们坚持了艰苦卓绝的三年游击战争，粉碎了敌人的无数次"清剿"，为保存革命力量、坚持南方游击战争作出了贡献。

八、杨成武鲲鹏展翅汀江畔

杨成武在中学读书时开始接受马克思主义。1928 年年底，经张赤男介绍加入中国共产主义青年团，开始走上革命道路。

张赤男、杨成武先在古城举行武装暴动，组建了长汀第一支革命武装。1929 年 3 月，毛泽东、朱德率领红四军首次入闽，一举消灭军阀郭凤鸣。这时，身为中共长汀县委委员的张赤男领导长汀、上杭、连城、武平四县边界的农民举行暴动，策应红四军的军事行动，并开展了轰轰烈烈的打土豪、分田地，创建革命根据地的斗争。

1930 年初，张赤男、杨成武率游击队攻打上杭城。3 月，闽西红军正式编为中国工农红军第四军第三纵队，肖克任纵队司令，张赤男任政委，杨成武担任了连政委、大队长等职务。9 月，张赤男部攻克江西吉安后，改编为红四军十二师（后又改为红十一师），张赤男任政委。这年，杨成武加入中国共产党。1931 年春，杨成武调任红四军十一师三十二团政委，此后这支部队先后参加了中央苏区第一、第二、第三次反"围剿"战役。在战斗中，他冒着枪林弹雨，身先士卒，亲临前线指挥，取得一个又一个胜利。在毛泽东的直接领导下，杨成武逐步成长。

1932 年 3 月，根据毛泽东的提议，中央红军东路军挺进闽西南，挥师直取漳州。杨成武所在的红四军十一师承担了攻击龙岩考塘的任务，决定由师主力沿公路挺进，展开猛烈冲锋，实施中间突破。杨成武率所在团从右翼攻击，迂回包围，爬上尖笔山，越过公王仑，直取枫树岭顶的敌机枪据点，激战 10 余分钟，攻占敌军阵地，守敌大部被俘。

考塘战役胜利后，杨成武又率所在团参加了龙岩、天宝战斗和漳州战役，基本上消灭了张贞的主力，对巩固和发展闽西苏区、援助东江地区的红军起到重要作用。

漳州战役后，杨成武离开了闽西，转战大江南北。

第二节

英勇的闽西人民

2019 年 3 月 10 日，习近平在十三届全国人大二次会议福建代表团的审议会上强调："要饮水思源，决不能忘了老区苏区人民。"闽西人民在党的领导下，前赴后继，英勇

奋斗，为中国革命胜利和中华人民共和国建立付出了巨大牺牲、作出了重大贡献。闽西人民一心向党，铁心革命，许许多多可歌可泣的英雄故事，不断激励着后来者不忘初心、继续前进。

一、巨大牺牲，无悔无怨

闽西人民在革命前受尽了帝国主义、封建主义反动统治的残酷压迫，受尽了封建地主、高利贷者的野蛮剥削，受尽了反动政府、军阀官僚的苛捐杂税、横征暴敛的压榨，经济破产，生活贫困。只有在共产党的领导下，才能打破反动统治的枷锁，摆脱繁重的剥削，分到世世代代热望的土地，建立人民自己的政权，在政治上、经济上彻底翻身做主人。广大人民从这样一个鲜明的对比中，从自己的切身体验中，深刻地认识到只有共产党才是自己唯一的救星。

闽西人民信任党、信任党领导的红军游击队，胜于自己的亲人，只要党发出号召，千千万万的人民立即响应，党需要什么，群众就支援什么，尽己所能，要人有人，要粮有粮。闽西有十万儿女参加红军，涌现出许多父母送子、妻送郎、兄弟相争当红军的动人事迹。在党最困难的时候，群众仍然冒着生命危险，想尽一切办法，冲破敌人的重重封锁，支援党，支援红军游击队。即使在残酷的白色恐怖的岁月里，闽西广大群众也始终坚信："有党在，有红军在，有游击队在，革命就一定会胜利！"

闽西人民为中国革命的胜利作出了重大的贡献，同时也付出了巨大的牺牲。在长达 20 余年艰苦卓绝的革命斗争中，闽西人民遭受国民党反动派"烧光、杀光、抢光、移光、抓光"的严重摧残，据不完全统计，全区遭毁灭性摧残的村庄有 539 个，被烧毁房屋 116 858 间，倒塌房屋 90 772 间，绝灭 37 724 户，被抓群众 26 876 人，被迫逃亡 13 306 人，被杀害群众 18 005 人，饥饿疫病死亡 148 074 人，被抢耕牛 35 864 头，土地荒芜 155 445 亩。[①]

特别是对革命基点村的摧残尤为严重，如永定县岐岭乡 18 个村中被毁灭的村庄就有 7 个，房屋全部被烧光；西溪乡赤寨基点村，是闽西南军政委员会成立所在地，被移民 18 次，原有 300 多人，新中国成立初只留下 16 人；长汀县楼子坝基点村原有 43 户 143 人，房屋 63 间，新中国成立时只剩下一位 80 多岁的老太婆张雪妹住在一间破房子里。

但是，闽西人民并没有被国民党反动派的反动气焰吓倒，还是一如既往地支持革

① 傅如通，符维健.红色闽西［M］.北京：中央文献出版社，2007：188.

命。所以，中华人民共和国建立后，被评为坚决支持革命武装与敌人进行长期斗争的基点村达 610 个，分布在 7 个县（市、区），隶属于 67 个乡（镇），312 个行政村，共有 25 744 户，116 939 人（根据省委 1952 年首次老区工作会议关于划分革命老根据地问题的讨论纪要和财政部、民政部 1979 年划分革命老根据地标准，闽西应评而未评的基点村还有 553 个）；有革命老区村 7 809 个，227 469 户，920 169 人。为革命牺牲的在册烈士有 23 600 多人（其中省军级 15 人，地师级 53 人，县团级 263人，获"英模"称号 8 人），烈属 9 003 户，43 800 人，约占全省烈士总数的一半；革命残废军人 620 人；无音讯军属 1387 户；"五老"人员 15 301 人，其中，老地下党员2 402 人、老交通员 235 人、老接头户 3 581 人、老游击队员 4 860 人、老苏区区乡干部 4 223 人。[①]

闽西的党组织和人民为中国革命史写下了光辉的一页。闽西革命老区的光荣历史，永远值得后人牢记和珍惜；闽西老区人民的光辉业绩和艰苦创业的老区革命精神，永载中国革命的光辉史册。

永定群众罗芹英隐藏红军游击队的夹墙（资料来源：《闽西人民革命史》）

二、牛牯扑人民：让毛泽东难以忘怀

1953 年国庆节前，毛泽东主席专电邀请永定基点村代表陈添裕同志赴北京参加国庆观礼，由于陈添裕的爱人分娩，他中年得子，家里走不开，便由他的胞弟陈奎裕代

[①] 傅如通，符维健. 红色闽西 [M]. 北京：中央文献出版社，2007：189.

表他赴京。陈添裕兄弟何许人也，为何毛主席专电邀请他上京观礼？原来，毛泽东没有忘记24年前的一段往事。

1929年6月，毛泽东离开红四军后，在上杭、永定农村的4个多月间，中共闽西地方组织的领导人邓子恢、张鼎丞和其他许多干部一直在他左右，由粟裕率领的一支队伍承担起保护毛泽东的责任。为了避开国民党军和民团的追击、搜查，他们不得不经常转换住地。

8月21日，毛泽东转移到岐岭的牛牯扑村。这个小山村地处金丰大山的东南边沿，村四周由参天大树和竹林环抱，村北是连绵起伏的群山，名叫青山下。毛泽东先后在村里的"华兴楼"和青山下的竹寮里住了20余天，他还给这座别致的竹寮取名为"饶丰书院"。据粟裕回忆说，毛泽东"住在一个半山坡上，我们就在住地附近活动，警卫——游击——警卫。当时，敌陈维远就在永定附近，在我们的监视下，未敢进山。毛泽东同志由于过度劳累身体不好，他在这里养病、写东西，就地坚持斗争。我们常常看到他屋内的灯火经夜不灭。"

深山露冷，毛泽东在青山下住了几天后，疟疾便又大发作起来。张鼎丞和永定县革委会秘书长阮山获悉心急如焚，忙和粟裕等人商量就医办法。担任毛泽东联络员和后勤采购员的熊炳华建议，请老中医吴修山诊治。毛泽东服过他开的药剂，几天后病情便有了好转。

到了9月17日，毛泽东在牛牯扑居住的消息被敌人知道了。驻在广东大埔县的国民党保安团在永定金丰民团的配合下，分两路扑向金丰大山"围剿"，粟裕随即率队与各地赤卫队一起到前沿阻击，战斗打得十分激烈。此时，毛泽东因病体弱，不能爬山，又因山高坡陡不好骑马，中共岐岭支部便派陈添裕等几个人准备用担架抬，但又因荆棘灌木挡路，抬着很难迈步。情况危急，陈添裕背起高大的"杨先生"（毛泽东的化名）就走，从牛牯扑经白腊坑到雨顶坪安全地带，10里荆棘丛生的羊肠小道，仅用了1个小时。到了雨顶坪村，毛泽东指着陈添裕等人感激地对贺子珍说："多亏了牛牯扑的同志！"随后把护送他的几个人名字一一记在本子上，并说："我忘不了牛牯扑的人民！"

毛泽东这次病得很重。在转往苏家坡的途中，他曾对曾志说："看起来我这个人命大，总算过了道'鬼门关'。"国民党却造谣说，他已死于肺结核病。共产国际在莫斯科也听到了毛泽东病故的误传，并在第二年初的《国际新闻通讯》上发表了讣告。[①]

---

① 傅如通，符维健.红色闽西[M].北京：中央文献出版社，2007：192.

三、陈客嫲：两度面对死神

陈客嫲，原名邱清玉，1885年出生于龙岩县东肖隘头村的一户贫苦农民家庭。因为她童年时曾随父母逃难到客家人聚居的永定县，长大后又嫁回龙岩东肖的后田村，她丈夫家姓陈，因此村里人都叫她"陈客嫲"。

她的大半生和许多闽西农村妇女一样普通、平凡，受尽了地主的剥削欺压，终年过着吃不饱穿不暖的日子。她30岁时，丈夫一病不起，日子更加艰难了。1928年3月，邓子恢等共产党人领导农民举行了后田暴动，掀起了"土地革命之先声"。43岁的陈客嫲终于有了土地，她从心坎里感激共产党，感激红军。1929年红四军入闽，她参加农会，拥护革命，并送独子陈玉清参加红军。她在平民夜校接受革命教育，在心里开始埋下革命种子，反抗命运的不公。当她的儿子、胞弟和侄子在革命斗争中相继牺牲后，她擦干眼泪，决心跟着共产党走，保卫苏区、保卫土地革命果实。

1934年10月主力红军长征后，在艰苦卓绝的三年游击战争中，陈客嫲担负起地下交通员的工作，她冒着生命危险，千方百计为山上的游击队送情报、送粮食、照料伤员……她用特制双层粪桶——上盛干粪、下藏米盐的巧妙办法瞒过民团哨兵，一趟一趟地将物资送给游击队。有人替她担心，她却笑着说："我陈客嫲铁心跟党走，杀头怕什么，我早准备睡埔邦排了！"（埔邦排是白土墟后山头的一块山丘，敌人常在此杀害革命同志）

陈客嫲（资料来源：《红色闽西》）

1936年9月的一天下午，闽西特委的同志在陈客嫲家里开会，她照例在家门口佯装补衣服放哨，突然发现民团引着一群国民党兵进村，于是立刻大喊起来："牛吃麦子啦……"屋里开会的同志听到暗号，马上从后门安全转移了，陈客嫲却被气急败坏的敌人抓了起来。

在刑讯室里，年过半百的陈客嫲受尽毒打，但始终守口如瓶，没有说出游击队行踪。敌人恼羞成怒，无耻地剥掉她的上衣，手执着一把燃烧着的香，威胁道："你不怕死吗？用香灼烧的滋味可不好受呀！"陈客嫲挺起胸膛："烧吧！你们能烧死我，可烧不死我的心。"那些刽子手朝她的胸脯烧灼起来，一阵阵的疼痛使她全身筋骨打颤。她紧闭着眼，咬紧牙根，嘴唇流出了鲜血，仍只字不吐。敌人见连一个女人也征服不了，气得发疯，按下她的双膝让她跪在烧红的砖头上，又丧心病狂地用刀子割去了她的乳

房，再撒上盐，但仍无所得，最后只能把她拖回牢房。

陈客嫲昏迷一天后醒来，同牢房的女难友都同情得掉下眼泪，她却说："别难过，我可能活不久了，请转告游击队，我对得起共产党；告诉我儿媳妇，家里还有几斗米，别忘了给同志们送去"。她在最痛苦的时候，惦记的仍是自己的革命气节和游击队的同志们。

敌人决定处死她。几天后的一个夜里，电闪雷鸣，大雨将至。冷风吹得她伤口刺心地痛，她和另外六位同志被拉到埔邦排的一块空地上，一阵枪响，七人倒地。风在呼啸，雨在狂浇，陈客嫲躺在泥水中，渐渐苏醒过来。原来，子弹只穿过她的下巴，她没有死。为了革命而活下去的坚强意志，使她忍着伤痛，连走带爬，逃到泉井村女儿陈梅香家中。因旁边有一户为当地保长，怕不安全，女儿连夜把她转移到后田张三姑家，后来她被游击队接到山上治疗。

经过几个月的疗养，陈客嫲的伤情逐渐好转。这时国民党又开始封锁搜山，情况危急，游击队的粮食极端困难，陈客嫲心急如焚，不顾同志们的劝阻，带病下山，为游击队筹粮送粮。刚开始只在晚上活动，后来她豁出去了，白天也用头巾包着脸活动。1937年1月，她又一次被民团围捕，再次遭到严刑拷打，但始终闭口不言。敌人狂叫起来："上次用枪没有打死你，这次要用火活活烧死你，看看你的命有多硬！"面对威胁，陈客嫲鄙夷地看了敌人一眼，从容地说"我为革命已经死过一次了，能为劳苦大众再死一次，是我最大的光荣！"

1月25日，敌人在白土墟场附近架起一大堆木柴，浇上煤油，把她捆住抬到柴堆上。"陈客嫲！给你最后一次机会，你说红军游击队在哪里？"陈客嫲慢慢抬起头，高声喊道："红军满山都是，他们就要打回来了！你们的狗命长不了啦！"她的喊声还没完，木柴堆就被火点燃了。白土镇上升起了一团熊熊火焰，浓烟冲向云霄。人们看到大火烧起时，陈客嫲还在高呼："红军万岁！共产党万岁！"在烈火中，陈客嫲永生！

一次的牺牲足以震撼人间，陈客嫲却两度面对死神，是什么力量让她在烈火中永生呢？是她在革命斗争中逐渐提升的坚定的理想信念，正是这一精神力量让她无私无畏、视死如归。

陈客嫲牺牲后，被亲属安葬于后田村排呀山，1958年由中共东肖公社委员会、东肖人民公社委员会重修立碑。1954年，陈客嫲被评定为烈士。她的事迹被收入《红旗飘飘》（大型革命回忆录），并搬上舞台，广为流传。

四、范达春：伟大的母亲

范达春，大家都称她范六姑，永定县金砂乡人。她是闽西革命根据地领导人、新中国成立后任最高人民检察院检察长的张鼎丞的母亲。

1927年，张鼎丞加入中国共产党，走上了革命道路。自幼饱受财主欺凌的范达春，竭尽全力支持儿子革命，儿子办"铁血团"需要购买枪支，她把家中仅有的三分水田卖了几十块光洋交给儿子作经费，自己平日带着媳妇上山砍柴，赶集卖柴藉以度日。

由于儿子的革命行动惹恼了敌人，范达春的房子财物不久就被烧光了，她没吭一声，自己搭一个草棚栖身，反复叮咛儿子："尽力去打恶人，家里一切不要挂念。"1928年冬，她的次子范炳元（原名张福义）为了掩护永定县委转移被捕，她托人捎去口信："要做硬汉子，要不怕牺牲。"范炳元被杀于永定县城，首级悬挂于城墙示众。当夜，寒风阵阵，苦雨纷飞，她在乡亲们的帮助下秘密来到刑场，找到了儿子身首异处的遗体。英雄的母亲，掌一盏飘摇的灯火，颤抖着双手，一针一线亲手把儿子的头颅和颈部缝合，又亲手掘坑埋葬。1930年，她的小儿子张福智在白区做地下工作，又不幸牺牲，同年，年仅15岁的侄女张锦辉也在一次宣传活动中被捕，在峰市被敌人杀害。她让人转告大儿子张鼎丞："莫伤心，多打胜仗，消灭白狗子！"

1934年10月主力红军长征后，她暂留长汀。次年，其丈夫在敌人"清剿"中遇害，她埋葬了亲人，从长汀乞讨到永定参加游击队，1936年夏，被捕。叛徒供出她是张鼎丞的母亲，敌人如获至宝，威胁利诱要她叫儿子"投诚"。她断然拒绝，敌人对老人施以种种酷刑，到抗战爆发闽西实现国共合作时才获释。她遍身伤痛，但为了不使正在龙岩为抗日而终日忙于党务军务的儿子分心，她一再叮嘱亲友不要把她的病情告诉儿子。1938年这位革命母亲与世长辞，数千群众自发前来送葬。1940年延安纪念"三八"国际妇女节，陕甘宁边区政府主席林伯渠特撰文赞颂，称她是跟高尔基名著《母亲》中的尼洛夫娜一样伟大的革命母亲。

一般人也许难以理解，一个普通的老母亲，是什么值得她情愿放弃家人以及不惜牺牲自己的生命？是什么让她如此坚强地面对离别和伤痛？是什么让她义无反顾参加革命？理解了这些问题，也就理解了龙岩为何是红色的，理解了共产党为何会崛起，甚至理解了近代中国。

五、李根荣：不惧家破人亡

东肖是龙岩老苏区的中心地带，1928年，已40岁的李根荣参加农民暴动，他家分得田地、房屋，儿子秋林、秋竹还分别娶了媳妇，全家的日子过得算和美。他深深地感谢共产党。因此，全家都投身革命洪流。

主力红军长征后，在艰苦卓绝的三年游击战中，人民群众为了保护红军游击队的安全，宁愿牺牲自己的生命。李根荣就毅然决然地担任了在自己家建立的县游击队秘密联络站负责人的任务。

1935年6月20日夜晚，李根荣刚把一批在自己家碰头的游击队员送走不久，因叛徒出卖，李根荣被安上"私通共匪"的罪名押到县城监狱关了20多天，他家的东西被洗劫一空。

李根荣被群众保释出狱后，他的两个儿子又被捕了。

一天，邻村有两个革命群众从狱中逃了出来，告诉李根荣说："你儿子秋林和秋竹真是好汉，反动派用竹扁打他，用香火烧他，全身都没有一块好肉，连手脚也给吊断了……"

儿女是父母身上的肉，李根荣听了这些话，觉得仿佛竹扁是打在自己身上，香火是烧在自己心上……可是，李根荣第一句问的却是："他们说了什么没有？"

"没有。我听得很清楚，他们回答敌人的话总是'不知道'或者是'没有'"

"好样的！"李根荣那瘦削的脸庞上流露出一种自豪的表情，说："我没有白养这两个儿子啊！"

1936年9月，因叛徒告密，革命接头户李根荣、李秋林、李秋竹父子三人还有牌照岭的革命群众等五六十人被民团抓捕。反动派对不招认的人使用了一切惨无人道的酷刑：倒悬吊打、香火烧身、红铁链子抽打、雷公塞顶、灌石灰水和辣椒水……敌人对昏死的人哈哈狂笑，他们声称要比一比：到底是共产党的骨头红，还是火烧的铁索红；是共产党的骨头硬，还是杀人的钢刀硬！可是最终，凶恶的敌人失败了，他们的铁索并没有共产党的骨头红，屠刀并没有共产党的骨头硬！

10月12日中午，敌人将李根荣父子三人及革命群众数十人五花大绑，沿途"游街示众"。这天，通常冷清的白土吴盾桥围了很多群众，他们个个脸上流露出悲戚的感情，有些妇女在暗自落泪。此情此景，李根荣已经意识到敌人要下毒手、开杀戒了，想到自己以后不能再支持革命了，心里不免有些怅然，但是他相信革命是不会因此而停止的，他用最大的力气高喊着："乡亲们，父老兄弟们，红军会打回来的，反动派一定会完蛋！"敌人用枪托打他，他仍然大声高喊不已……

当他被押到了刑场，抬眼一看，大吃一惊：他的两个被敌人折磨得骨瘦如柴、遍体鳞伤的儿子已经先期押到这里，他俩见到父亲，眼睛里滚动热泪，正想要对父亲告别，说些什么，旁边一个刽子手连忙用破布塞住他俩的嘴，不让说话，他们父子只能用眼神相互鼓励，给予力量。

他与两个儿子一同被推到刑场，李根荣已将生死置之度外。刹那间，枪声响了，秋林倒下了，李根荣把眼睛一闭，泪水夺眶而出……又一声枪响，秋竹倒下，李根荣强忍悲痛，以至嘴唇也被牙齿咬破了；又一阵枪响……所有押在刑场的革命群众都倒了下去……顿时，观看的群众哀声恸哭。李根荣镇定地等着敌人向自己开枪时，花白的胡子高高扬起，一个刽子手幸灾乐祸地来到身边对他说："看见了吗？"

"你们为什么不对我老头子开枪！"李根荣眼睛喷着怒火。

"没这么简单，看你还敢做红骨头！"

"你们看着办吧！我不怕你们的。"

"假枪毙"之后，敌人只好把李根荣释放了。

倾家荡产，坐牢，严刑拷打，两个儿子被杀……这一连串的遭遇，并没有动摇李根荣的革命意志，反而更增添对敌人的刻骨仇恨。

媳妇被强迫改嫁，他与孙子相依为命，用各种办法把粮食、情报和群众慰劳的东西送给游击队；又把游击队歼敌的胜利消息传给他周围的人们；还将三儿子从南洋寄来的钱，全部拿去买药支援游击队……就这样，他一直坚持斗争，直到新中国成立。

新中国成立后，李根荣从未夸耀过自己的经历贡献，也没有向人民政府伸手。1952年，李根荣病逝，留给后人的是感慨万千的悲壮故事。

六、李新人：冒死保护红军游击队

双髻山麓的东面，有一村庄叫大禾坑。村中有一位中年妇女，名叫李新人，是红军游击队的主要接头户。李新人待游击队十分热情，不仅常常冒着危险，想方设法去集市上为游击队购买物资，而且平时自己家里有什么好吃的，也总是留着，等到游击队的人去了再一起吃。游击队指战员到了她那里，就像回到了家一样温暖。因她夫家姓梁，大家都亲切地管她叫"梁大妈"。

一次，谭震林和廖海涛到大禾坑联系工作，叛徒王来才向敌一五七师告密。这天早上天刚蒙蒙亮，敌人一个连的兵力悄悄摸到大禾坑村，包围了村子。此时，谭震林

和廖海涛分别在梁大妈和其邻居的家里找人谈话，而梁大妈则在门前小溪边洗衣服。等梁大妈发现敌人时，已来不及进屋告知谭震林他们了，只得用事先约定的信号高声喊道："牛吃菜啦，牛吃菜啦！"听到叫声的谭震林、廖海涛等人便迅即冲出后门，钻进后山。敌人扑了空，知道是梁大妈用暗号通知了他们，便气急败坏地把梁大妈及其丈夫、儿子抓了起来，恶狠狠地逼问："你们把谭震林、廖海涛藏到哪里去了？"

"我不知道谁叫谭震林、廖海涛！"梁大妈冷冷地回答。

"还装作不知道！不知道你喊'牛吃菜啦'，是给谁通风报信呢？"敌连长进一步气势汹汹地逼问。

"本来就有牛吃菜嘛。再说，不管谭震林、廖海涛还是谁，他肚子底下长了腿，他到哪去了，我怎么晓得？"梁大妈依然冷静地回答。

敌人见这样问不奏效，便把她的丈夫梁大贵和13岁的儿子梁开春拖了出来，威胁说："你到底说不说？不说就枪毙你的丈夫和儿子！"梁大妈见状，心里一阵难过，他知道凶残的敌人是什么事都干得出来的。然而，又不能出卖革命同志啊！她始终紧闭嘴巴，一双眼睛紧紧盯着丈夫和儿子。儿子在极力挣扎，想挣脱敌人，回到母亲身边。突然"砰"的一声，敌连长勾动了手里的手枪扳机，13岁的梁开春应声倒地，胸部血流如注。

"狗东西，我儿子犯了什么罪？他才13岁，你们为什么要打死他？"梁大妈心如刀绞，愤怒地扑向敌连长。敌连长用力将她一推，随着又"砰"的一声，将梁大妈丈夫梁大贵打死在地上，转眼间，两个亲人被害，梁大妈悲痛欲绝，瘫倒在地。

敌人见一时捞不到什么，为了"放长线，钓大鱼"，便撇下梁大妈，撤离了大禾坑。

风声渐渐平息后，谭震林委托廖海涛悄悄回到大禾坑看望、慰问梁大妈。见到梁大妈，廖海涛双膝跪地，泣不成声地说："梁大妈，这个仇，我们一定要报！从现在起，我就是你的亲儿子，你就是我的亲妈妈！"

从此以后，谭震林、廖海涛领导的双髻山游击队员都亲热地称梁大妈为"廖妈妈"。

七、吴三头：临终不忘党费

1945年春的一个清晨，天边灰蒙蒙地露出鱼肚白，大地雾霭沉沉。在东肖肖坑田螺形山，传来了激烈的枪声，只见一个矫健的身影，穿越浓雾，一马当先，冒着从山头高处倾泻下来的弹雨，一会儿跃起猛冲，一会儿卧倒射击，突然，他向前冲去的身子一阵颤动，随即僵直，然后重重地倒在地下……

大雾渐散，晨光熹微，战斗胜利结束。王涛支队的首长和战士们聚拢在他的担架旁，焦急关切地呼唤："三头！三头！"这位小名叫吴三头的战士身中三弹，脖子伤口大如茶杯，气管受损，直喘粗气，言语更加困难。他吃力地、断断续续地说："首长，如果部队要到小池…去，我…家里还有些粮食可以…拿来用，我的亲戚…那里还可以借…我恐怕不行了，我…申请入党的事，请组织根据我的表现，给予讨论研究……"支队首长亲切地安慰他养伤要紧。

吴三头，正名吴思德，1918年出生于龙岩县小池何家陂一个贫农家庭，他从小受到党的教育与熏陶，很早就协助地方党组织工作。1943年6月，他参加当地党组织领导的革命活动，活跃于小池、大池等地，帮助游击队送米菜、打听情报等，为革命事业做力所能及的事。

就在这一年，因叛徒的告密，他被国民党小池自卫队以"私通共产党"为名逮捕，关进何家陂炮楼中的牢房，敌人对他进行了各种利诱和严刑拷打，还用沾上汽油的棉花烧他脚跟，要他招出县委和游击队的活动情况。他几次被打得死去活来，全身伤痕累累，却始终坚贞不屈。敌人只能摧残他的身体，但丝毫不能动摇他的革命意志。敌人残酷地杀害了另一名革命同志，他们认为吴三头身体已垮，寸步难移，必死无疑，便放松对他的看守。而吴三头以坚强的意志，侥幸越狱逃出魔爪。

这年秋天，王涛支队首次挺进龙岩，便一举摧毁了何家陂炮楼，为牺牲受伤的革命同志报仇雪恨。身体痊愈后的吴三头成为王涛支队短枪班一名光荣的战士。

吴三头入伍后，进步很快，曾几次向党提出申请，要求加入党组织，但由于他入伍不久，党支部要在实际斗争中再考验他一段时期。

1945年5月2日清晨，吴三头和战士们早早集合在一块旱地里。此时，号称"十八罗汉"的白土自卫队贸然闯入。刘永生支队长指挥战士设下"口袋"，捕获"十八罗汉"。从俘虏口中得知，由于敌人得到情报，国民党专署自卫大队等200多人于半夜占领山顶，准备前后夹击。于是，刘永生命令王涛支队立即登山，早已做好战斗准备的吴三头，听到命令一下，便奋不顾身，手执驳壳枪，不惧敌人机枪扫射，迅速冲在前头，不幸的是，敌人罪恶的子弹还是击中了他。

吴三头冲锋陷阵不怕牺牲的精神感染着王涛支队每一位战士，大家个个英勇顽强，争先扑上去，抢占制高点，敌人溃不成军，王涛支队大获全胜。

当晚，支队留下了戴炳辉、邱二九等三人负责保卫护理吴三头和同时受重伤的陈玉西。吴三头被抬到石粉岭对面塔后山上的小煤窑里治疗。

过了两天，吴三头的伤势更重了，但是，他总是念念不忘部队的给养和自己的进

步，他用尽力气，抬起双手紧紧握着戴炳辉的手说道："老戴！如果我能被批准入党，我家里还藏有二斗大米，请您把它拿来作为我第一次交的党费吧……"

由于伤势过重而又缺医少药，吴三头不久便与世长辞，年仅27岁。

5月11日，王涛支队驻扎在一个山坑里，召开了全体党员会议，一致通过吴三头加入中国共产党。不久，传来了吴三头不幸逝世的消息，支队上下都极为悲痛。

一个入伍不久的普通战士，在生死关头不是想着自己的生死，而是关心着自己的党籍，关心着部队的给养、部队的生存。这样崇高的品质，就是人民军队必然胜利的重要因素。

八、张锦辉："红色小歌仙"

张锦辉出生在永定县金砂乡一个贫苦农民的家里。她从小爱唱山歌，嗓子特别清脆，在苦难的日子里，她的歌声充满了穷人的怨愤和不平。

1926年，党在金砂乡办起了平民夜校，开展革命活动。在地下党员的鼓励下，11岁的张锦辉背起书包上了夜校。在夜校里，张锦辉学到了许多革命道理，还学会了革命山歌。在党员的启发下，她懂得了革命的山歌就像革命的号角，要用歌声鼓舞千千万万的穷人起来闹革命。

1928年，党领导农民在金砂举行了武装暴动。暴动胜利后，党领导了打土豪、分田地的革命运动。13岁的张锦辉加入了共产主义儿童团，她积极参加站岗、放哨、送信等活动，不过更多的时候，她还是用清脆动人的歌声去宣传革命。

第二年，张锦辉报名参加了溪南区苏维埃政府领导的宣传队，成为一名宣传员，宣传队每到哪里，哪里就有张锦辉的歌声。渐渐地，人们都知道宣传队里有一个会唱歌的小姑娘，群众亲昵地称她为"红色小歌仙"。

张锦辉画像（资料来源：《红色闽西》）

1930年初，她随宣传队来到和白区交界的西洋坪村开展工作。当天夜里，张锦辉和区苏维埃主席等人被热心的群众留下来。不料村里有一个暗藏的反革命分子告了密，白军二三百人连夜袭击了西洋坪村，张锦辉和区苏维埃主席一行不幸被捕。

第二天，敌人把他们押到峰市镇，白军头子亲自审问，白匪对张锦辉说："只要你把红军和赤卫队的活动情况告诉我们，我马上赏给你 20 块大洋，放你回家。"张锦辉昂起头，一声不吭。白匪头子摆出各种刑具，说："小小年纪，受不了皮肉的苦吧。"

张锦辉怒斥敌人："你一双狗眼不识人，这些刑具只能吓唬软骨头。"白军头子气得大骂："小共党，难道你不怕死？"张锦辉冷笑道："怕死？怕死就不闹革命了，就是上刀山入火海，我也决不皱眉头。"白军一连审问了三天，张锦辉受尽了各种刑罚，可是依然坚强如钢。气急败坏的敌人决定向他们下毒手。

1930 年农历四月十八，正是峰市镇赶圩的日子，街上人来人往。突然，人群中传来一阵嘹亮的《国际歌》声："起来，饥寒交迫的奴隶……"在白军的吆喝声中，人们纷纷闪开。只见张锦辉和其他被捕的同志一起被敌人五花大绑地押过来，她和战友们一起昂首挺胸，边走边唱。圩场上的群众见此情景，许多人掉下了眼泪。

离峰市天后宫刑场越来越近，群众越围越多。张锦辉唱了一首又一首，她的歌声深深地打动了乡亲们的心。

罪恶的枪声响了，张锦辉发出最后的喊声：中国共产党万岁！

年仅 15 岁的小英雄从容就义。她的歌声随着奔流不息的汀江永远流传。

第五章

红色基因代代传

火种一播下，发芽就生长，红红的热土革命斗志昂，牢牢守护着分田的果实，紧紧跟随着领路人，伟大的共产党。二万五千长征路，二万五英魂在路上，苏区火种不曾灭，势力逆风更加壮。

　　共和国摇篮，就是我家乡，英雄故事多，哺育我成长，牢牢铭记光荣历史，紧跟着领路人，伟大的共产党。敢想敢闯改革潮，创先争优大开放，山清水秀美丽家园，人民生活更安康。

　　红旗永不倒，红旗永飘扬，古田会议永放光芒，星星之火，可以燎原，红色江山万年长。

——卢伟耀《红旗不倒》

第一节

传承闽西红色基因

闽西是全国著名的革命老区，是一块彪炳史册的红色土地。从 1926 年建党开始，闽西就竖起红色旗帜，培育红色基因。此后，红色基因引导闽西人民跨过一道又一道沟坎，取得一个又一个胜利，成为闽西光荣历史和精神力量的"遗传密码"，激励着一代又一代闽西人民为了党和人民的事业前赴后继，为了老区的建设与发展鞠躬尽瘁。

一、闽西的传统精神

闽西是客家民系和闽南支系这两个民系的思想文化碰撞交融的独特区域。其中长汀、上杭、武平、永定、连城五县主要流行客家话，是客家县。新罗（原龙岩县）、漳平流行的是闽南次方言，是闽南支系。客家先民在唐宋年代向闽、粤、赣边地区迁徙。许多客家人沿汀江两岸顺流而下，转流向粤东，继而流至于南洋欧美各地，长期漂泊在外的经历铸就了客家人坚韧顽强、开拓进取的品质。发源于闽西的九龙江缓缓东流，其流域内形成泉、漳、厦为中心的闽南民系。其中一支沿九龙江西流，在闽西东南的苦草镇一带安营扎寨，繁衍生息。新罗、漳平的人民与闽南金三角先民在一起，形成了自下而上的极具包含性和开放性的闽南海洋文化。在闽西，这两种文化不断地交织冲突并融合。直到土地革命之后，在中国共产党的领导下，闽西人民翻身作主，掀起了轰轰烈烈的工农运动，客家文化与闽南支系文化进一步交融，形成了独具活力的红色文化。从此，在闽西这样一块历史悠久、文化积淀厚重的土地，客家文化、红色文化、闽南文化在这里相互融合，竞放异彩。闽西人民崇先报本、崇文重教、艰苦奋斗、勇于创新、团结包容，具有中华民族优秀传统美德，特别是闽西人民身上体现的独特的"闽西精神"，是一种以团结、革新、开拓、进取为核心的革命精神，是中华民族精神的重要组成部分。

闽西精神是指闽西人的意识、思维活动和闽西人自觉的心理状态。闽西精神来自五千年历史文化的沉积，来自闽西先民万里迁徙的磨炼，来自偏僻山区恶劣环境的锻炼，来自一代又一代祖辈的言传身教，来自闽西先贤"源于斯，高于斯"的添薪增彩。

闽西人民"爱国爱民，反压迫反侵略；勤劳刻苦，努力开拓；勇敢无畏，富有革命精神；挚诚团结，敬祖睦宗；不亢不卑，平等待人"这些优点也蕴含于中华民族之中，所谓"闽西精神"，其实是"中华精神"的一种演绎。

崇先报本、爱国爱乡精神。崇先，是指闽西先民无论迁徙到何地，都难舍故土情结，他们崇拜自己的祖先创建的中原文化以及源远流长、厚德载物的儒家思想，也为此深感自豪。报本，是指在面对其他族群及恶劣自然环境的挑战中，他们把对祖先的崇拜转化为强大的内动力，从而战胜困难、光大祖业、兴旺人丁，以此作为光宗耀祖、报效祖先的最好"礼物"。这种崇先报本意识的升华就是闽西人民爱国爱家乡的精神，因为中国古代是家国同构的社会，把"家"放大就是"国"。

崇文重教、耕读传家精神。这一精神在闽西人民中表现得特别强烈，究其原因：一是沿袭了中原的传统，中原儒家思想讲究重农抑商、崇德尚学；二是闽西人民所处的闽粤赣边区均属山区地域，自然环境恶劣，交通闭塞，除了依靠有限的土地维持生计外，剩下的只有靠读书仕进，才能向外谋求更大的发展。崇文重教、耕读传家精神在闽西人中代代相传，成为闽西人的传家宝。我们常常在闽西人的民居中看到的"耕读传家"的门匾，就是这种精神的体现。

艰苦奋斗、锐意进取精神。闽西先民的入居地大都是比较贫困的山区，定居山野，面对相对短缺的资源，相对落后的交通，要想落地生根、安家立业、繁衍生息，就必须艰苦奋斗，以坚韧不拔的顽强毅力去建设自己的新家园，开拓一片新天地。同时，闽西人在艰苦开拓过程中又历练出一种锐意进取的精神，他们不安于现状，无时无刻不在谋求新的发展空间。这种进取精神体现在那些漂洋过海去拼搏进取的闽西人身上，也体现在吃苦耐劳、忍辱负重、贤惠善良的闽西妇女身上。

穷则思变、勇于开创精神。闽西人与山结下了不解之缘，山是闽西人的命脉所在，但山也给闽西人带来了封闭和贫穷。穷则思变，闽西人身上所特有的敢于开拓的品性，激发了闽西人勇于开创新天地以改变自己命运的斗志和热情。闽西人包容性强的特点也使闽西人更容易接受革命思想。

团结协作、海纳百川精神。历经千山万水、千难万苦的迁徙过程，面对古代宗族、族群斗争交织在一起的复杂生存环境，闽西人培育了团结协作精神和整体观念，并且这种整体观念又升华为国家观念。海纳百川的精神则体现了闽西人博大的胸怀。

闽西精神是革命的精神，也是一种激励人向上的精神，闽西精神还是和睦亲邻、繁荣社会的精神。发扬闽西精神，于社会进步、于民族发展、于家庭和睦、于个人上进都是具有重要意义的。

二、闽西的红色文化

红色文化，是指中国共产党领导人民在新民主主义革命过程中，弘扬中华优秀传统文化，推进马克思主义中国化，为实现国家统一、民族独立和人民解放而不懈奋斗形成的激昂向上的革命文化。从其形成根源看，它是我们党坚持马克思主义与中国革命实践相结合，在长期艰苦卓绝的革命斗争中形成的宝贵精神财富，是中华民族传统文化、精神、品格的传承、展示和升华。从其本真要义看，它"是党的性质和宗旨的集中体现，是党的优良传统和作风的集中体现，是中国共产党人政治本色和精神特质的集中体现"。从其特征作用看，它具有民族性、传承性、主流性、时代性、感染性等特征，是激励共产党人和全国人民不忘初心、牢记使命、为实现中华民族伟大复兴梦想而奋勇前进的强大精神力量。

中共十八大以来，习近平总书记从增强中国特色社会主义文化自信、提高国家文化软实力的战略要求出发，高度重视新时代红色文化建设，发表了一系列关于继承和弘扬红色文化的重要论述。如，2011 年 11 月 4 日，习近平总书记在纪念中央革命根据地创建暨中华苏维埃共和国成立 80 周年座谈会上指出："在革命根据地的创建和发展中，在建立红色政权、探索革命道路的实践中，无数革命先辈用鲜血和生命铸就了以坚定信念、求真务实、一心为民、清正廉洁、艰苦奋斗、争创一流、无私奉献等为主要内涵的苏区精神"。这是关于苏区精神内涵的最完整、最权威表述。再如，2014 年 12 月 14 日，习近平在视察南京军区机关时强调："要把红色资源利用好、把红色传统发扬好、把红色基因传承好"。这是关于红色文化构成和运用的最集中、最严谨表达。此外，还有关于红色文化的功能、作用等方面的诸多论述，为我们理解和把握红色文化的内涵、价值与传承提供了基本指引。

闽西波澜壮阔的革命实践，在中国革命史上写下了光辉的篇章。无论是在创建中央苏区的土地革命战争时期，还是在抗日战争时期、解放战争时期，闽西人民始终红心向党，坚定执着追理想、实事求是创新路、艰苦奋斗攻难关、依靠群众求胜利，孕育形成了丰富的闽西红色文化。在闽西，弥足珍贵的莫过于红色文化。红色，成为闽西历史最厚重的篇章；红色，成为闽西土地最鲜亮的底色；红色，成为闽西人民最本真的传承。

闽西红色文化在基因、传统、资源三个相互统一的构成要素上具有丰富的内涵，具体表现在以下三个方面：

（一）以"思想建党、政治建军"为代表的红色基因，是闽西红色文化的本质特征

红色基因，是指中国共产党从诞生始，在领导革命斗争和加强自身建设中创立的决定其根本性质具有遗传密码特性的无产阶级思想性、阶级性、人民性文化内容，是红色文化中具有传承效应的核心部分。"红色基因不能变，变了就变了质。"作为中国共产党的 DNA 特性和核心政治优势，红色基因以共产主义理想信念为导向，是中国共产党领导人民战胜艰难困苦，取得革命、建设、改革伟大胜利的不竭动力和精神之源。

闽西红色基因可以通过闽西独有的"思想建党、政治建军"精神来表达，主要包括：

一是马克思主义科学信仰。针对红四军党内存在的各种非无产阶级思想，古田会议紧紧围绕"党指挥枪"原则，突出教育领先，加强马克思主义理论武装，坚定了共产主义和社会主义理想信念，增强了红四军党和军队的先进性。

二是无产阶级先锋队性质。针对红四军党内存在的非常严重的组织问题，特别是党员质量之差和组织之松懈，古田会议强调建章立制，提出了发展党员的"五个条件"新规定，在入党标准上突出阶级觉悟和忠实态度，增强了红四军党和军队的纯洁性。

三是中国共产党初心使命。纠正党内错误思想，包括纠正不良作风。古田会议强调大局意识，反对"不愿意做群众工作""只希望到城市享乐"等错误观念，增强了红四军党和军队的战斗力，为践行"为中国人民谋幸福、为中华民族谋复兴"的初心使命打下坚实基础。

（二）以"二十多年红旗不倒"为代表的红色传统，是闽西红色文化的重要内容

红色传统，是指中国共产党的性质、宗旨、使命等基因决定，在长期革命实践中形成的"政治上的、组织上的、工作作风上的一切好的东西"，包括精神、纪律、制度、作风、品德等方面。如：政治上坚持人民的立场，发扬民主，忠党爱国等；组织上坚持党领导一切，组织严密，思想建党，批评和自我批评等；工作作风上密切联系群众、实事求是、理论联系实际、艰苦奋斗、勤劳勇敢、不怕困难、不怕牺牲等。"光荣传统不能丢，丢了就丢了魂。"红色传统是共产党人崇高理想信念的实践结晶，是党的先进性和人民性的集中体现。

闽西红色传统，可以通过全国罕见的"二十多年红旗不倒"精神来表达，主要包括：

一是坚持党的领导不动摇，表现为求真务实，争创一流。从中共永定支部、闽西特委、福建省委到闽粤赣边省委等，贯彻执行"隐蔽精干，长期埋伏，积蓄力量，以待时机"的十六字方针和"分散隐蔽，向外发展，保存武装和干部"的策略，坚持开展斗争，闽西党的组织从未中断。党员干部从实际出发执行正确的对敌斗争策略，总是"闹革命走前头、搞生产争上游"。党的坚强领导是闽西成为红旗不倒堡垒的根本保证。

二是坚持革命斗争不动摇，表现为艰苦奋斗、牺牲奉献。闽西党和人民在政治革命中坚持"枪杆子里面出政权"，从"四大暴动"、创建五个军到新四军第二支队北上以及解放战争时期的王涛支队、闽西支队、闽粤赣边纵队等地区性武装。革命武装长期存在是闽西成为红旗不倒堡垒的决定力量。

三是坚持群众路线不动摇，表现为一心为民，清正廉洁。"溪南土改"后土地政策不断完善，"抽多补少""抽肥补瘦"，80多万农民实现了拥有土地的梦想。红军长征后，"保田斗争"使革命果实一直保留，在闽西14.6万人口的地区，约有20多万亩土地一直保留在农民手中，直至新中国成立，这一奇迹成为闽西红旗不倒的重要标志和坚实基础。此外，"苏区干部好作风，自带饭包去办公，日着草鞋干革命，夜打火把访贫农"，至今还在闽西传颂。

（三）以"古田会议永放光芒"为代表的红色资源，是闽西红色文化的鲜活教材

红色资源，是指中国共产党领导人民在新民主主义革命实践中形成的承载了红色基因和红色传统的各种要素的总称，包括实体形态和非实体形态两种类型。如革命旧址遗址、文物、纪念馆、博物馆、展览馆、烈士陵园、文化作品等，承载了革命先辈们波澜壮阔的革命史、艰苦卓绝的奋斗史、可歌可泣的英雄史，是一部接受精神洗礼的鲜活教材。

以"古田会议永放光芒"（会址）等为代表，遍布闽西、各具特色的红色实体资源，诞生并流传于闽西且十分丰富的红色艺术资源，是闽西、福建乃至中国革命斗争历史的重要见证。截至2017年年底，闽西（龙岩市）拥有革命旧址（遗址）472个点，其中，国保24个点（6处），省保32个点，县保252个点，文物点121个点，新发现43个点。拥有中央苏区文物419处，红色交通线文物25处，长征主题文物139处。[①]拥有革命史专题和题材陈列展览的博物馆（纪念馆）分别为4家、6家，馆藏可移动革命文物超过2万件/套。拥有全国、省级、市级爱国主义教育基地分别为4个、2个、28个，古田会议会址等14处红色旅游景区（点）被列入全国红色经典旅游景区。此外，毛泽东、朱德、张鼎丞、邓子恢等老一辈革命家留下了许多有关闽西革命的著作、诗词、回忆录等，闽西的文化工作者创作了一大批故事、小说、丛书、诗歌、戏剧、歌舞、

---

① 中共龙岩市委政研室.龙岩市推进闽西红色文化遗存保护利用研究[N].红色文化周刊,2018-09-03(8).

电视剧、电影、文献片、纪录片、大型交响合唱等各种红色文化作品，闽西各地的群众性文化活动也创造和发展了漫画、美术、标语、歌谣等各类红色民间艺术。

三、闽西红色文化的时代价值

闽西从 1926 年建党开始，就竖起红色旗帜，培育红色文化。在 20 多年的革命斗争中，闽西人民始终红心向党，坚定执着追理想、实事求是创新路、艰苦奋斗攻难关、依靠群众求胜利。红色文化成为闽西人民跨过一道又一道沟坎、取得一个又一个胜利的精神力量和宝贵财富，至今具有十分重要的时代价值。

（一）对党忠诚的信仰价值

习近平总书记在十八届中共中央政治局第一次集体学习时讲话提出，"理想信念就是共产党人精神上的'钙'，没有理想信念，理想信念不坚定，精神上就会'缺钙'，就会得'软骨病'"。闽西红色文化是矢志不渝的信仰、爱党爱国的忠诚、自强不息的追求、无私奉献的担当。传承红色基因，就是要忠于信仰不迷向。在革命战争年代，闽西革命先辈之所以能在艰难困苦的环境中坚持 20 多年红旗不倒，靠的就是红色基因所蕴含的坚定信仰、先锋模范和献身精神；闽西人民也正是靠着共产主义理想信念的指引和支撑，为新民主主义革命事业前赴后继，才在新中国的功劳簿上写满了悲壮、牺牲、忠诚和担当。坚定红色信仰，就是要始终高举马克思主义和中国特色社会主义伟大旗帜，用好用活中央苏区精神、古田会议精神、才溪乡调查精神、溪南土改精神和红旗不倒精神等，筑牢信仰之基、补足精神之钙、把稳思想之舵。就是要用习近平新时代中国特色社会主义思想武装头脑，不断增强"四个意识"、坚定"四个自信"、做到"两个维护"，始终"听党话、跟党走"，把理想信念体现到修身律己、干事创业的方方面面，做远大理想和共同理想的模范践行者，为实现中华民族伟大复兴的中国梦而努力奋斗。

（二）求实创新的品格价值

闽西红色文化所蕴含的求真务实的科学精神和开拓创新的工作作风，是共产党人必须具备的优良传统和政治品格追求。当年，在红四军入闽开创革命根据地的进程中，以毛泽东为代表的老一辈革命家正是通过求真务实的闽西革命斗争实践，确立了思想建党、政治建军的重要原则，成为党和军队建设史上的一个重要里程碑；也正是在闽西通过描绘和践行革命新蓝图，解决了中国革命以农村为中心的核心问题，开辟了农村包围城市的中国革命独创性道路和新理论；还是通过闽西的具体革命斗争实践，有效地抵制了当时党内盛行的把马克思主义教条化的错误倾向，为形成"实事求是、群众路线、独立自主"的毛泽东思想活的灵魂奠定了基础。发扬红色传统，就是要继承弘扬老一辈革命家的创新精神和求实作风，坚持以习近平新时代中国特色社会主义思想这一马克思主义中国化最新成果为指导，努力在认识规律、把握规律、遵循和运用规律上下功夫，不断增强创新意识、创新能力和自我革命精神，紧跟时代发展，保持战略定力，把革命前辈开创的伟大事业不断推向前进。

（三）不忘初心的根基价值

闽西红色文化，是党和红军与闽西人民鱼水情深、生死与共打造而成的精神高地和时代引领。当年，我们党和红军一心为民、清正廉洁、无私奉献，表现了真挚的人民情怀，闽西人民也踊跃参加红军、支援红军，倾其所有支持革命，赢得了"扩红模范区""红色小上海""红色粮仓"等美誉。革命根据地的创建和发展、红军的成长和壮大都离不开闽西这块红土地，离不开人民群众这座靠山；中央红军出发长征、顺利实现战略转移，也离不开闽西苏区人民提供的可靠人力资源和物资保障。据统计，中华人民共和国成立后被评为坚决支持革命武装、与敌人进行长期斗争的基点村达610个，遭毁灭性摧残的村庄有539个，为革命牺牲的在册烈士有2.36万多人，约占全省烈士总数的一半。闽西红色文化的生成基础是中国共产党人全心全意为人民服务的最高宗旨，是党和红军与闽西苏区人民"有盐同咸、无盐同淡"同甘共苦的真实写照。不忘初心，方得始终，传承红色基因，就是要把群众利益放在第一位，牢记闽西苏区人民为中国革命作出的巨大贡献、付出的巨大牺牲，坚持以人民为中心，掌握过硬的为人民服务本领，努力创造经得起历史、经得起人民检验的新业绩。

（四）牢记使命的奋斗价值

闽西红色文化，是一种艰苦奋斗的精神状态，是一种牺牲生命的奉献境界，蕴含着不惧劳苦、攻坚克难的精神，无怨无悔、无私奉献的风格，艰苦奋斗、造福人类的品质。在革命战争年代，面对各种各样的困难，闽西党和人民不怕吃苦、胸怀全局、敢于斗争，以乐观的态度对待困难，因陋就简，土法上马，吃苦菜、穿布衣，用老墙土熬制硝盐解决食盐紧缺的问题，冬天没有棉被就盖稻草，广泛开展三餐改两餐等节约运动。正是靠着艰苦奋斗的精神，才粉碎了国民党的多次"围剿"和经济封锁，壮大了队伍，扩大了苏区。漫漫长征路上，8万红军中有近3万闽西子弟，甘愿为中国

革命的胜利牺牲自我、吃苦拼搏。红军长征后，以张鼎丞、邓子恢为代表的闽西子弟，在极端困难的环境下开展了三年游击战争，保持了中国南方革命的战略支点，取得了与红军长征相辉映的胜利，创造了"二十年红旗不倒"的奇迹。传承红色文化，就是要牢记使命，始终保持和发扬生命不息、奋斗不止，吃苦在前、享乐在后、淡泊名利、不谋私利等精神，大力弘扬"闹革命走前头、搞生产争上游"等作风，只争朝夕，不负韶华，尽可能多发一分光，多尽一份力，不断创造新作为。

（五）清正廉洁的操守价值

闽西苏区红色基因和传统，是共产党人严守党的政治纪律和规矩的精华浓缩，是清廉节俭、严于律己崇高精神的集中反映。毛泽东同志说："加强纪律性，革命无不胜。"闽西是一块特别讲政治、讲纪律的红土地。1929 年，在这里召开的古田会议，确立了党对军队的绝对领导，提出了要严格执行"三大纪律八项注意"，解决了"组织松懈""纪律敷衍"等问题，成为闽西苏区党和革命政权从小到大、由弱到强，最后取得革命胜利的重要法宝。公生明，廉生威。张鼎丞、邓子恢等老一辈无产阶级革命家至今还在闽西人民群众中享有崇高的威望，不仅是因为他们建立的丰功伟绩，更是由于他们高尚的人格、朴实的作风、廉洁自律的精神赢得了民心。传承红色基因和传统，就是要持续加强党的纪律和作风建设，自觉遵守中央"八项规定"和廉洁从政的各项制度，持之以恒纠正不良习气、树立清风正气，深入推进党风廉政建设和反腐败斗争，打造政治上的绿水青山，弘扬正能量，提振精气神，让党的事业在闽西大地薪火相传、继往开来。

四、让红色基因代代相传

有人说，闽西的红土地是血染而成的，这是属于闽西儿女的荣光。在闽西，最弥足珍贵的莫过于红色文化。先辈们的馈赠，已然成为闽西儿女们的共鸣点，成为革命先辈留给后代最宝贵的精神财富。

如今，在苏区后代身上，对红色文化的热爱与生俱来，对红色基因的传承耳濡目染。因为老区人民深知："没有光大，再伟大的精神血脉都难以传承；没有传承，再丰厚的精神财富也难有价值。"

党的十八大以来，党中央高度重视革命老区的发展，十分重视红色文化的传承。习近平总书记对闽西老区十分关心，进一步明确了闽西苏区的重要历史地位，给闽西老区发展带来千载难逢的历史机遇。党中央的关心，使闽西这片红色的土地，正凝聚成一股昂然前行的力量，在弘扬苏区精神、谱写时代荣光中焕发出历久弥新的风采。

近年来，根据中央和福建省委的部署，我们对战斗遗址、会议遗址等进行归类保护，运用现代的科技手段收集一些革命老人的口述，开展了卓有成效的红色文化的保护传承工作。在闽西这片红土地上，处处可见红色文化的激情飞扬。

龙岩市区的虎岭山北侧，一片充满红色文化热浪的区域格外引人注目，这座占地30亩的中央苏区（闽西）革命历史博物馆，现已成为一座具有展馆建筑面积6 000多平方米、展厅5 000多平方米、馆藏文物万余件的全面反映中央苏区（福建）及闽西在新民主主义时期革命历史的综合性专题馆。该馆曾被授予"全国爱国主义教育示范基地""中国红色旅游十大景区"，还被评为"全国文物系统先进集体"等。

"后田暴动"所在地东肖镇后田村，这里打响了福建农民武装暴动的第一枪，是福建土地革命的策源地，也是全省乃至全国土地革命成功的示范地。修缮一新的"后田暴动纪念馆"展出的一张张先驱的面孔、一个个催人奋进的故事、一件件朴素的陈设和一幅幅珍贵的图片，生动地再现了当年火热的斗争生活，使慕名前来的参观者深受教育。

永定县湖雷镇上南村，中共福建省农村第一个党支部所在地。近年来，我市对省级文物保护单位"万源楼"进行了整修，使之成为一处新的红色旅游景点。

漳平市象湖镇杨美村"红军留款信"旧址，历经80多年，基本完好，如今成为我市又一处宝贵的红色旅游资源和党的群众路线教育实践基地。

有着"红色小上海"之称的古城汀州，留下许多红色遗址，处处洋溢着红土地气息。"红四军司令部政治部旧址辛耕别墅、中央苏区红色医院所在地福音医院、福建省苏维埃政府旧址汀州试院……"沿着旧址的路线图走上一遭，成千上万的游客在这里切身感悟最珍贵的革命精神。

走进连城县新泉的红四军前委机关旧址望云草室，轻轻叩开房门，主席当年挑灯奋笔的身影犹在。马灯下，他正在起草著名的《古田会议决议》。最终，在上杭古田，彪炳史册的古田会议召开，铸造了党魂、军魂，成为我党我军建设史上的一座重要里程碑。

上杭才溪，有着一个伟大时代在一个乡村的缩影。毛泽东主席在这里留下了光辉巨著《才溪乡调查》。走进才溪，只见主席亲题的"光荣亭"三个字依旧熠熠生辉，而那小小的亭阁也守护着20世纪30年代最红色壮丽的一幕。在才溪乡调查纪念馆内，传说中"九军十八师"的人物，一一闪现。如今，该馆成为接受精神洗礼的绝佳胜地。

在新的历史时期，这块英雄的土地上，依然英雄辈出。有着 50 年党龄的 74 岁老人王树先，舍身从山洪中救出 18 条生命；"红土地上好财神"饶才富，全力支持当地经济建设，使农民脱贫致富奔小康成为佳话；共产党员、龙岩市水利局干部王灿荣因长期超负荷工作，积劳成疾，倒在了工作岗位上；"断臂牛人"兰林金，双手重残和失去左眼，却把绿树种满荒山；好校长王如新，为农村教育殚精竭虑，以身殉职倒在工作岗位上；"最美孝心少年"王芹秀，13 岁稚嫩的肩膀撑起整个家庭；第六届全国道德模范温金娥，带昔日公婆改嫁，孝心感动身边每一个人……

新时期先进模范人物的不断涌现，归功于龙岩市多年来引导培育，从而形成"学先辈、争先进"的浓厚氛围。

让年轻人感悟革命年代，首先是把精神元素提炼出来，比如，当年革命先烈为什么干革命，为什么去奋斗，是什么精神力量在支撑着他们？这些要素提炼出来以后，还用年轻人喜闻乐见的媒体方式传播出去。

新罗区组织部做的《"章"口就来》节目，现在成了一个党建的网红节目。该节目由基层党支部书记章联生通过互联网直播，用很精炼的方式传讲当年的革命岁月以及红色精神、红色文化。这个节目非常受欢迎，现累计有 5 000 多万次的点击，每期节目出来，当天的点击率都会突破 100 万。

在红军长征第一村——中复，观寿公祠、红军桥、红军街这些旧址成为村民生活中的一部分。通过每天的耳濡目染，孩子们已经能绘声绘色地讲述英雄小故事。那种积极向上、攻坚克难的革命精神也犹如一粒种子，种在他们幼小的心灵里，慢慢地生根发芽。

在龙岩市，像中复村一样的革命遗址星罗棋布，它们成为群众爱国教育的生动教科书。

"毛主席当年为什么要到才溪调查？调查方法是什么，是怎么调查的？调查结果是怎么应用的？今天怎么来继承和发扬毛主席调查研究的这种精神和作风？"2014 年 3 月 25 日，张德江委员长前往才溪调研时殷切提出这几点。

中共龙岩市委从闽西老区的实际出发，明确了进一步加快龙岩科学发展跨越发展的总体要求和主要目标。谋发展机遇，让目标扎实；谋发展定位，让基础坚实；谋产业进位，让实体壮实；谋改革开放，让区域厚实；谋生态升级，让百姓殷实；谋职责到位，让干部务实。这"六谋六实"，凸显了市委以实际行动弘扬苏区精神、务实高效、勤政为民的工作作风。

"振红土地雄风，谋跨越式发展。"今日之闽西，潮涌红土地，延揽八面风。闽西儿女在"山与海"的交汇中，正奏响实现中华民族伟大复兴中国梦的更为华彩的时代乐章！

五、新时代的"龙岩红"

改革开放 40 多年来，在党中央的亲切关怀和福建省委省政府的坚强领导下，龙岩市历届班子始终牢记嘱托、接续奋斗，团结带领龙岩人民大胆探索、勇于实践，发扬战争年代的光荣革命传统，以满腔的热情投身改革开放大潮，把一项项改革设想变成现实，展示了老区人民紧跟党中央、解放思想、开拓创新、与时俱进和不甘落后的精神风貌，走出了一条富有时代特色和龙岩特点的发展道路，龙岩政治经济社会面貌发生了巨大的变化。

党的十八大以来，龙岩市充分发挥红色文化、客家文化及生态资源优势，以供给侧结构性改革为主线，全面实施创新驱动、产业兴市、人才强市"三大战略"，深入打好项目落地、脱贫攻坚、生态环保"三大战役"，全力建设东接厦漳泉大都市区、西拓中西部腹地的创新型工贸旅游强市，为加快建设机制活、产业优、百姓富、生态美的新龙岩，全面建成小康社会而不懈奋斗。如今的红土地，已在新时代焕发出新的光芒。

"十三五"时期是全面建成小康社会的决胜阶段，龙岩市紧紧抓住中央支持原中央苏区振兴发展的重大机遇，攻坚克难、砥砺前行，全力以赴推动高质量发展落实赶超，全面建成小康社会，基本完成"十三五"规划任务，为"十四五"发展、开启全面建设社会主义现代化国家新征程打下坚实基础。[①]

（一）综合实力显著增强

"十三五"时期，龙岩市生产总值由 1920 亿元增加到 2880 亿元，年均增长 7.1%；人均GDP突破 10 万元，年均增长 6.7%。一般公共预算总收入由 269.8 亿元增加到 329.8 亿元；地方一般公共预算收入由 124.6 亿元增加到 158.6 亿元。固定资产投资年均增长 10.4%。有色金属、文旅康养、建筑业产值均突破 1000 亿元。成功创建全国文明城市、国家新型工业化产业军民融合示范基地、国家应急产业示范基地等一批国字号品牌。上杭跻身全省县域经济实力十强县，长汀、连城、武平连续入选全省县域经济发展十佳县。

---

① 2021 年龙岩市政府工作报告 [N].闽西日报，2021-01-11.

（二）城乡面貌焕然一新

"十三五"时期，铁路通车里程由 625 公里增加到 744 公里，高速公路通车里程由 662 公里增加到 747 公里，南三龙铁路、厦蓉高速扩容龙岩段等建成通车。常住人口城镇化率达 60%，提高 7.4 个百分点。中心城区建成区面积扩大 12.7 平方公里、达 65.7 平方公里，新增公园绿地面积 281 公顷、人均公园绿地面积达 16 平方米。农村人居环境整治三年行动顺利收官，"两高"、国省道沿线整治成效明显，建成"四好农村示范路"1200 公里，新增中国历史文化名镇名村 7 个、中国传统村落 48 个、全国乡村旅游重点村 5 个。

（三）生态环境持续优化

"十三五"时期，国家生态文明试验区建设深入推进，长汀水土保持综合治理模式被列为全国生态保护与修复工作典型，林改"武平经验"在全国推广，成功创建全国森林旅游示范市、全国绿化模范城市、福建省首个国家级林业科技示范区，获批建立 3 个国家湿地公园。森林覆盖率 79.39%，保持全省首位。关闭煤矿 90 家，淘汰落后产能 701 万吨。推动建立汀江－韩江流域上下游横向生态补偿机制，主要流域 22 个国（省）控断面Ⅰ－Ⅲ类水质比例由 84.3% 提高至 100%，全面消除劣Ⅴ类水质小流域，小溪河治理经验做法在全国推广。

（四）发展活力不断释放

"十三五"时期，法治政府建设扎实推进，营商环境进一步提升。多项改革举措获国家部委和省里肯定推广，获批设立国家级普惠金融改革试验区、跨境电商综合试验区。行政审批、基层医改、不动产登记等改革走在全国、全省前列。创新建立 e 龙岩网上公共服务平台。在全省率先实现国家级电子商务进农村示范县全覆盖。获批建设国家创新型城市，R&D（研究与开发）占 GDP 比重提高 0.46 个百分点，高技术产业增加值年均增长 21%，新增省级以上高新技术企业 195 家、高水平创新平台 52 家。

（五）人民生活明显改善

"十三五"时期，城镇、农村居民人均可支配收入分别年均增长 7.3%、8.7%，高于 GDP 增速 0.2 个、1.6 个百分点。脱贫攻坚取得决定性胜利，3 个省级贫困县、31 个贫困乡镇、380 个贫困村全部退出，11 万建档立卡贫困人口提前一年全部脱贫、"一个都不落下"。全面实现"义务教育发展基本均衡县"创建目标。城乡低保标准实现一体化。列入全国居家和社区养老服务改革试点地区，社区居家养老服务设施覆盖率100％。完成城镇棚户区住房改造3.1万套。新时代文明实践中心建设加快推进，全面完成县级融媒体中心建设。成功创建食品药品安全放心市。被评为全国禁毒示范创建工作先进城市。实现全国双拥模范城"五连冠"。同时，退役军人、国防动员、人民防空、对口援建、外事侨务、民族宗教、妇女儿童、青少年、老年人、残疾人、社会福利、慈善等各项事业取得新进步。

征途漫漫，唯有奋斗。"十四五"时期，龙岩人民将坚持以习近平新时代中国特色社会主义思想为指导，全面贯彻党的基本理论、基本路线、基本方略，增强"四个意识"、坚定"四个自信"、做到"两个维护"，坚定不移贯彻新发展理念，坚持稳中求进工作总基调，以全方位推动高质量发展超越为主题，以深化供给侧结构性改革为主线，以改革创新为根本动力，以满足人民日益增长的美好生活需要为根本目的，统筹发展和安全，把握生态立市、产业强市、创新兴市、依法治市、幸福龙岩建设五大关键工作，在建设现代化经济体系上取得更大进步，在构建新发展格局上展现更大作为，在推进市域治理现代化上实现更大突破，实现经济行稳致远、社会安定和谐，加快建设闽西南生态型现代化城市，打造有温度的幸福龙岩，奋力谱写全面建设社会主义现代化国家的龙岩篇章。

第二节

唱响红旗不倒精神

回顾闽西革命历史，党领导人民、依靠人民、服务人民，无论风云如何变幻都坚定不移地斗争，在土地革命中赢得了"福建土地革命之先声"的赞誉，在苏区建设中创造了诸多首屈一指的模范业绩和先进经验；制定正确的对敌斗争策略使革命斗争在艰苦卓绝条件下赢得节节胜利，从而形成了以"坚定信念、艰苦奋斗、求真务实、一心为民"为主要内容的"红旗不倒"精神。

一、坚定信念：攻坚克难的力量源泉

在闽西二十多年红旗不倒的革命实践中，共产党人和革命群众始终保持着坚定的

革命信念，无论风云如何变幻都毫不动摇，坚持斗争到底。

大革命失败后，闽西革命暂时转入低潮。此时革命队伍里出现了两种情况，一部分革命意志薄弱者逃离革命队伍，放弃革命或背叛投敌；另一部分共产党人却不畏艰辛，坚持革命。如闽西革命根据地的主要创建人之一的邓子恢，虽被敌人通缉，但他并没有放弃革命，而是坚信革命一定会成功。在艰苦的斗争环境里，他领导闽西人民开展了一系列的革命斗争。如，他组织领导岩杭永等地农民打土豪分田地，组建了闽西地方革命武装，建立起了岩永杭汀连武宁清归等 13 个县的闽西革命根据地。在红四军入闽时，邓子恢看到了希望，并以极大的热情投入战斗，领导闽西人民开展了轰轰烈烈的土地革命，从而有力地打击了敌人，为闽西农村历史上最深刻最伟大的变革作出了重大的贡献。

早在中央苏区形成伊始，国民党反动派就对中央苏区进行了一次比一次残酷的军事"围剿"，企图摧垮革命力量。闽西地处中央苏区东南门户，敌人的每次"围剿"，闽西都必当其冲。但闽西共产党人毫不退缩，每逢"围剿"都组织军民奋起反击，坚决保卫胜利果实，连续四次反"围剿"都取得胜利。特别在第五次反"围剿"由于"左"倾错误而失败、包括闽西在内的中央苏区沦陷后，在白色恐怖中面对兵力十几倍于己的敌人的疯狂"清剿"，留在闽西的以张鼎承、邓子恢、谭震林为代表的共产党人不畏惧、不放弃，转移至深山老林，领导军民坚持了长达三年的游击战争。在艰苦卓绝的条件下不仅没有偃旗息鼓、销声匿迹，反而保存壮大了革命力量。十四年抗战时期，由于原闽西红军游击队已全部整编北上抗日，留在闽西的我军政力量非常弱小，但面对国民党顽固派不断制造反共摩擦，欲置共产党于死地而后快，闽西共产党人也不妥协退让，仍坚持采取各种灵活策略，同国民党顽固派进行有理、有利、有节的斗争。解放战争时期，闽西的形势依然是敌强我弱，闽西共产党人再次经受住了严峻的挑战和考验，坚持领导军民不屈不挠地展开斗争，粉碎了国民党军队五花八门的"清剿"、"六路进攻"和"十字扫荡"，为迎接解放大军南下打下良好的基础。

更为感人的是，闽西的许多共产党人在面临因敌人的摧残迫害而导致家庭出现妻离子散家破人亡危机，甚至自己身陷囹圄将要人头落地时，仍忠贞不二地选择坚持革命，初衷不改。如闽西南军政委主席张鼎丞，为了革命事业，他一家先后有 6 位亲人献出了宝贵生命，但他无怨无悔，仍坚持革命。1936 年夏，敌人将他的母亲抓进监狱，以此要挟张鼎丞投降，但张鼎丞没有动摇，她的母亲也如此，任敌人如何软硬兼施，不但丝毫不为所动，反而大义凛然痛斥敌人。杭代县军政委主席廖海涛在双髻山领导游击战争时，敌人将他的母亲、爱妻和幼子抓起来，写信威逼廖海涛下山投降，但廖海涛斩钉截铁地在来信上批复敌人："只有铁骨铮铮的共产党员，没有屈膝投降的布尔什维克！"结果母亲被杀害，妻子被嫁卖，儿子被丢入河中活活淹死。廖海涛由此被群众称赞为"铁石人"。1941年秋，国民党顽固派将中共闽西特委组织部长魏金水的父母等6位亲人抓去关押折磨，叫人传口信给在山上隐蔽的魏金水说，只要他肯投降，其亲属就可以释放，其本人还可以当官。但魏金水闻讯后坚定地对身边人说："我们站在劳动人民一边，站在抗日救国立场上，胜利必定属于我们。顽固派代表伤天害理的黑暗势力，最终要完蛋。我倒要等着他们向人民投降，这一天你我都会看到。"最后，魏金水仅2岁的儿子、年迈的父亲和年轻的弟媳妇先后都被折磨死于牢中。此外，刘永生、陈茂辉等都曾有过亲人被捕后被胁迫投降的经历，但是，最后都以敌人枉费心机而告终。

特别值得一提的是，闽西还有更多的共产党员和革命群众在不幸被捕后，面对敌人的种种酷刑折磨、高官厚禄引诱，面对死神的狞笑，坚贞不屈，大义凛然，坚持斗争到底，最后壮烈牺牲。如上杭的林心尧、周继英、包宪生、卓明，永定的陈康容、罗荣德、苏阿德，龙岩的谢宝萱等。其中罗荣德第一次被捕后，受尽整整一天的酷刑折磨，但决不屈服，敌人只得将其杀害。群众在收殓她时，见她尚未断气，将其救活。生还后，她又参加革命工作，不久后又被敌抓捕，再次受到刑讯逼供，但她毫无惧色，拒不吐露半点党的秘密，反而大骂敌人，最后高呼革命口号从容就义。中央红色交通线伯公凹站"一门七烈士"——邹端仁、邹作仁、邹春仁、邹佛仁、邹昌仁、邹启龙、邹晋发，为完成护送中央和地方干部出入境和运输军需、民用物资等繁重而又艰巨的任务，始终忠于信仰、忠于使命，血洒交通线。其中，邹端仁为了筹集食盐等军需物资，在返程途经广东大埔党坪村时，因叛徒出卖，被国民党民团长张赞庭抓到大埔和埔北中学等地关押。面对酷刑，他毫不畏惧、宁死不屈。随后，民团当着十里八村老百姓的面，将邹端仁吊在树上拷打、审讯。无果后，民团乱枪将其打成筛子，尸体还被用煤油烧成咸鱼干。

正是由于这些共产党人和革命群众信念坚定、以身许国、生死追随革命的高尚气节，才引领闽西人民挺直了脊梁，风风雨雨地坚持了二十余年革命红旗不倒。

二、艰苦奋斗：走向胜利的重要保证

（一）积极作为，奋力开拓

马克思认为："一步实际行动比一打纲领更重要。"闽西共产党人从开始出现在闽

西的政治舞台上，就以积极的姿态努力工作，奋力进取。如创办进步刊物宣传马克思列宁主义、积极发展新党员、迅速创建党组织和农民协会、发动群众开展革命斗争等。特别在蒋介石集团背叛革命，闽西的反动派也闻风而动大肆捕杀共产党人和革命"左"派人士后，闽西共产党人没有被吓倒，他们迅速转入农村坚持革命斗争。1927年党召开"八七会议"，确定实行土地革命和武装起义推翻国民党反动统治的总方针后，闽西各县党组织及时贯彻"八七会议"精神，不失时机地领导人民群众武装反抗国民党反动派的屠杀政策，领导人民在全省率先打开土地革命新局面，创造了几个福建全省"最早"，赢得"福建土地革命之先声"的赞誉。

1. 最早举行工农武装暴动

1927年秋至1928年2月，闽西党组织在领导各县农民进行了一些小规模的以减租抗租、反对烟苗捐和反对国民党军拉夫为内容的武装斗争，掀起了闽西土地革命时期农民运动第一个浪潮后，于1928年3月至7月，接连领导了后田、平和、蛟洋、永定四大暴动。这四大暴动，一次比一次猛烈，其影响力被史学界定格为"震撼全省以至南方各省"，在时间上为土地革命时期的福建全省"最早"，因此有"福建土地革命之先声"之誉。

2. 最早创立苏维埃区域

四大暴动由于敌强我弱和我方武装斗争经验不足失利后，闽西共产党人不气馁、不畏缩，及时转变策略继续坚持与敌斗争。他们趁着暴动后农村群众高昂的革命热情，不失时机地在永定溪南发动群众进行土地革命，创建红色政权，实行工农武装割据。在成立了十多个乡苏维埃政府的基础上，于1928年9月中旬召开了溪南全区工农兵代表大会，成立了溪南区苏维埃政府，并颁布了各种法令。这是福建全省创立的第一块苏维埃区域。这一区域虽然范围不大，也不够坚固，但在当时一片白色恐怖的形势下，得以形成这样一个拥有数万人口区域的红色政权，无疑是对敌人的极大打击，给人民群众莫大的鼓舞。

3. 最早创立一支红军部队

为了实现工农武装割据，保卫新生的苏维埃政权，维护苏维埃区域的稳定，中共永定县委在创建溪南苏维埃区域的同时，从暴动农军中挑选了200余人组成"红军营"。这是闽西乃至全省最早建立的一支红军部队。这支红军部队成立后，立即分赴各乡村投入反"清乡"斗争，给敌以有力打击。几天后，中共闽西特委为了迎接全闽西工农武装斗争更新高潮的到来，又将各县暴动武装编成红军第五十五、第五十六、第五十七共 3 个团。这些闽西最早成立的红军部队后来在配合朱德、毛泽东领导的红军挺进闽西、创建闽西革命根据地中发挥了重要作用。

4. 最早创造土地革命经验

溪南各级红色政权建立以后，群众最迫切的愿望和要求是分田。但如何进行这项史无前例的工作，当时中央和省委都还没有具体的纲领和政策规定。在这种情况下，闽西党组织不等待、不观望，而是积极面对，及时尝试。邓子恢和张鼎丞等依靠群众的创造性，深入群众调查研究，分别找一些有经验、熟悉土地情况的老农座谈，和农民代表共同研究讨论，终于定出一套没收和分配土地的政策办法。首先在金砂乡作试点，然后在溪南全区推广实行，很快地分配了十多个乡、两万多人口的土地。虽然这套土改分田方法并非尽善尽美，但它简便易行，在短时间内满足了贫苦农民对于土地的要求，摧毁了封建剥削制度，鼓舞了当地及周边地区农民进行革命斗争的信心和决心，也为后来其他根据地开展土地革命提供了宝贵经验。1929 年 7 月毛泽东亲自指导召开的中共闽西一大，就对此作了总结推广。

正是由于闽西共产党人从登上闽西这块政治舞台起就积极作为、奋力开拓，因而使闽西革命力量很快积聚，革命烈火很快点燃。1929 年 5 月朱毛红军进入闽西后，他们又进一步抓住时机，趁热打铁，利用朱毛红军的支持和影响，发动和领导各县乡村全面暴动，打击反动势力，建立苏维埃政权，实行土地革命，使闽西革命根据地很快"局面大定"，得到中央和福建省委的充分肯定。当时前来福建指导工作的中央代表恽代英在听取闽西苏区的情况汇报后，高度评价说："闽西八十万工农群众从斗争中建立的苏维埃政权，获得朱毛红军长期游击战争经验的帮助与指导，在政治上确实已表现了伟大的成绩。""他们的政治影响在全福建乃至东江赣南工农群众中间都普遍的扩大。"

（二）艰苦奋斗、顽强拼搏

在创建和保卫苏区的革命斗争中，为了粉碎国民党的多次"围剿"和经济封锁，广大的苏区党员干部掀起了一场艰苦奋斗的节衣缩食运动。粮食缺乏，党员干部就以甘薯、青菜充饥；布匹缺乏，党员干部就勇敢地穿着单件衣服过冬；缺少食盐，党员干部们就去搜刮老土墙、地脚泥，熬出硝盐食用。许多人因长期吃不到油，身体健康受到影响。但是，在广大的闽西苏区共产党人的带领下，苏区的全体人民上至领导干部下至基层乡村工作人员都迎着困难上，他们约定不领薪，尽量节省每一分钱支持革命事业。家住苏区政府所在地的干部还相约不领取伙食费，不仅如此，他们还从家中挑

粮食到单位来解决伙食问题。1932年3月，张鼎丞当选省苏维埃主席后，率全家开荒种菜，解决机关干部吃菜问题。4月，原任闽西特委书记邓子恢，离任去瑞金就任中央政府财政部部长时，龙岩县西陈区为了表示对邓子恢的敬意，把区里一头大白马送给他作为交通工具，邓子恢坚决不收。1934年7月，任中共福建省委书记的刘少奇为了节约粮食支援前线，带领机关全体人员统一吃起了"包包饭"，他自己改一天吃三餐为两餐。消息一传开，机关干部都纷纷改吃两餐。当时，闽西苏区流行着一句很响亮的口号："节省每个铜板为着战争和革命事业！"上杭县苏维埃政府全体工作人员经过讨论，一致同意开展每人每天节省一个铜板的运动，并决定自己种菜，不喝酒不吸烟，将节约下来的钱支持革命。

中央红军长征后，坚持革命斗争极为困难。首先，为数不多的闽西红军游击队必须顶住国民党绝对优势兵力的军事"清剿"。仅1935年第一期"清剿"中，国民党就动用了8个正规师10万兵力，这对于当时兵力不足2 000人的闽西红军游击队，不能不说是严峻的考验。其次，红军游击队必须顶住国民党无所不用其极的政治攻势。国民党进占闽西后，大力采用政治攻心战术，散发《自首自新条例》，千方百计利用叛徒企图瓦解革命力量；欺骗、胁迫红军家属写信或在国民党军向我进攻时，随队呼唤其亲人子弟放下武器以动摇军心。制造谣言是国民党攻心战术的又一毒招：他们广布"朱毛已死、西征军（中央红军）已被打散"等谎言，企图使闽西红军产生大势已去、独木难支的绝望心态。由于闽西红军与主力失去电台联系，又由于敌人对外界消息的严密封锁，闽西党组织长期得不到中央的确切消息，因此敌人关于主力红军已被消灭的种种谣言给红军坚持斗争造成巨大的心理压力。除此之外，为了将闽西红军置之死地，国民党严密封锁经济，颁布"封锁匪区办法"，实行保甲制和所谓"连坐法"，强迫群众与红军脱离关系。为了摧毁红军游击队的活动基点，国民党又实行移民并村，强迫小山村群众迁居到大集镇，以便封锁和监视。另外，强制实行"计口授粮""计口授盐"，企图从经济上扼杀红军的生路。[①]国民党的军事包围已迫使红军退入深山，风餐露宿，经济封锁更进一步使红军的基本生存受到严重威胁。在三年游击战争初期，闽西红军缺粮、少衣、无药，生存濒临绝境。

但是，困难压不垮英雄的闽西人民。在闽西革命生死存亡的紧要关头，为了克服重重困难，闽西南军政委员会在军事上果断摆脱正规战、阵地战的教条束缚，把开展"广泛的、灵活的、群众性的、胜利的"游击战争定为闽西红军斗争的战略方针。在

---

① 中共福建省龙岩市委党史研究室.闽西人民革命史（1919—1949）[M].北京：中央文献出版社，2001：426–427.

粉碎国民党五期"清剿"的同时，组织上也获得了巩固与发展。至 1937 年 3、4 月间，闽西游击武装（包括游击小组）约 4 000 人，根据地内党的组织建立有 8 个县委，56 个区委，400 多个支部，拥有党员 3 000 余人。[①]与此同时，运用统一战线武器有效瓦解国民党闽西地方基层政权组织。国民党进占闽西苏区后，采取"三分军事，七分政治"的手段，在闽西农村建立了"保甲制"和"壮丁队"组织。对此，闽西南军政委员会制定了"白皮红心"政策，通过在保甲长、壮丁队中开展统战工作，改变或削弱其作为国民党"清剿"红军工具的性质。由于做好了化敌为友工作，闽西红军成功创造了闽西农村的"两面政权"，使国民党正规军在"清剿"红军时难以获得相应的地方配合，从而使红军游击战争得以顺利开展。

正是由于艰苦奋斗、顽强拼搏的精神支撑，以张鼎丞、邓子恢、谭震林等组成的闽西南军政委员会，在原闽西苏区的基本区域龙岩、永定、上杭、连城、漳平、宁洋（今分属永安、漳平、新罗）、平和、南靖、长汀、清流、归化（今明溪）及广东省的大埔、饶平等县的广大地区，进行了长达三年之久的艰苦卓绝的游击战争，先后打破了国民党军 10 个正规师的反复"清剿"，在战略上配合了红军主力的行动，保存并发展了党组织和红军游击队，开辟了大片的游击根据地，保持了中国革命的南方重要战略支点，取得了与红军长征相辉映的伟大胜利。

三、求真务实：开创新局的看家法宝

（一）实事求是，科学决策

在闽西二十多年红旗不倒的革命实践中，共产党人体现先进性的一个重要标志，是能实事求是，审时度势，从当时当地的实际出发，制定正确的对敌斗争策略，以赢得斗争的胜利。在 20 多年革命战争中，闽西共产党人出色地表现了这一点，尤其是在三年游击战争、抗日战争和解放战争时期。

三年游击战争时期，在党中央和中央红军被迫进行战略大转移、留在闽西南坚持斗争的共产党人失去了与党中央的正常联系、国民党军十几万重兵对闽西南苏区残酷"清剿"的情况下，以张鼎丞、邓子恢、谭震林为代表的闽西南共产党人充分发挥主观能动性，科学分析当时形势，果断摒弃一些人"保卫苏区，等待主力回头"的死守硬

---

① 中共福建省龙岩市委党史研究室．闽西人民革命史（1919—1949）[M]．北京：中央文献出版社，2001：444．

拼式主张，正确制定了闽西南党和红军游击队在当地敌后"开展广泛的、灵活的、群众性的、胜利的游击战争"的基本对敌斗争方针策略。由此熬过了艰难困苦的时期保存并发展壮大了革命力量，得到党中央、毛泽东的高度评价赞扬。

抗日战争时期，闽西共产党人一方面积极开展抗日救亡，一方面针对闽西国民党顽固派不断制造反共摩擦和镇压革命人民手法的变化，科学采取应对措施以保存发展革命力量。如在国民党当局策动地方豪绅反攻倒算，企图收回土地革命中被没收分配给贫苦农民的土地时，闽西党组织发动人民开展以"保田"为中心的一系列斗争；当国民党顽固派对共产党人及革命群众的镇压进一步加剧时，闽西党组织贯彻"隐蔽精干"方针，转入地下斗争，并开展生产自救活动；当隐蔽生产又无法继续下去时，又决定恢复武装自卫，先后成立闽西武装经济工作总队和分队，后又成立"王涛支队"，同国民党顽固派进行有理、有利、有节的斗争，保存并壮大了革命力量。

解放战争开始后，闽西党组织贯彻"争取和平民主，实行分散发展"的方针，开辟了广阔的游击根据地。1947年6月，包括闽西在内的中共闽粤边工委创造性地制定了"先粤东后闽西南"的游击战争方针，广泛开展游击战争，粉碎了国民党军的"六路进攻"和"十字扫荡"，并进行了反"三征"和减租减息的斗争。1949年春，闽西党组织根据形势变化，对闽西国民党军政人员展开强大的政治攻势，终于使闽西国民党军政人员4 000多人于同年5月23日在上杭县通电起义。同时，还有其他小部分国民党地方势力也在此前后举行起义。这些起义，加快了闽西解放进程，减少了人员的流血伤亡。

（二）大胆创新，勇争一流

在闽西二十多年红旗不倒的革命实践中，党领导人民在苏区建设中创造了诸多在全省乃至全苏首屈一指的模范业绩和先进经验。包括闽西在内的中央苏区形成以后，为了巩固和扩大革命胜利成果，粉碎敌人对苏区的军事进攻和经济封锁，苏区人民进行了如火如荼的建设苏区、保卫苏区热潮。在这一历程中，闽西各级党组织继续卓越地发挥核心领导作用，大胆创新，勇争一流，积极探索正确的途径和办法，推动苏区建设。如党的建设方面，闽西党的组织迅速发展，力量不断壮大。1929年7月前后闽西党员数近3 000人，至1930年2月发展为5 100人，同年5月达到7 756人，7月发展到1万人。这个数字，约占到当时全省党员总数的90%。[①]但更为突出的还是武

[①] 中共福建省龙岩市委党史研究室. 闽西人民革命史（1919—1949）[M]. 北京：中央文献出版社，2001：218.

装建设和经济建设方面。

武装建设方面，古田会议后，闽西党组织认真贯彻会议精神，为巩固和扩大革命根据地，努力加强人民军队建设。1930年4月至6月短短3个月内，先后将各县赤卫队编制成立了正规红军共3个军，兵力约8 000人。与此同时，各级苏维埃政府还建立赤卫队、少先队等群众武装。至1930年6月前后，全闽西有赤卫队两万余人，约有少先队5万人。同时，为了培养红军干部人才，1930年1月，闽西特委筹办红军学校，这是我国最早的红军学校之一，它为中国工农红军输送了大批优秀军事干部。

除发展闽西地方红军外，闽西党组织还动员了大批青壮年参加其他红军。在整个土地革命战争时期，闽西共有10万儿女参加红军及赤卫队，成为中央主力红军的一大来源。不少区乡成为全省全苏扩大红军的模范。最突出的上杭才溪区，1929年至1933年，共有3 000多青壮年参加红军。据1933年9月《红色中华》报道："上才溪外出当红军做工作的占全部青年成年男子的88%。下才溪外出当红军做工作的占全部青年成年男子的70%。"他们的业绩，受到毛泽东的表扬，还被写入《才溪乡调查》一文中；临时中央政府授予全苏扩大红军的"第一模范区"称号，并在全苏"二大"上给予颁发了奖旗。

经济建设方面，为了调动方方面面的积极因素，刺激生产发展，壮大苏区经济，闽西党组织积极贯彻毛泽东关于苏区经济建设理论，大胆实践，敢闯敢冒，从政治、经济、经营管理等多方面，探索出了在全省乃至全苏都有首创意义的正确的途径办法，使闽西苏区经济得到快速发展。

如农业方面，闽西党组织在土改分田上，从创造溪南经验到中共闽西一大制定《土地问题决议案》、中共闽西特委第一次执行扩大会议制定《关于土地问题的决议》及红四军前委与闽西特委的南阳联席会议作出《富农问题》决议案，摸索并完善了一套在中国土地革命史上都有重要贡献和影响的土地政策；此外，还在奖励农田基本建设和开垦荒地、组织劳动合作社和耕田队、发展多种经营和组织粮食调剂局、建立多种农业生产管理制度和推广先进农业技术等方面搞出了许多新创造、新经验，进一步挖掘出了闽西农业发展的潜力，使闽西苏区多数县的粮食产量从1930年至1933年每年均以20%的幅度增长。

除大力发展农业外，闽西党组织还充分注意到社会经济的互补性，注重各产业的平衡发展。在工业和手工业上创办了许多企业，如兵工厂、被服厂、织布厂、硝盐厂、造纸厂、印刷厂等，以满足军需民用；在商业贸易上采取了许多政策措施，如鼓励发展私营商业、创建合作社商业、建立公营商业等，以疏通流通渠道，使货畅其流；财

政金融上通过制定合理的财政税收政策、发动苏区人民献钱献粮、创办信用合作社和闽西工农银行等，为支援革命战争，促进苏区经济和社会发展发挥了重要作用。

四、一心为民：一路前行的政治优势

在闽西二十多年红旗不倒的革命实践中，党和军队筑牢与群众生死相依的鱼水关系，"共擎南方一角天"。关心群众，依靠群众，坚持群众路线，是中国共产党保持和发展先进性的一条根本原则，也是党的事业能够取得人民拥护支持的根本原因之一。二十多年革命中，闽西共产党人始终坚持这一根本原则，因而得以和群众在艰苦卓绝环境中相濡以沫。

首先，他们有着强烈的执政为民意识，制定政策十分注重倾听群众呼声。闽西革命根据地初步形成后，中共闽西特委书记邓子恢在主持召开第一次扩大会议时就强调，各级苏维埃政府，必须真正代表人民群众的利益，为人民大众谋福利。这次会议的决议明确强调苏区政府应精干、高效，"办事需敏速，防止官僚习气之发展"，"各级政府工作，应针对群众要求，为群众解除痛苦"。闽西革命根据地创始人之一的张鼎丞也经常教育手下干部，"我们所做的一切工作要从实际出发，凡事同群众商量"，"广大群众拥护的，也就是群众所要求的，这就是我们制订政策的依据"。

他们这样说，也这样做。如中共闽西一大召开时通过的《土地问题决议案》，对土改分田只注意数量的平均，而忽视了质量的平均，规定分配土地按"抽多补少"原则，"不得妄想平均"。但这一规定被地主富农钻了空子，在分田时他们把好田留给自己，把差田抽出分给贫雇农。对此，广大贫雇农很有意见，要求重新调整。闽西党听到这些反映后，迅速作了改进，规定在原"抽多补少"基础上加上一个"抽肥补瘦"原则，将"不得妄想平均"改为"不得把持肥田"。这样，大多数群众就很满意了。此外，闽西党在领导苏区经济建设中还根据群众反映，针对"谷贱伤农"、农民增产不增收问题，因各地农忙季节不同形成劳动交流而引起夏收工资暴涨问题，因敌人经济封锁造成苏区工农业产品价格出现"剪刀差"问题等，在深入群众广泛听取意见的基础上，提出了一系列如创办粮食调剂局、设立闽西工农银行、组织劳动合作社、鼓励商人沟通赤白区流通等措施政策，有力促进了闽西苏区经济的繁荣，鼓舞了苏区人民革命到底的信心。

其次，他们善于做群众的贴心人。张鼎丞说："我们共产党员，依靠谁干革命？我们要依靠群众。力量不在我们这里，力量在群众之中……依靠群众，首先要关心群众，对群众漠不关心，就会失败。"1932 年 4 月，福建省代理书记罗明前往宣成区长桥村检查支前工作时，得知一个贫困寡妇几天来都无米下锅，就把身上仅有的 2 元钱送给这位妇女买粮食渡过难关。1932 年冬的一天，张鼎丞在长汀冒着凛冽的寒风走访群众，当他看到一位 60 多岁的老人在吃力地劈柴，了解到他的老伴已逝、两个儿子参加了红军并有一个已牺牲、家中仅剩一个未满 10 岁儿子的情况时，当即召集干部开会，决定建立每星期六苏维埃政府干部为烈军属做一两件好事的制度，他自己坚持带头做。很快，这项活动在全闽西乃至全省苏区蔚成风气。三年游击战争中，尽管红军游击队自己物资很紧缺，但仍忘不了经常给困难群众送温暖。当没收了反动地方的粮食、物资，总要分一部分给贫困群众。有时群众怕报复，不敢要，游击队就把被没收地主一家先关起来，然后叫群众不声不响搬粮食，待群众走光后再把地主一家放出来。

刘永生是长期坚持在闽西及闽粤赣边带兵打游击的闽西重要军政干部之一，他被人取了许多外号，有"老货""贴心将军""糍粑团"等，除了与他爱兵如子的品格有关外，也与他敬老百姓如父母，乐与群众打成一片的作风有重要关系。如在战斗间隙，他经常带领战士帮乡亲们干农活；每当攻下敌人据点，打开敌军的粮仓，他首先想到的是救济贫困群众，常常亲自把粮食挑到鳏寡孤独的群众家里；如有乡亲被敌抓捕，他尽量设法营救；对迫害乡亲特别凶的豪绅恶霸，他设法予以打击警告。尤其在部队遵守群众纪律方面，他抓得更为严格细致，做到秋毫无犯。如部队住在群众家里，有指战员想拿群众的地瓜吃，在乡亲们乐意无偿奉送的情况下，刘永生仍坚持要拿大米跟他们换；当群众为部队带路被划破裤子时，他拿出自己的裤子坚持赔给群众；部队离开驻地时，他要亲自检查拿来当床板用的门板安回去没有，水缸里的水挑满了没有，如果损坏了东西赔了没有，直到一切无问题了才放心让部队开拔。对违犯群众纪律的事他决不姑息。如 1948 年其部队有一个新入伍的炊事员调戏帮挑水的姑娘，被告发后，刘永生怒不可遏，要开全军公审大会枪毙他，在该村老者及受害姑娘父母家人集体求饶的情况下，刘永生才将其改为开除了结此事。

再者，他们将捍卫群众利益作为对敌斗争的主要目标。在三年游击战争中，闽西党组织和红军坚决捍卫闽西人民既得革命成果不受侵犯。例如，国民党进占闽西后，组织"农村复兴委员会"支持地主豪绅向老根据地农民收租夺田，面对疯狂反扑，闽西党组织以"收租者杀"为口号积极领导群众进行保田斗争；红军游击队则对复兴委员会和地主豪绅中坚决与农民为敌的死硬分子予以有力打击，经过反复较量，终于粉碎了反动势力以强力剥夺闽西老根据地农民既有土地权益的企图。在解决吃穿困难时，闽西红军游击队想方设法不给敌人留下屠杀群众的口实。例如，在购粮时红军游击

队先到保甲长、地主富农家去买，然后再到群众中去买，这就迫使保甲长和地主富农首先严守"私通"红军的秘密，使"通匪""济匪"皆杀的条规失去实际效用。在对敌作战中，红军游击队首先考虑周围群众的安危得失，可能危及群众生命财产安全的仗坚决不打。要打则深入敌人据点或"引蛇出洞"，将敌人引到远离村庄的地方去打。在行动中，红军游击队将维护群众利益落实到每个细微之处，时刻严守"三大纪律、八项注意"。

正是由于闽西党和红军有着强烈的群众观念，正确地贯彻了群众路线，因而使得闽西广大群众在20多年斗争中始终坚定支持党和革命事业，无论环境如何艰苦卓绝，承受多大痛苦和牺牲，都坚贞不屈，矢志不移。为了帮助红军解决斗争中遇到的最大困难即生存问题，人民群众将自己少得可怜的口粮一把一把地凑起来送给红军游击队，面对敌人屠刀，闽西群众仍不屈不挠地为红军送粮，他们毅然决然地说："我们头可杀，红军不能饿死。"为了躲避敌人盘查，富有创造性的闽西群众发明了"串担"装盐、"双层粪桶"装米、"大蒲包"装饭等20多种办法，巧妙地将粮食送到红军手中。在大力支援红军游击队解决吃穿问题的同时，闽西群众还多方协助红军游击队的对敌斗争，使红军游击队如虎添翼，国民党军却成了"聋子""瞎子"。正是由于闽西人民的大力支援，才确保了红军游击队的生存发展。

第三节

培育现代红色匠心

习近平总书记多次强调，"要把红色资源利用好、把红色传统发扬好、把红色基因传承好"。这是党的事业薪火相传、血脉永续的根本。在习近平新时代中国特色社会主义思想的指引下，不忘初心，牢记使命，不负历史的馈赠，让红色基因代代相传，培养"一技在手的新时代阳光工匠"，是闽西红土地赋予我们的光荣责任。

一、一技在手的新时代阳光工匠

习近平总书记在2019年3月学校思想政治理论课教师座谈会上指出："坚持教育为人民服务、为中国共产党治国理政服务、为巩固和发展中国特色社会主义制度服务、为改革开放和社会主义现代化建设服务。"传承红色基因，能够解决"为谁培养人"的问题，为此应在育人工作中坚持正确方向，确保"遗传密码"准确。以闽西职业技术学院为例，在充分发挥红色文化资源教育优势的基础上，坚持以"弘毅笃行、技精业成"为校训、以"红旗不倒、理实交融"为校风，奋力建设"根植于中央苏区的示范性高职院校"，凝心聚力培养一技在手的新时代"阳光"（包括红色）工匠，这就从顶层设计方面较好地解决了"为谁培养人"的问题。这有利于一以贯之地激活和传承红色基因，让红色基因成为永不褪色的精神力量，让党的宝贵精神财富彰显新的时代价值。

"工匠"，从字面来看，就是工人、匠人的意思，词典上的解释就是有技艺专长的人，技艺精湛，匠心独具。他们勤恳敬业、干练稳重、遵守规矩；他们不断雕琢自己的产品，不断改善自己的工艺，享受产品在手中升华的过程；他们用工作获得金钱，但不为金钱而工作；他们耐得住寂寞、经得住诱惑，将毕生精力奉献给一门手艺、一项事业、一种信仰；他们执着、坚守、精进，不断追求极致与完美。要成为"工匠"，须有奉献的力量，能将所从事的职业转变成自己的事业，古往今来的大师无不是怀着这样的价值理念来推动自身在各自领域的进步。当你觉得是在为社会、为他人的生活改善而工作时，生命也会随之变得熠熠生辉。

校园景观"工匠"雕塑（涂水发 摄）

管延安，以匠人之心追求技艺的极致，让海底隧道成为他实现梦想的平台。

高凤林，"发动机焊接第一人""很多企业试图用高薪聘请他，甚至有人开出几倍工资加两套北京住房的诱人条件"，但他不为所动，他为国奉献的精神，令我们感动。

周东红，30年来始终保持着成品率100%的纪录，他加工的纸也成为韩美林、刘

大为等著名画家及国家画院的"御用画纸"。

胡双钱，创造了打磨过的零件百分之百合格的惊人纪录；在中国新一代大飞机C919的首架样机上，有很多他亲手打磨出来的"前无古人"的全新零部件。

孟剑锋，百万次的精雕细琢，雕刻出令人叹为观止的"丝巾"。

张冬伟，焊接质量百分百的保障，外观上的完美无缺。

宁允展，是CRH380A的首席研磨师，是中国第一位从事高铁列车转向架"定位臂"研磨的工人，被同行称为"鼻祖"。

顾秋亮，全中国能实现精密度达到"丝"级的只有他一个。

……

这群不平凡劳动者的成功之路，不是进名牌大学、拿耀眼文凭，而是默默坚守，孜孜以求，在平凡岗位上，追求职业技能的完美和极致，最终脱颖而出，跻身"国宝级"技工行列，成为一个领域不可或缺的人才。

2016年3月5日，全国"两会"首次正式将"工匠精神"写入《2016年政府工作报告》。《政府工作报告》中提出："鼓励企业开展个性化定制、柔性化生产，培育精益求精的工匠精神，增品种、提品质、创品牌。"同年5月，中央电视台推出系列节目《大国工匠·匠心筑梦》，讲述了8位大国工匠的成长故事。

"工匠精神"成了2016年度高频词，出现在治国安邦的会议上，出现在主流媒体上，显示出工匠精神回归的迫切性，从此培育工匠精神成了国家意志和社会共识。2017年党的十九大报告中提出"建设知识型、技能型、创新型劳动者大军，弘扬劳模精神和工匠精神，营造劳动光荣的社会风尚和精益求精的敬业风气"，再次昭示我们党崇尚劳动、尊重劳动的价值理念。

现代工匠精神，是指从业者对产品的设计、制作和生产等整个过程精雕细琢、精益求精的工作状态与精神理念，是"精于工、匠于心、品于行、化于文"，体现的是技能的极致和完美、工作的专注与坚守，发扬的是乐业敬业的职业态度。工匠精神体现于劳动者的价值追求和综合素质上，落实在产品的质量和生产的各个环节上。现代工匠精神与传统和西方工匠精神有联系也有区别，它是社会主义条件下适应时代要求、有中国特色的"大国工匠"精神。工匠精神作为一种对工作精益求精、追求完美与极致的优秀的精神理念与职业品质，在今天依旧具有重要的社会价值。现代工匠精神是社会文明进步的重要尺度，是中国制造前行的精神源泉，是企业竞争发展的品牌资本，是员工个人成长的道德指引。

闽西职业技术学院在国家骨干高职院校和省示范性现代职业院校建设中，立足红土地，突出"红"的特色，发挥红色文化资源的教育优势，不断推进"以红色精神特质为主线的人文素质教育""传承红色基因，培育工匠精神"等特色与创新项目建设，取得了良好成效。近年来，在培养"大国工匠"成为国家意识和社会共识的背景下，在高职教育进入创新驱动发展的新时代和新要求下，学校提出以闽西二十年红旗不倒精神为引领，奋力建设"根植于中央苏区的示范性高职院校"的办学新定位，凝心聚力培养"一技在手的新时代阳光工匠"的人才新规格，这是对传承红色基因和培育工匠精神的积极回应，也是新时代高职教育发展方式的创新。

"一技在手的新时代阳光工匠"的人才培养新规格，提出了一种精神，即把现代工匠精神融入新时代人才培养各环节，造就担当民族复兴大任的时代新人；概括了一种人才，即一技在手，技艺精湛，"术业有专攻"，培养大国工匠人才；坚持了一个方向，即培养"阳光"（包括红色）工匠，塑造德智体美劳全面发展的社会主义事业建设者和接班人。简要说就是为社会主义事业培养具有"红色工匠精神"特质的新时代阳光工匠，解决的是培养什么人、为谁培养人的问题。

当前，全球新一轮科技革命和产业变革风起云涌，新一代信息技术与制造业深度融合，"人类社会正处在一个大发展大变革大调整时代"，正在实施的"中国制造2025"更是加快了推动我国从制造大国向制造强国转化的步伐。由"中国制造"向"中国智造"和"中国创造"迈进，"打造具有国际竞争力的制造业，是提升综合国力、保障国家安全、建设世界强国的必由之路"，在这条路上，具有良好职业素养的技术型人才不可或缺。闽西职业技术学院作为闽西红土地上唯一的高职院校，当积极回应时代要求，植根苏区，努力培养具有红色匠心精神的现代工匠，推动"匠心精神"的传承与创新。

二、红色基因特质的工匠精神

工匠精神与红色基因分属两个维度的精神文化，它们的价值取向有差异。但是文化或精神都是个性和共性的统一、历史和现实的统一，这正是文化互通的基础，是有机"接轨"的地方。红色基因是中华民族先进分子在特定的历史节点上，对世界观、人生观和方法论上独特的精神领悟，其博大精深的文化思想体系，是人类社会极富原创性的文化资源，与同属人类文明范畴的工匠精神可谓"两峰对峙，二水分流"，形成互补、勾连。红色基因所体现的理想信念和意志品质与工匠精神所具备的敬业、专注、耐心、执着、坚持、创新等精神特质和价值追求亦是殊途同归、交相辉映。

　　红色基因特质的工匠精神，简称"红色工匠精神"，是指在职业活动中传承中国共产党红色文化，需要在当代孕育的一种更丰富更高层次、具有"红"的价值塑造特性的现代工匠精神，是红色精神文化的一个组成部分。红色工匠精神的特点，就是通过红色基因与现代工匠精神的有机"接轨"融合，在传承红色基因中丰富工匠精神的内涵，使工匠精神不仅具有民族特点、时代特性，而且具有红色烙印、社会责任，成为一种更高层次更为先进的价值取向。红色基因作为最具核心竞争力的精神文化，其与时俱进的哲学慧根和敢走创新路的意志品质，能够使中国特色的"大国工匠"真正成为中国社会主义事业的合格建设者和可靠接班人，这是对时代呼唤中国特色工匠精神的有力回应，也是社会主义大学的政治责任。

　　红色工匠精神具有丰富的内涵，除了科学的世界观、人生观、价值观和中国特色社会主义理想信念等，从红色基因与工匠精神有机融合的角度，至少还包括以下三个方面：

　　忠于职守的敬业精神。敬业是一种情怀，反映的是职业态度，是红色工匠精神的前提。中国共产党人是忠于职守的模范，在革命和建设工作中忠于党忠于人民，为着崇高的理想信念兢兢业业、矢志不渝，留下了许多英雄人物、劳动模范的动人事迹。红色基因特质的工匠精神，就是要在新形势下传承中国共产党人的敬业精神，热爱自己的工作岗位，敬重自己从事的职业，遵纪守法，尽职尽责，干一行爱一行，爱一行钻一行。这种"对自身职业和工作高度认同"的职业操守，不仅把工作当作挣钱养家的途径，而且当作一种事业、一种文化来传承，有敬畏之心甚至有一种使命感和神圣感。

　　追求卓越的精业精神。精业是一种执着，反映的是职业水准，是红色工匠精神的核心。追求卓越，是共产党人的政治本色和价值追求。回首波澜壮阔、艰苦卓绝的中国共产党历史，正是无数为理想而生、为梦想而活的共产党人，把马克思主义与中国革命、建设和改革实际相结合，自强不息，知书强能，努力创造一流业绩，才换来了今天的和平安宁。红色基因特质的工匠精神，就是要在职业活动中抱着服务他人和社会的执着，崇尚质量，"术业有专攻"，进而在制造自己作品特别是打造品牌时，以精湛技艺表现出注重细节、心无旁骛、追求完美、精益求精的精神追求。

　　艰苦奋斗的创业精神。创业是一份坚守，反映的是职业目标，是红色工匠精神的保障。艰苦奋斗是共产党人的优良传统和作风，也是必须坚持和发扬的创业精神。艰苦，不是贫穷，而是一种境界。中国共产党 100 年的历史实践证明，党号召并倡导的艰苦奋斗精神，对于激励全党、全国人民积极投身我国革命和建设事业，克服困难、不懈奋斗，产生了十分巨大的作用。红色基因特质的工匠精神，就是要一切从群众的利益出发，以高度的社会责任感和对工作的专注与坚守，对所从事的职业有一种奉献精神、牺牲精神，耐得住寂寞，不贪图名利，并且能够创新创造，有所作为、有所成就。

红色工匠精神是一种更为先进的价值取向，是工匠精神的"红"的升华，具有主流性、时代性、职业性、感染力以及民族性、传承性等特征，高职院校具有独特的育人价值，更应坚持把立德树人作为中心环节，加强学生人文素质和职业精神培养。

（一）有助于培育社会主义核心价值观

2014年10月31日，习近平总书记出席在上杭县古田镇召开的全军政治工作会议时指出："要把理想信念的火种、红色传统的基因一代代传下去，让革命事业薪火相传、血脉永续。"红色基因特质的工匠精神，因其"红"的特性而具有主流性。把红色基因作为"最好的营养剂"，把红色工匠精神作为重要的精神价值，能够增进当代大学生成长成才的正能量，这与弘扬社会主义核心价值观是完全一致的。一方面，红色基因与社会主义核心价值观形成路径一致。它们都是中国共产党以马克思主义为指导并在长期革命和建设过程中逐步形成的。红色基因是社会主义核心价值体系的重要渊源和精神纽带。另一方面，红色工匠精神与社会主义核心价值观精神实质相通。它们在精神层面上的一致性，可以概括为：以爱岗敬业、奉献社会为己任，以人的自由全面发展为终极目标，力求实现民族复兴、国家富强。

（二）有助于增强大学生职业道德素养

红色基因特质的工匠精神，因其明显的职业性特点，成为社会主义职业道德不可或缺的时代内容。红色工匠精神所包含的严谨细致的工作态度、坚守专注的意志品质、自我否定的创新精神以及精雕细琢的工作品质，与爱岗敬业、服务群众、奉献社会等职业道德要求具有内在的一致性。加强红色工匠精神教育，能够促使大学生力戒浮躁不专、贪图享乐、消极保守和自由散漫等问题，发扬精益求精、艰苦奋斗、开拓创新和团结协作等精神。红色工匠精神将以崇高的价值追求，引领大学生这一未来的职业工作者，以技艺的精湛和作品的完美为学习追求，在融入时代要求中不断完善自身社会化，在对他人和社会的责任中提升个人潜在价值，在未来职业生涯中更好地实现人生价值。

（三）有助于提高思想政治教育实效

培育红色基因特质的工匠精神，是一种新的思想政治教育任务。红色文化蕴含着丰富的教育资源，具有良好的榜样示范功能，能够有效提高大学生思想政治教育实效。

红色文化资源包括两个方面，一方面是物质形态的红色资源；另一方面是精神形态的红色资源。红色基因属于精神层面的文化资源，是红色精神文化最具核心竞争力的部分。

红色基因及其物质载体在现代工匠精神培育中具有显著优势：一是内涵丰富。如福建是著名的中央苏区和革命老区，全省84个县中有67个老区县，其中原中央苏区县已经认定的有20个，红色文化资源非常丰富，可以充分利用红色精神内涵及其载体，让红色基因融入大学生血脉。二是典型具体。各个地方的红色资源各具特色，其精神内涵有形式多样的物质载体，目睹实景，触摸实物，聆听讲述，使抽象变得具体，有利于采取多层次多角度的宣传教育渗透。三是感染力强。各种遗物、遗址、影视、歌曲、故事等更直观更形象，联结着清晰可辨、并不遥远的历史真人真事，身临其境的视觉效应和心灵感悟，能够产生超时空的强烈感染力、说服力和震撼力。

三、植根苏区，铸造红色匠心

（一）红色匠心——苏区精神的时代续写

自古以来，中国并不缺乏匠心精神。只不过，在尚未完全成熟的市场经济中，利益的驱动，人心的浮躁，让一些人忘了初心，失了本真。因此，重拾"工匠文化"、重塑"匠心精神"迫在眉睫。

"匠心精神"作为职业素养的核心体现，是从尽职尽责的敬业精神向追求完美的精业精神、勇于开拓的创新精神的迈进和提升，是敬业精神、精业精神与创新精神的完美融合。"红色匠心"将工匠精神培育与红色基因传承有机融合起来，在于推动职业能力和技术的内化和提升，实现从匠人到匠心的文化凝练，这是一个促使外显的"匠"向内隐的"精神"提升的以"文"化人的过程，也是一条新时代"红色工匠精神"培育的重要内容。

匠心精神的培育需要坚定文化自信。"中华民族有着深厚文化传统，形成了富有特色的思想体系，体现了中国人几千年来积累的知识智慧和理性思辨，这是我国的独特优势。"只有对自己的国家、民族的历史文化有高度的文化自觉和文化自信，才能在意识中认同和接受自己的文化，才有对发展文化的历史责任的主动担当。"匠心精神"有着悠久的历史和广泛的传承，是中国优秀传统文化的重要组成部分。"红色匠心"精神作为红色文化，是我们党和国家宝贵的精神财富，充分挖掘、弘扬这一精神，创新性地结合当代文化，培养出具有开拓意识、创新精神和国际视野的新一代能工巧匠，是职业教育的重要工作。

2011年11月，习近平总书记在纪念中央革命根据地创建暨中华苏维埃共和国成立80周年座谈会上指出："在革命根据地的创建和发展中，在建立红色政权、探索革命道路的实践中，无数革命先辈用鲜血和生命铸就了以坚定信念、求真务实、一心为民、清正廉洁、艰苦奋斗、争创一流、无私奉献等为主要内涵的苏区精神。""红色匠心"是对苏区精神的时代续写，是创新创业的决心、永不言弃的恒心、甘于奉献的责任心在现代职场中的生动体现。

1. 创新创业的决心

苏区是我们党开辟开创中国革命伟大事业的起点，中国共产党自诞生后就将争取民族独立、人民解放、实现国家富强、人民幸福作为自己的伟大事业和奋斗目标，苏维埃临时中央政府的成立，标志着在这块土地上空前地建立了民主制度，社会最底层的人民破天荒地享受了基本的民主权利。苏区的伟大实践为开创大国伟业积累了治国理政的经验、提升了执政为民的能力。这是一种开疆拓土的壮志豪情，是创新创业的坚定决心，是当代职场中全神贯注、全心投入的职业精神，是事业成功、创造不朽作品的敬业意识。

2. 永不言弃的恒心

恒心是持之以恒的耐受力、持久不变的意志力，是坚持达到目的或执行某项计划的毅力。当国内革命形势处于低潮，苏区的发展出现了曲折、甚至严重挫折时，面对革命征途上的巨大牺牲，广大红军将士与闽西苏区人民仍然坚定"星星之火，可以燎原"的信念，以永不言弃的毅力和恒心，前赴后继，义无反顾，在艰难困苦的条件下，坚持革命斗争。闽西苏区"二十年红旗不倒"的经验告诉我们，无论做什么事，从事什么职业，当面对不断出现的新课题，当各种失败的打击不断地蚕食我们的精力的时候，能不能始终抱有永不言弃的恒心是事业成功的关键。

3. 甘于奉献的责任心

闽西苏区人民在革命战争年代始终坚守革命事业，将自己的青春、热血和生命播撒，谱写出无私奉献、不怕牺牲、一往无前、勇于捐躯的中国革命精神的篇章，构成了苏区精神的重要内容，这是一种大情怀、大担当，是高度的事业心和责任心，这种精神正是在塑造"大国工匠"中应当传承并发扬光大的"红色匠心"。虽然每个人的行业不同，岗位不同，但胸怀祖国，心有理想，在还不具备相应的政策环境、薪酬分配

失衡的情况下，克服浮躁的社会心理，坚守内心的价值追求，以苏区精神为指导，发挥自己的聪明才智、敬业勤勉和无私奉献，在本行业和领域担大任、干大事、成大器、立大功，是每一个职业人都应当具备的"匠心精神"。

闽西职业技术学院作为闽西红土地上成长起来的唯一的高职院校，当立足闽西苏区，大力弘扬闽西红色文化，坚持以"文"化人、以"文"育人，用中华优秀传统文化和中国革命精神文化为师生"树魂、立根、打底色"，为"中国创造"铸造红色匠心。

（二）根植苏区——红色文化的浇灌培育

让年轻人感悟革命年代，首先是把精神元素提炼出来，比如，当年革命先烈为什么干革命，为什么去奋斗，是什么精神力量在支撑着他们？挖掘红色资源，能够解决"用什么培养人"的问题。要加强闽西红色文化研究，让中央苏区精神、古田会议精神、红旗不倒精神、溪南土改精神、才溪乡调查精神等有机转化为社会主义核心价值观教育的重要内容，打造有代表性的红色文化精品。要把红色资源和革命精神融入高校课程体系中，编辑出版特色教材，以时代视角诠释好红色基因、红色传统的内涵与本质，揭示红色文化与社会主义核心价值观的共通与表现，实现红色资源、教材资源到教学资源的有机转化。随着信息网络技术的发展，网络已经成为"一个社会信息大平台，亿万网民在上面获得信息、交流信息"，要借助现代网络信息技术和媒体资源，打造红色资源利用的"网红节目"等新的平台载体，创新和丰富对红色资源利用的方式方法及鲜活材料。

校园景观"红旗不倒"雕塑（涂水发 摄）

遍布闽西、为数众多、各具特色的红色遗址、遗迹、革命纪念地等，是根植苏区育人的物化载体。在长期的革命斗争中，闽西人民在党的领导下，创建了众多的革命根据地和红色政权，也因此留下了不可数计的党史重要事件、重要会议及人物活动纪念地、革命领导人故居、重要战役战斗纪念地、革命烈士陵园和烈士墓等各类革命遗址。在龙岩，现有4个全国爱国主义教育基地（古田会议纪念馆、毛泽东才溪乡调查纪念馆、中央苏区（闽西）历史博物馆和长汀县瞿秋白烈士纪念碑）；2个省级爱国主义教育基地，28个市级爱国主义教育示范基地。这些物质形态的党史文化遗存，是闽西、福建乃至中国革命斗争历史的重要见证，是红色基因的重要载体，铭刻了中国共产党领导闽西人民艰苦奋斗、勇于牺牲、敢于胜利的革命精神。同时，诞生并流传的闽西红色文学艺术作品和民间故事、歌谣、标语等，是根植苏区育人的非物质遗产。在长期的革命斗争中，闽西老区的革命文艺工作者走文艺为人民大众、首先是为工农兵服务的道路，创作了一大批鼓舞人民斗志、永载党的史册的革命文艺作品，留下了许许多多的小说、诗歌、戏剧、音乐、歌曲、舞蹈等文艺精品；闽西老区人民的群众性、地方性文化活动也十分活跃，创造和发展了漫画、美术、标语等各类民间艺术。这些精美的非物质文化遗产，记录着闽西人民在党的领导下前赴后继的奋斗足迹，讴歌了伟大的革命精神和民族精神，是反映红色基因的精品力作和艺术瑰宝。

革命先烈在闽西留下的革命精神和锻造的优良作风，是根植苏区育人的宝贵财富。当年开创闽西中央苏区的过程中，毛泽东等老一辈无产阶级革命家都曾在闽西从事过波澜壮阔的革命实践，并在理论上进行了积极探索。这些实践和探索，涵盖了党的建设、人民军队建设、革命道路建设、土地革命政纲建设、人民政权建设、毛泽东思想的初步形成等各个方面。在长期的革命斗争中，闽西这块红色的土地上培育和形成了丰富的红色文化，主要包括：以"坚定信念、求真务实、一心为民、清正廉洁、艰苦奋斗、争创一流、无私奉献"为主要内涵的中央苏区精神，以"思想建党、政治建军"为核心的古田会议精神，"坚定信念、艰苦奋斗、求真务实、一心为民"的红旗不倒精神，"依靠群众、求真务实"的才溪乡调查精神，"敢于创新、公平正义"的溪南土改精神，以及"苏区干部好作风，自带饭包去办公，日着草鞋干革命，夜打火把访贫农"和"干革命走前头、搞建设争上游"等优良传统。这些伟大的革命精神和优良作风，彰显着马克思主义理论的光辉，体现着党的根本宗旨和要求，是闽西红色基因的政治根基和思想源泉。

闽西人民为中国革命作出的重大贡献和英勇牺牲，是根植苏区育人的珍贵资源。在中央苏区成立以前，闽西是闽粤赣三省边界红色区域主体；中央苏区形成后，闽西苏区的人口和地域占整个中央苏区的2/5左右，在中央苏区的政权建设、经济建设、军事斗争等许多方面占有突出的地位和作用。闽西苏区致力于发展苏区经济，创造了

许多宝贵的经验。特别是作为赣南、闽西各县物资集散地的汀州，其当年的手工业、公营工业占了整个中央苏区的一半，这里交通方便，商店林立，市场繁荣，被誉为"红色小上海"，闽西由此成为中央苏区的经济中心。闽西是福建最早也是全国较早创建红军的地方，有近10万工农子弟加入红军，先后创建5个军，中华人民共和国成立后授衔的十大元帅和十位大将中有九位元帅、八位大将在闽西战斗过；在20世纪五六十年代授衔的将军中闽西籍有68位，占福建籍将军总数83位的83%。

四、让红色基因融入大学生血脉

工匠精神，特别是"红色"工匠精神，应该成为职业教育的灵魂，成为接受职业教育的学生的价值追求、向往境界。工匠精神是一种深层次的文化形态，是一种职业态度和精神理念，需要在长期的价值激励中逐渐形成，需要源头的培育。高职教育就是这种源头培育，肩负着培养、训练有开拓创新意识、良好职业操守和专门技术技艺的高素质技能型人才的使命。因此，让高职学生既有过硬的专业技能，又有较高的综合素质，具备可持续发展的条件，是高职学校责无旁贷的责任。

在上杭古田召开的全军政治工作会议上，习近平总书记提出："要在政治工作的发源地进行情景教育，寻根溯源、正本清源，传承红色基因，不忘本、不迷途，从历史中汲取前进的智慧营养。"闽西党和人民在火热的革命实践中铸造了红色基因，传承好红色基因、唱响好红色文化是闽西儿女义不容辞的政治责任。今天，我们面临的各种诱惑和考验明显增多，因此要激活和传承红色基因，在潜移默化中将红色基因融入大学生的血脉，让红色基因成为一以贯之、永不褪色的精神力量，让党的宝贵精神财富彰显出新的时代价值。

"共和国是红色的，不能淡化这个颜色。"如何实现红色基因与工匠精神的有效融通，培育新时代"阳光工匠"，实现"树魂、立根、打底色"的教育目标，是当前亟须解决的一个重要问题。构建校园文化、教育教学与实践活动"三位一体"的立德树人模式，是实现红色工匠精神育人价值的重要路径，解决的是怎样培养人的问题。

（一）融入校园文化，在营造红土育人氛围中"怀匠心"

工匠精神蕴含的职业理念和价值取向与社会主义核心价值观、红色文化内涵高度一致，不单要成为制造业的发展准则，也要成为高等职业院校校园文化的价值导向。红色文化是红色基因特质的工匠精神培育的优质资源，其内在精、气、神能对良好文化氛围的营造起到引领渗透的重要作用。在大力弘扬工业文化、职业文化的同时，要积极弘扬红色文化和工匠精神。

一是构建滋养工匠精神的价值体系。做好顶层设计，组织开展文化育人的系统研究，在深入研究闽西红色文化资源有效转化为独特的育人资源的基础上，加强红色文化推动现代工匠精神培育的实证研究，探求红色文化与现代工匠精神培育的契合点，通过搭建机制、创设平台，让敬业执着、吃苦耐劳、精益求精、勇于创新成为广大师生自觉的价值追求，从而构建起当代红色工匠精神价值培育体系。

二是培育红色工匠精神的师生认同。重视红色文化的科学价值导向和崇高精神追求，充分挖掘红色文化的时代内涵，提升红色文化育人的实效性；通过宣传、研讨、讲座、观看《大国工匠》纪录片、开展"红土工匠之声"红歌会、举行《红旗不倒》大型演唱会、组织"健全人格，阳光工匠"主题活动、修订《校园文化手册》等各种途径，突出红色文化特色，促使"一技在手的新时代阳光工匠"的人才培养规格深入人心，使弘扬工匠精神成为师生的文化自觉和认同。

三是培实滋养工匠精神的人文土壤。通过"育匠园""红色长廊""工匠雕塑""红旗不倒"等校园景观建设、校园文化视觉识别系统建设、各种校园文化系列活动及各类宣传阵地和宣传手段，传播好典型的真实故事、精神品格，展示师生的科研和技能作品、社团成果、影像资料等，大力宣传"精于工、匠于心、品于行、化于文"等工匠精神内涵，突出红色文化特色，营造耳濡目染氛围。通过生动案例感染师生、引导师生，让师生在鲜活的案例和作品中体会并感知工匠精神。

校园景观"育匠园"（林振东 摄）

（二）融入教育教学，在创新红土育人载体中"树匠魂"

注重人文知识融通，积极搭建平台、营造氛围，引导师生在知识交会中感受文化、拓宽视野。高校教师要将红色文化、工匠精神引入教育教学过程，积极推进红色文化、工匠精神与专业课程、思政课程和日常教育相结合。

一是课程思政突出"红"的特色。全面深入推进课程思政建设，将红色工匠精神培育与企业用人标准、职业资格认证标准、专业教学标准一起纳入"专业群和特色专业人才培养方案"，把红色工匠精神有机地融入教学安排、产教整合、技能提升之中。组织专业主任开展红色工匠精神培育专题研讨，编辑红色"课程思政"系列读本，开展"追随红医的脚步""闽西红色金融""苏区建筑红色印象"等教育。通过"课程思政"守好一段渠、种好责任田，扎实培养学生"为人之德、为业之道、为事之术"，充分体现红色基因特质之"特"，如特别爱专业、特别能吃苦、特别讲认真等，使教学过程具有价值性、人文性和思想性，让学生在教学、实训中感知红色精神的价值和内涵。

二是打造红土特色思政"金课"。在思政课教学过程中深入研究红色基因与工匠精神培育的有机融通，激活红色基因的精神密码，突出高职学生认知行为特点，优化思政课教学内容，在课程教学中注意诠释传播红色工匠精神。开设《红旗不倒——闽西为什么能》等特色课程，作为必修课安排学分，并形成教学体系和评价体系。讲好红色故事，特别是闽西革命中可歌可泣的感人故事，使红色传统不仅更加具体形象，而且可模仿可实现，有效激起当代大学生的思想情感共鸣。利用网络平台，打造党建网红节目，通过互联网直播，用精炼的方式讲述革命岁月的红色基因、红色传统。

三是让精细化思政工作"活起来"。将红色工匠精神培育有效纳入学生思政工作体系，有效融入大学生日常学习生活工作之中，通过"三全育人"模式，使弘扬工匠精神成为师生的文化自觉。强化"辅导员+班主任+训导师"三维育人体系，健全完善"红土在线学习平台"，在"第三本证书"中突出红色工匠精神培育。发挥大家名师、企业专家、优秀校友在学生思政工作中的应有作用，用他们的亲身经历来说服、感染、启发学生。注重用红色工匠精神引领校风、学风，促使学生坚定理想信念之"魂"、立牢民族精神之"根"、夯实职业道德之"基"、增强大国工匠之"能"。

（三）融入实践活动，在加强红土育人渗透中"践匠行"

马克思曾指出："全部社会生活在本质上是实践的。"思想政治教育是一项产生于实践、面对现实、立足需要、不断解决现实问题的特殊教育活动，也是一个政治实践和教育实践相统一的社会实践过程。因此，要将红色文化、工匠精神有机渗入学生行为养成，广泛组织与红色文化、工匠精神有关的活动，让学生身临其境，感受红色文化魅力，领悟现代工匠精神。

一是融入创新创业教育和职业技能大赛。构建实践教学体系，推进"特长生工作室"项目改革，设立创新创业竞赛奖励金，实施"十百千"创业教育工程，在创新创业竞赛中培养艰苦奋斗的创业精神。推进50个"特长生工作室"项目改革，强调在"师徒式"指导训练中培育品格的榜样、技术的能手，在各项大赛中体现追求卓越的精业精神，展现使命感、成就感，增强红色工匠精神培育实效，在技能大赛中体现追求卓越的精业精神。

二是融入思政课的专题现场教学。组织学生带着任务参观博物馆、革命旧址、纪念馆等红色教育基地，结合思政课教学内容开展主题现场教学，在红色教育基地直观形象的现场教学中感悟红色工匠精神，践行社会主义核心价值观。

三是融入红色主题社会实践活动。组织安排学生开展"传承红色血脉、庚续红旗不倒"体验教育、"红土精专、匠心传承"文化调研、"走进红土地"采风活动、暑期"三下乡"社会实践活动等，调研红色人物事件，搜集整理发生在红土地的红色故事、工匠传奇等，用激情追寻红色记忆，用心灵书写红色感悟，培养职业道德素养。

近年来，闽西职业技术学院围绕"一技在手的新时代阳光工匠"的人才培养目标，积极探索工匠精神与红色基因的有机融合，不断推进"三位一体"的红色工匠精神育人工作，有效促进了学院人才培养模式改革和各项事业科学发展。一是推进了我院"省示范性现代职业院校"的特色项目建设，各项制度、措施、活动有序推进，"劳动光荣、技能宝贵、创造伟大"的工匠精神深入人心。二是推动了职业技能大赛和创新创业教育的历史性突破，学生参加全国职业院校技能大赛获多个一、二、三等奖，充分彰显了我院红色工匠精神育人的丰硕成果。三是助力了龙岩市"创新型工贸旅游强市"建设发展，学院正成为龙岩市的"三区"：经济社会发展"服务区"、中心城市文化"核心区"、现代红色工匠"锻造区"。在红色工匠精神的熏陶下，我院毕业生怀着绿叶对根的情意，回报红土地、建设红土地、服务红土地，受到用人单位和政府部门的肯定。

2020年，闽西职业技术学院《高职院校"一塑造三融入"红色工匠精神培育模式研究与实践》获福建省职业教育教学成果奖一等奖。

附　录

光辉历史的见证

　　革命文物、遗址、纪念馆等是见证光辉历史的最直接、最真实形象，是红色文化的主要物质载体和语境表达，是中国共产党最重要、最珍贵的家产，是中国共产党和中国红军从胜利走向新的胜利的文化符号和精神坐标，并不断激励着后来者不忘初心，继续前进。

辛耕别墅

　　辛耕别墅原系民国时期长汀商会会长卢泽林的别墅。在长汀县城关，坐西朝东，是一座典型的客家传统民居建筑，土木结构的二层楼房，占地面积532平方米，由外而内依次为大门、庭院、门楼、天井、大厅、后厅和天井。大厅前的天井左右有四间对称厢房，大厅与后厅左右各有2个房间。毛泽东、朱德分别住在大厅左右房间，后厅楼上有3个房间。1929年3月14日，红四军司令部和政治部设于此，毛泽东、朱德、陈毅在此召开了红四军前委扩大会议。

辛耕别墅（涂水发 摄）

1929 年 3 月 20 日，毛泽东主持召开红四军前委扩大会议，长汀临时县委负责人段奋夫等也列席了此次会议。会上，毛泽东对红四军离开井冈山以来的工作进行了总结，并提出转战赣南、闽西 20 余县开辟新的革命根据地的战略方针，"以闽西、赣南20 余县为范围，从游击战术，从发动群众以至公开苏维埃政权割据，由此割据区域，以与湘赣边界之割据区域相连接。""唯闽西赣南一区内之由发动群众到公开割据，这一计划是决须确立，无论如何，不能放弃，因为这是前进的基础。"根据这个宏伟的蓝图，两年多后，建立了中央革命根据地，成立了中华苏维埃临时中央政府。后来，美国著名记者史沫特莱在延安采访朱德总司令时，朱德动情地说："长汀果然是中国革命的转折点。"

文昌阁

中共闽西第一次代表大会会址——文昌阁，位于上杭县蛟洋乡蛟洋村，它建于清乾隆六年（1741 年），砖木结构，宝塔式的古建筑，塔高 26.9 米，主阁外观六层、内四层，为中国罕见的"悬臂梁"结构。总占地面积 1 500 平方米，旁侧辅建有天后宫和五谷宫。文昌阁为古代文人聚会的地方，每年"会试""文会""祭祀"均在此举行。辛亥革命后，改办为学校——广智小学，邓子恢等人就曾任教于此，并开展革命活动。

1929 年 7 月 22 日至 29 日，中共闽西第一次代表大会在文昌阁二楼召开。参加会议的有邓子恢、张鼎丞、郭滴人等 50 多人，代表闽西 3 000 多名党员。毛泽东、谭震林、江华、蔡协民、曾志等代表红四军前委出席会议。中共闽西"一大"集中讨论了政治问题和土地问题。会议讨论并通过了《中共闽西第一次代表大会之政治决议案》《苏维埃政权决议案》《土地问题决议案》《妇女问题决议案》等重要文件，选举了由 15 人组成的中共闽西特委，邓子恢为特委书记，蔡协民为组织科长，蓝鸿翔为宣传科长，张鼎丞为军事书记。中共闽西"一大"所通过的各项决议案，不仅指导闽西苏区顺利地完成了土地革命任务，而且对其他革命根据地以至解放后的土地改革都产生了重大影响。

临江楼

坐落于上杭县城浮桥门东边，占地面积 465 平方米，砖木结构，是一座闻名遐迩的革命小楼。原是"广福隆"货栈旧址，也是行栈业老板的别墅。这里先后设过酒店，经营过油、盐、米、豆生意。后因设酒楼，又面临汀江，故改名为"临江楼"。

临江楼（王培林 摄）

1929年10月上旬（重阳节前夕），毛泽东再一次来到上杭，就住在临江楼二楼的东厢房，当时毛泽东正身患严重的疟疾病，是由几个赤卫队员用担架抬着，从永定合溪一路护送着来到刚解放的上杭城。第二天清晨，毛泽东伫立"临江楼"二楼正厅前，迎着深秋劲风，望着对岸漫山遍野盛开的菊花和奔流不息的汀江水，想着红四军入闽半年多来的战斗历程和闽西土地革命如火如荼的景象，触景生情，抒写了《采桑子·重阳》词一首：人生易老天难老，岁岁重阳；今又重阳，战地黄花分外香；一年一度秋风劲，不似春光；胜似春光，寥廓江天万里霜。毛泽东在临江楼住了20天左右，于10月下旬离开上杭途经水西渡、将军桥、白砂前往中共闽西特委机关所在地苏家坡指导工作。

望云草室

位于连城县新泉乡新泉村。原系建于清代咸丰年间的张氏家祠书院，为一厅四室的砖木结构小平房，翘角门楼，条石门框，石门楼横额刻"望云草室"四字，两旁石刻正楷竖联为"座中香气循花出，天外泥书遣鹤来"，正厅横匾刻唐代诗人韩愈行草字体"鸢飞鱼跃"四字，室内有前后厅和天井，三合土的地面，进深15.5米，面积163平方米。

望云草室（涂水发 摄）

1929 年，红四军两次进驻新泉期间，前敌委员会均设此，毛泽东、朱德、陈毅同志在内办公、居住。旧址附有工农妇女夜校、士兵调查会址、官庄农民调查会址。1929 年 12 月，红四军为召开古田会议，在新泉进行了为期 10 天的政治、军事整训和开展广泛的社会调查工作。毛泽东亲自指导创办了工农妇女夜校，还召开了士兵调查会和官庄农民调查会。在一间五六平方米的房间内，毛泽东起草了《古田会议决议案草案》。1929 年 12 月 28 日至 29 日，中国共产党红军第四军第九次代表大会在上杭古田召开，通过了毛泽东起草的《古田会议决议案》。

中兴堂

红四军司令部旧址——中兴堂，位于上杭县古田镇八甲村，建于清嘉庆十年（1805 年），属围垅式建筑，房屋布局为一正三横。1929 年 12 月，毛泽东、朱德、陈毅等率领红四军进驻古田，红四军司令部设在中兴堂。朱德同志住在后厅左厢房。

红四军进驻古田后，毛泽东、朱德、陈毅等人在这里召开了各级党代表联席会议，号召到会的同志共同起来肃清各种非无产阶级意识。经过 10 多天的学习和讨论，代表们加深了对党内各种非无产阶级错误思想的认识，提出了纠正办法。

朱德军长除了积极协助毛泽东开好各种调查会、座谈会，整理材料，为古田会议的召开作思想上和组织上的准备外，还在这里起草了"关于军事问题的报告"，在古田会议上宣读，同时根据战争实践中总结出来的新鲜经验，亲笔撰写了一万多字的《新

游击战术》。这是一部崭新的马列主义军事著作，它深入浅出，注重实践和战例的分析，用生动通俗的语言剖析军事理论。

松荫堂

松荫堂，又名永东楼，位于古田镇八甲村，始建于清嘉庆十二年（1807年），属砖木结构，属围垅式建筑，二层二进五厅七开间土木楼房，建筑面积850平方米，占地面积1 235平方米。房屋布局为一正两横，正楼分正门、前厅、天井、大厅、厢房和后厅，两横是两侧护厝。大厅为叠高平房、后厅为二层楼房。整座建筑融合了南方建筑和客家建筑的特色，飞檐翘角，雕梁画栋。

松荫堂（王培林 摄）

1929年12月中旬，毛泽东、朱德、陈毅等率领红四军进驻古田，把前委机关和政治部安扎在松荫堂。毛泽东、陈毅以及前委机关和政治部的工作人员也住在这里，积极为即将召开的红四军党的第九次代表大会作准备。前委书记毛泽东在此起草完成了两万余字的《中国共产党红军第四军第九次代表大会决议草案》，为古田会议的胜利召开奠定了坚实的基础。

廖氏宗祠

古田会议会址，原为"廖氏宗祠"，又名"万源祠"，位于福建省龙岩市上杭县古田镇采眉岭笔架山下。会址坐东朝西，始建于清宣宗道光二十八年（1848年），单层歇山四合院式砖木结构宗祠建筑，祠堂由前后厅和左右厢房组成，建筑面积826平方米。民国初为"和声小学"，1929年5月红军第一次挺进古田，将其改名为"曙光小学"。

1929 年 12 月 28 日至 30 日，中国共产党红军第四军第九次代表大会（即古田会议）在这里召开。大会主席台设在上厅北边，主席台有一张讲台，背面是木黑板，会场排着课桌椅。北边墙上方悬挂着"中国共产党红军第九次代表大会"；横幅：中间是中国共产党党旗；下方是马克思、列宁的半身像，像的左外侧是一个挂钟。上厅的四根圆木柱上贴有革命标语。会议期间，毛泽东把右边厢房第一间作为办公和休息的地方。会址左边有荷花池，右边有红军检阅台。

在毛泽东、朱德、陈毅的主持下，古田会议讨论并通过了由毛泽东主持起草的《中国共产党红军第四军第九次代表大会决议案》（简称《古田会议决议》）。《古田会议决议》共分 9 个部分，着重强调红军是"一个执行革命的政治任务的武装集团"，它必须服从党的领导，树立无产阶级思想，纠正单纯军事观点、极端民主化、非组织观点、绝对平均主义、主观主义、个人主义、流寇思想、盲动主义残余等；强调红军不但要打仗，而且要担负起宣传群众、组织群众、武装群众等项任务；并且要在军内外建立正确关系，对敌军采取正确政策等。古田会议决定取消红四军军委，选举毛泽东、朱德、陈毅、林彪、谭震林等 11 人为前委正式委员，毛泽东任书记。古田会议确立了建党建军思想，强调党对军队的绝对领导，为毛泽东思想的形成奠定了一块重要的基石。

树槐堂

树槐堂位于古田镇苏家坡村，相传这是一位到过四川、参加过张献忠农民起义的苏家坡人雷进坤，因农民起义失败回家隐居而建造的土木结构住房，占地 1 100 平方米，为全国文物保护单位。

树槐堂（林振东 摄）

1929年下半年至1930年春，闽西党的主要领导机关——中共闽西特委就设在这里。当时闽西特委的主要领导人邓子恢、蔡协民等人都曾住在这里。树槐堂的前厅是特委设立的印刷所，中厅是特委会议室，后厅是平民小学校址。

1929年10月，朱德军长奉命率领红四军出击东江后，在地方指导工作的毛泽东就和贺子珍等人随闽西特委机关搬到苏家坡，居住在树槐堂后楼左侧的小阁楼上。在树槐堂左侧半山腰上有一天然岩洞——主席洞，是毛泽东当年休息、读书的地方。

协成店

毛泽东《星星之火，可以燎原》写作旧址协成店，位于上杭古田赖坊村，1922年建造。协成店坐西朝东，檀式建筑，二层砖木结构，建筑精美。1929年12月中旬，红四军进驻古田，林彪率第一纵队司令部设于此。

在古田会议刚刚闭幕、喜迎1930年元旦之际，时任红四军前委委员、第一纵队司令员的林彪给毛泽东写了新年贺信，再一次流露出了"红旗到底能打多久"的悲观情绪。1930年1月初，经过深思熟虑的毛泽东在协成店一间简陋的房间里，给林彪写了一封近万言的回信。毛泽东针对林彪等的悲观思想进行了全面分析和有力的批判，在信中特别强调坚持农村革命斗争的重要意义。《星星之火，可以燎原》是毛泽东以农村包围城市、武装夺取政权的中国革命道路理论形成的标志。

才溪乡调查旧址

才溪乡调查旧址位于上杭县才溪镇，建于1920年，砖木结构，共二幢平房，占地4 200平方米，建筑面积1 170平方米。1929年7月，才溪区苏维埃政府和才溪区工会办公地点设于此。1930年，为纪念列宁诞辰60周年，把区工会改为列宁堂。

才溪乡调查会址（资料来源：龙岩电视台红土地网）

1933 年 11 月，毛泽东在区苏、区工会分别召开区苏干部、工人代表、农民代表、耕田队长等各种类型的调查会，总结才溪人民的革命斗争经验，写下《乡苏工作的模范才溪乡》（即著名的《才溪乡调查》）。《才溪乡调查》是"没有调查，没有发言权"著名论断的重要支撑，成为中国革命史上深入实际、调查研究、实事求是的光辉典范。

而明确提出"没有调查，就没有发言权"的《反对本本主义》也是毛泽东 1929 年年底、1930 年春在闽西写成初稿的，并于 1930 年 5 月在江西寻乌整理定稿。这篇文章在战争中遗失，直到中华人民共和国成立后才在闽西上杭一位农民家中作为文物征集到。从文章可看出，已初步形成了毛泽东思想活的灵魂的三个方面，即实事求是、群众路线、独立自主。

《反对本本主义》原稿

《反对本本主义》是毛泽东同志在第二次国内革命战争时期的重要著作。1930 年 5 月，毛泽东在江西寻乌调查后，起草了《调查工作》一文，6 月上旬，毛泽东带着初稿来到上杭才溪，交由闽西特委翻印出版。在第五次反"围剿"中，《调查工作》小册子意外散失。毛泽东很是惋惜，"丢掉这篇文章，就像丢掉一个孩子一样，时常想念"。

红军长征后，上杭县茶地官山人赖茂基在家中发现了毛泽东的《调查工作》，此件就是中共闽西特委于 1930 年 8 月 21 日翻印的石印本。他当即把《调查工作》用油纸包好，藏匿在房间的墙洞里，《调查工作》这本小册子因此得以保存。

1955 年 4 月 10 日，中共中央办公厅发出了在全国范围内征集革命历史档案的通知，1957 年 2 月，赖茂基老人毅然把这本小册子捐献给中共上杭县委，后上交龙岩地委。

1960 年初冬，中央档案馆征集科的同志从中共福建省委办公厅报送来的革命历史文件目录中，得知有毛泽东写的《调查工作》这一重要文献。1960 年 11 月，中央档案馆将石印本小册子铅印呈送毛泽东。1961 年 1 月，毛泽东看到了这本小册子，不仅仔细改正了文中的错别字，并改名为《反对本本主义》，还亲笔做了批示："这是一篇老文章，是为了反对当时红军中的教条主义思想而写的，那时没有用'教条主义'这个名称，我们叫它做'本本主义'。写作时间大约在 1930 年春季，已经 30 年不见了。1961 年 1 月忽然从中央革命博物馆里找到，而中央革命博物馆是从福建龙岩地委找到的。看来还有些用处，印发若干份供同志们参考。"

从毛泽东在寻乌调查前的革命实践，到《反对本本主义》的印刷发行，再到它的保管收藏，直至它被重新发现的整个历史过程，无不闪耀着老一辈无产阶级革命家和闽西人民革命斗争的光辉实践。

入党入团誓词旗帜

红军举行入党入团宣誓时所用的一面旗帜，展现在古田会议纪念馆陈列大厅，被许多观众视为人生路标。

红军入党入团誓词旗帜（资料来源：中国共产党新闻网）

这件布质文物长 67 厘米，宽 35 厘米，旗帜上的"CCP"是"Chinese Communist Party"的英文缩写，代表中国共产党；"CCY"是英文 Chinese Communist Youth League 的缩写，代表中国共产主义青年团。

中国共产党自诞生之日起就很重视自身的队伍建设，并不断加强后备力量共青团队伍的建设。1929 年底，古田会议把党的建设问题提高到了一个新的高度，强调要着重从思想上加强党的建设，同时在组织上严格坚持党员标准，以保证党员素质。毛泽东、朱德等红四军领导人要求参加党组织的每名党员必须做到：严守秘密，服从纪律，牺牲个人，阶级斗争，努力革命，永不叛党。这些要求被写在了这面旗帜上。

这面入党入团誓词旗帜曾为当年上杭县白沙区岭背乡党团支部使用过。1929 年，乡苏主席刘金辉就曾庄严地站在这面旗帜下宣誓，成了一名坚强的中国共产党员，此后，他牢记入党誓词，在风风雨雨的峥嵘岁月里，始终坚贞不渝地从事革命斗争，完好地保存下这面旗帜。

《浪花》军报

我军正式出版的第一份铅印军报——《浪花》（创刊号），是在漳平县城的一幢民房墙上发现的。

　　为全面实现红四军前委在"闽西及龙岩、永定、连城、上杭、汀州、武平六县的游击计划"，广泛宣传党和红军的政策，扩大政治影响，1929 年 7 月 27 日，红四军政治部在闽西创办了这份军报。

　　《浪花》（创刊号）是一份四开二版的铅印小报，设有"发刊词""特讯""短评"等栏目，是研究红四军历史以及红军宣传工作的重要实证资料。如今，这件珍贵的革命文物已由古田会议纪念馆收藏陈列，经专家鉴定为国家二级文物。

红军留款信

　　古田会议纪念馆陈列着一件寓意深远的红军留款信。信中写道："老板，你不在家，你的米我买了二十九斤，大洋二元，大洋在观泗老板手礼，红军。"

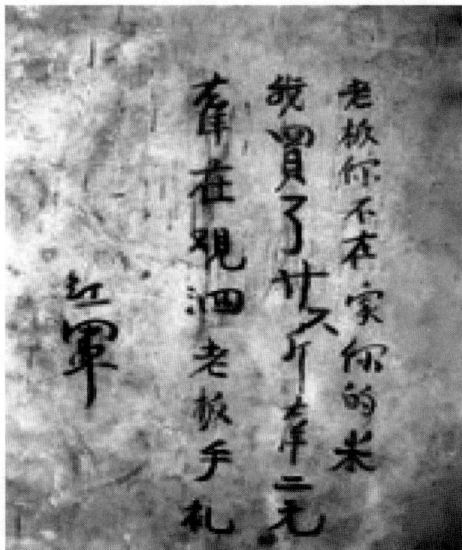

红军写在漳平县杨美村苏家屋墙上的留款信（资料来源：《红色闽西》）

　　1929 年 8 月，国民党纠集了闽、粤、赣三省的兵力开始了向闽西革命根据地"围剿"。为了保卫闽西土地革命的胜利果实，粉碎敌人的三省"会剿"，扩大红色区域，红四军第四纵队在军长朱德的率领下，向闽中进军。当红军进入漳平杨美村时，村里的老百姓由于受国民党反动派的造谣欺骗，对红军不甚了解，为避免再次遭受兵祸之乱的痛苦，纷纷躲进了深山，唯独留下一位胆大的杂货店老板观泗。红军战士在村头的小杂货店中找到观泗老人，向他宣传了红军的宗旨、任务以及红军的纪律，同时请他帮忙购买粮食以解决军中急需。在观泗老人的带领下，红军战士来到群众苏和的家中。主人不在家，米缸中却盛满了大米，红军战士在观泗老人的应允下，以高于市价

的价格买下了二十九斤大米，并在其家中的饭厅的墙壁上写下了这封留款信，将购粮的钱交给了观泗老人。

红军走后，群众陆陆续续地回到了村里。苏和走进家门，一眼就看见了红军留下的留款信，随后又到观泗老板家里拿到了二块大洋，激动不已，逢人便说："红军真好，红军真公道！"

村里群众回到自己家中后，发现未丢失一针一线，大家竞相来到观泗老人的杂货店前，询问这支秋毫无犯的军队在村子里的情况。听了观泗老人的介绍后，人们对红军有了一个崭新的认识，感慨万千地说："这才是穷苦人民的子弟兵！"

过了几天，红四军返回杨美村，村里群众箪食壶浆，夹道欢迎子弟兵，并协助红军侦探敌情，还自告奋勇当向导。在村民的大力配合下，红四军在杨美村附近打了一仗，歼灭了国民党反动派张贞一个团的兵力。

这封留款信，成为红军严格遵守"三大纪律八项注意"和军民鱼水情的实证。

红军墙板诗

在古田会议纪念馆的第六陈列室里，展出了一件平凡又珍贵的革命文物——墙板诗。它由四块棕色木板拼成，板上用毛笔行书体留下了红军烈士姜立生充满革命豪情的壮烈诗篇，至今还清晰可见，历历在目。

诗作者姜立生，原名姜贤文，江西省宁都县黄陂区连陂乡人，1928年底参加红军。为表达向往共产主义的心愿，他取共产主义的"产"字，改名为"立生"。1929年6月，在攻打龙岩城的战斗中不幸身负重伤，被送到蛟洋红军医院治疗，这首诗就是他在红军医院治疗期间写下的。

姜立生在蛟洋红军医院治伤期间，耳闻目睹了蛟洋人民热爱子弟兵的动人情景：村里全部男劳动力都参加了担架队，妇女们则组织义务洗衣队；他们长期帮助伤员理发、送信、购买物品；逢年过节，还主动送肉、送蛋、送米糕慰问伤员。他有感而发，提笔在医院木板墙上直抒胸臆，在"导言"中寄托了他的感激之情："我们是红军第四军第二纵队第三支队第八大队士兵，驻扎在此数十天，多蒙蛟洋列位同志恩泽，招待我们比如兄弟手足更好得多。"接着，他写道："我是赣南宁都住，真正革命到这路；军长下令要包围，一心打倒陈国辉；走上马路连冲锋，反贼尽死江河中；我军得胜希望大，陈贼全部都失败；心在革命不在家，谁知龙岩带了花；我伤非小不相当，副官吩咐到此坊；总要共产到成功，我辈青年把田分。"

墙板诗语言朴实，感情真挚。它既记录下了红四军三打龙岩歼灭陈国辉旅的壮丽场面，更抒发了红军战士英勇杀敌、不怕牺牲，决心为共产主义奋斗终身的壮志豪情，唤出了人民子弟兵的心声。

朱德手令

1929 年 5 月 22 日，红四军来到上杭古田，部队刚一立足，朱军长就叫警卫员小李去买报纸。邮政代办所已关门，说是邮路不通没有报纸。

不一会，警卫员小李领着朱军长来到古田邮政代办所，敲开了门，和邮递员张辑轩亲切交谈。

当朱德同志了解到这里邮件报纸传递不快的主要原因是路途检查次数太多时，便从口袋里掏出一个小本子，撕下一页白纸，用铅笔写了一张字条："所有书报信件已经检查，沿途友军准予通过。为荷！此致 朱德 22/5。"

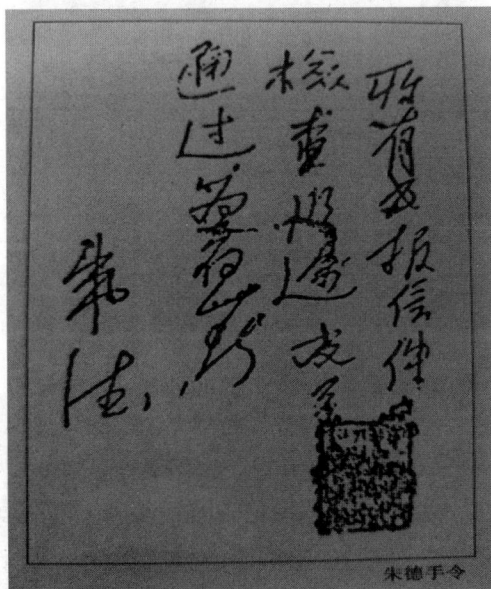

朱德手令（资料来源：《红色闽西》）

朱德同志离开邮政代办所回到部队驻地，将情况通报红四军政治部后，红军宣传队立即在古田邮政代办所墙上，用石灰水刷写了"保护邮局"四个大字。为了使邮电畅通无阻，红四军司令部特地向闽西各地邮局发布了由政治委员毛泽东、军长朱德签署的命令："保护邮局，照常转递"。

此后，朱军长的字条和"保护邮局、照常转递"的命令，由张辑轩的后代精心保存起来，一直到新中国成立。如今陈列在古田会议纪念馆，成了革命传统教育的好教材。

赤色邮花

"赤色邮花"邮票是闽西交通局于 1931 年初发行的,全套 1 枚。下图所示,邮票中心为五角星,内有镰锤,上方有"闽西交通总局"字样,在局名上方有一面苏维埃旗。五星下方有"赤色邮花"字样,邮票上方两角圆圈内为"肆""片",下方两角圆圈内各为"4"字,面值 4 片("片"系闽西方言,1 片即铜元 1 枚),深绿色。图幅为 19 毫米 × 22 毫米,无齿孔,石印版。全张为 110 枚(11 毫米 × 10 毫米),由永定虎岗工农银行印刷局印制。此种邮票发行距今已 60 余年。

赤色邮花(资料来源:《红色闽西》)

闽西交通总局发行的第二套邮票,它有姊妹票,即闽西交通总局于 1930 年 10 月发行的第一套"赤色邮政"邮票。全套 2 枚,面值为铜元 2 片(黄棕色)、4 片(棕色),图幅为 20 毫米 × 23 毫米,无齿孔,毛边纸平版石印,由龙岩县城关东碧斋印书馆制版印制。棕色邮票,图幅为苏维埃徽志,图案正中是个空心的光芒四射五角星,星中交叉的镰锤倒置,四角上各有一个椭圆圈,上面左右两椭圆内标有"肆""片"两字,下面左右两椭圆内标有"闽""西"两字,上端正中从右到左书有"赤色邮政",下端正中从右到左有"交通总局"字样。现收藏于古田会议纪念馆。

闽西交通总局发行的"赤色邮政"邮票和"赤色邮花"邮票,使用到 1932 年 4 月 30 日止,使用时间短,由于战争年代流通范围有限,存世数量极其稀少,特别是"赤色邮花"大连张邮票更为珍罕。这两套邮票已成为珍贵的革命文物,其历史价值和文物价值颇高,价格昂贵。

大事记①

（1926—1949 年，部分）

1926 年

3 月 25 日，在广州的汀属大学生创办了《汀雷》杂志，至 1926 年 12 月 15 日停刊共出版 9 期，每期刊印 1 000 份，撰文作者多为汀属八县在广州求学的学生，其办刊宗旨是揭露汀属各县的军阀土豪劣绅的罪行，唤醒同胞，参加革命，借以自求解放。

初夏，中国共产党永定支部在上湖羊头村"万源楼"正式成立，阮山为支部书记。这是闽西最早的共产党组织。

10 月 14 日，北伐军东路军进驻龙岩。下旬，中国共产党龙岩小组成立，陈庆隆为组长，隶属中共汕头地委领导。

12 月，共产党员雷三明从海陆丰农民运动讲习所毕业后返回上杭，成立了中共上杭县支部，温家福任书记。

1927 年

1 月，经中共闽南部委批准，成立中国共产党龙岩县总支委员会，陈庆隆任总支书记，郭滴人任组织委员，朱文昭任宣传委员。

9 月 7 日，中共长汀特别支部（简称"特支"）成立，选举段奋夫为书记。隶属南昌起义军前委领导。

10 月 25 日，中共永定县第一次代表大会在金砂公学举行，大会宣布成立中共永定县委，选举罗秋天为书记，罗秋天、张鼎丞、卢肇西等 3 人为常委。

12 月底，中共武平特支在象洞张天堂召开全县党员会议，会议决定撤销武平特支，成立中共武平临时县委，练文澜任书记。1928 年春改为中共武平县委。

1928 年

1 月，中共上杭临时县委在庐丰成立，郭柏屏任书记。

---

① 根据中共福建省龙岩市委党史研究室编著的《闽西人民革命史（1919—1949）》（中央文献出版社，2001 版）整理.

3月4日，中共龙岩临时县委发动了震撼闽西的后田农民武装暴动，收缴了全乡地主的全部田契、借约、枪支。随后组建了闽西最早的游击武装——后田游击队。

3月8日，朱积垒率领长乐乡农军500余人举行了平和暴动，并攻进了县城，随后退至山区开展游击战争。

6月25日，在上杭县委的领导下，郭柏屏、傅柏翠等亲率蛟洋农军和群众800余人举行蛟洋暴动。

7月1日，张鼎丞、阮山、卢肇西等领导了永定农民武装暴动，暴动队伍兵分三路向县城进发，攻进了永定县城，捣毁了县衙门。

7月15日，中共福建临时省委代表王海萍在永定溪南指导成立了中共闽西临时特委，郭柏屏任书记。同时还成立了闽西暴动委员会，王海萍任总指挥，张鼎丞、邓子恢、傅柏翠任副总指挥。

7月，中共闽西临时特委成立后，把杭、永、岩的暴动武装整编为闽西红军第七军十九师，下辖五十五、五十六、五十七3个团。

8月中旬，在永定县金砂金谷寺召开溪南区工农兵代表大会，会议宣布成立闽西第一个苏维埃政权——溪南区苏维埃政府，选举廖德修为主席。大会颁布了《土地法》《劳动法》和《婚姻法》。随后进行了土改分田，制定了一整套的土改分田的方针、政策和办法。

12月，罗明抵长汀向中共长汀特支全体党员传达中共"六大"精神。长汀特支改为中共长汀临时县委，段奋夫任书记。

1929 年

2月3日，毛泽东、朱德率红军第四军进入闽西第一站武平县东留乡，开展宣传活动。

3月11日，红四军抵达闽西长汀县境，次日进驻长汀县四都乡。13日，红四军进驻长汀的陂溪村。14日，红四军主力向长岭寨发起总攻，消灭了福建军阀郭凤鸣旅2 000余人，击毙旅长郭凤鸣，解放了长汀县城，取得了红四军入闽第一仗的胜利。

3月15日至3月31日，红四军在长汀工作17天，毛泽东分别主持召开了6种人员调查会和红四军前委扩大会议，制定了开辟赣南闽西革命根据地的战略方针。同时，把红四军团的建制改为纵队建制；帮助组建了长汀县革命委员会；红四军在长汀城筹军饷5万余元，赶制了4 000余套军装，统一了红军军服；帮助长汀成立了赤卫队。

5月19日，红四军第二次入闽抵达长汀县濯田。在濯田乡，毛泽东派宋裕和携带他亲笔写的两封信先行出发，一信转交邓子恢，告知红四军的行动，要求特委做好策应准备；一信交傅柏翠，要他们于5月21日到达庙前共商红四军的行动计划。

5月23日，红四军第一次解放龙岩县城。之后主动撤离向永定进军。27日，红四军前委与永定县委在县城南门坝召开万人大会。毛泽东亲自宣布成立永定县革命委员会，任命张鼎丞为主席。

6月3日，红四军第二次攻占龙岩县城。8日，红四军前委在上杭县白砂召开扩大会议，毛泽东在会上提交一份书面意见，列举红四军党内存在的主要问题，会议通过举手表决形式，作出取消临时军委的决定。

6月10日至18日，毛泽东、朱德率红四军在连城新泉休整，在"望云草室"召开前委扩大会议，决定成立红四军第四纵队，傅柏翠为司令员，张鼎丞为党代表，谭震林为政治部主任。

6月19日，红四军第三次攻占龙岩县城。红四军前委和龙岩县委在中山公园召开有3万余人参加的祝捷大会。

6月21日，龙岩县革命委员会成立，邓子恢被选为主席。22日，红四军党的第七次代表大会在龙岩召开，陈毅当选为前委书记。

7月8日，红四军前委制订红四军7月闽西分兵计划，决定全军四个纵队分别开赴闽西各县，深入发动群众，巩固和发展赤色割据，粉碎国民党的三省"会剿"。

7月20日至29日，在毛泽东的指导下，中共闽西第一次代表大会在上杭县蛟洋乡召开。会议讨论通过《政治决议案》《土地问题决议案》《苏维埃政权决议案》等。大会选举邓子恢为特委书记，张鼎丞为军委书记。

8月上旬至10月上旬，中共闽西"一大"后，毛泽东偕同贺子珍到永定农村，一边做社会调查，一边养病。

9月20日，朱德率领红四军和闽西地方武装攻克了"铁上杭"。下旬，朱德在上杭县城太忠庙主持召开红四军党的第八次代表大会。

9月28日，中央对红四军的工作做出书面指示，即《中共中央给红军第四军前委的指示信》（通常称中央"九月来信"）。

11月18日，陈毅从上海返回闽西，在上杭官庄向红四军前委传达了中央"九月来信"和周恩来的指示。

11月26日，遵照中央指示，毛泽东在谢汉秋的陪同下，从蛟洋到达红四军驻地

汀州，就任前委书记。

12月3日，红四军前委率一、二、三纵队从长汀开赴连城新泉与四纵队汇合，毛泽东在新泉先后召开各种调查会，对红军进行为期10天的政治、军事整训，并开始起草红四军党的第九次代表大会决议案。

12月中旬，红四军进驻上杭古田镇，一方面继续进行军事政治训练，另一方面继续为召开红四军第九次党代表大会做组织上的准备。

12月28日至30日，红四军党的第九次代表大会（即古田会议）在上杭古田胜利召开。大会一致通过《中国共产党红军第四军第九次代表大会决议案》，即古田会议决议。大会选举毛泽东为前委书记。古田会议决议是中国共产党和红军建设的纲领性文献，对党和军队的建设发挥了重大的作用。

1930 年

1月5日左右，毛泽东在上杭古田写下《星星之火，可以燎原》这篇党内通讯，批判了林彪"红旗到底能打多久"的悲观思想，批评了那种不愿经过艰苦工作创建农村革命根据地的错误倾向，毛泽东在这封信中，实际上已形成了以农村为中心，在农村先建立和发展红色政权，待条件成熟时再夺取全国政权的思想。

3月18日，闽西第一次工农兵代表大会在龙岩城胜利召开，历时7天，会议通过了《闽西第一次工农兵代表大会宣言》和5个重要决议案及16项条例。大会决议成立闽西苏维埃政府，选举邓子恢为主席。

3月26日，中央代表恽代英听取闽西苏区的情况汇报后，发表了《闽西苏维埃的过去与将来》的讲话，高度评价了闽西苏区的成就。

6月1日，毛泽东率领红四军从江西寻乌第三次进入闽西武平，促进了武平县的土地革命。

6月12日至22日，毛泽东、朱德在长汀县南阳（今属上杭），主持召开中共红四军前委和闽西特委联席会议，即"南阳会议"，毛泽东做了关于形势和任务的报告，邓子恢汇报了闽西革命根据地半年来革命斗争的形势和各项工作的经验教训，会议讨论通过了《富农问题》和《流氓问题》两个决议案。19日，"南阳会议"移至汀州，在长汀县城继续召开，即称"汀州会议"。会议决定将红四军、红三军、红十二军二、三纵队合编为中国工农红军第一路军（红一军团），任命朱德为军团长，毛泽东为军团总政委。

6月23日，红四军第四纵队与红十二军第一纵队在龙岩县城合编成立红二十一军，邓子恢任政委，胡少海任军长，陈正任政治部主任，邓毅刚任参谋长。

10月7日，闽西总行委、闽西工农革命委员会、闽西红军学校联席会议在龙岩召开。决定把红二十一军第一、第二纵队和红二十军合编为新十二军。

12月7日，《中共闽西特委给南方局报告》指出：从上海经香港、汕头进入闽粤赣边根据地的地下红色交通线已建立。

1931 年

1月15日，新十二军在永定虎岗召开纪念国际共运先驱李卜克内西、列宁、卢森堡大会，会上有战士呼喊"拥护第二国际！""社会民主党万岁！"等口号，导致吴拙哉等7人被捕，后被当作"社会民主党"分子杀害。由此，闽西苏区进行了一场"肃社会民主党"运动。

7月9日，3个团敌人从龙岩、永定进攻虎岗。11日闽粤赣边临时省委、闽西苏维埃政府、军区军事委员会迁至杭武县白砂。

9月，红一方面军粉碎了国民党的第三次"围剿"，使赣南闽西苏区连成一片，形成了有21个县城、5万平方公里土地、250万人口的中央革命根据地。

11月7日至20日，全国第一次工农兵代表大会在瑞金召开，通过《中华苏维埃共和国宪法大纲》等重要决议，宣告中华苏维埃共和国临时中央政府的成立。张鼎丞、邓子恢、范乐春等被选为中央执行委员。

12月18日，周恩来从上海进入中央苏区，途经闽西时致信中央，严肃指出了闽西苏区肃反工作的严重错误。他到中央苏区后，采取坚决的措施制止了闽西"肃社党"错误。

12月23日，周恩来在长汀与闽粤赣省委主要领导协商决定，将"工农武装交通站"改为"工农通讯社"。

1932 年

2月19日，中国工农红军福建军区指挥部成立，下辖杭永岩、汀清连、宁清归3个军分区及红十二军、独立第七师。

3月14日，中共闽粤赣苏区第二次代表大会在汀州基督教堂召开，苏区中央局派任弼时出席大会，并做了政治报告。大会通过了《目前政治形势与闽粤赣苏区党的任务决议案》《关于党的建设问题决议》《苏维埃工作决议》。大会宣布将闽粤赣临时省委改为福建省委，选举罗明为代理书记，张鼎丞、谭震林、李明光、郭滴人等为

常委。

3月18日至21日，福建省第一次工农兵代表大会在长汀召开。会议听取了中央代表任弼时的政治报告和张鼎丞关于闽西苏维埃政府工作报告，大会通过了《土地法》《劳动法》及财政、苏维埃建设等重要决议。22日，福建省苏维埃政府执行委员会第一次会议召开，选举张鼎丞为主席，阙继明、张思垣为副主席。

4月2日，红一军团离开长汀向龙岩进发。4月10日下午，东路军进占龙岩城。4月11日至12日，东路军在龙岩休整，毛泽东在龙岩城主持召开一军团师长、师政委以上干部会议，总结龙岩战斗的经验教训，并研究了下一步行动计划。4月20日，红军攻克漳州。

6月中旬，中央红色医务学校在汀州的万寿宫开办，福音医院院长傅连暲兼任校长。

10月至12月，毛泽东从江西宁都前往长汀福音医院休养。在此期间，经常深入机关、工厂、农村做社会调查，走访干部、群众，召开多种类型的调查会。

12月20日，中共福建省委印发《上杭第一期扩大红军的总结》，赞扬才溪区在扩大红军方面，数量多、成分好、党团员多，荣获优胜红旗的奖励。

1933年

1月上旬，苏区中央局接受毛泽东的建议，批准汀州福音医院迁往瑞金，正式改编为中央红色医院，傅连暲任院长。

1月下旬，中华苏维埃临时中央政府决定在汀州设立汀州市对外贸易局、中华纸业公司、中华贸易公司和中华商业公司。

3月6日，福建军区在上杭旧县将红军独立八、九、十师合编为红军第十九军，叶剑英任军长；杨尚昆任政委，杨英任政治部主任。

3月29日，《红色中华》发表《才溪妇女积极参加春耕》文章指出：才溪区有劳动妇女1991人，会犁田耙田的就有733人。这充分说明各级苏维埃政府积极组织妇女参加生产劳动的成绩。

6月6日，福建省苏维埃政府召开土地部长联席会议，会议根据苏区中央局的决议，一方面在新苏区解决土地分配问题，一方面在老苏区开展查田运动。

7月5日，福建省苏维埃政府召开授奖大会，上杭才溪区评为第一模范区，长汀的红坊区评为第二模范区。同时，才溪光荣亭落成。亭中竖立福建省苏维埃政府授予的"我们是第一个模范区"光荣碑。

11月下旬，毛泽东前往上杭才溪乡进行为期 10 多天的社会调查，写成《才溪乡调查》一文。

1934 年

1月1日，《红色中华》139 期刊登了题为《一个模范的消费合作社》。全面介绍才溪区消费合作社创办以来的发展历程和办社经验。

1月22日至2月1日，全国第二次工农兵代表大会在瑞金召开。会上，毛泽东热烈地赞扬和推广了才溪乡的先进经验，才溪乡被评为中央苏区模范乡。

5月1日，长汀县在中央苏区扩红竞赛中荣获中央革命军事委员会授予的"奖给红色五一扩大红军的模范长汀县"奖旗。

5月下旬，中共福建省委在长汀县城召开全省各县委书记、县苏主席会议，省委书记刘少奇做关于第五次反"围剿"的形势报告。

9月24日至29日，国民党东路军第九师、三十六师和一〇六旅、一〇八旅向固守在松毛岭的红九军团及红二十四师发动全面进攻。经 7 天 7 夜激战，双方伤亡惨重。29日，红军松毛岭全线失守。

10月5日，红九军团从长汀出发开始长征。中旬，中共福建省委、省苏维埃政府、省军区从长汀的梁屋头村向四都山区转移。

1935 年

2月24日，留在中央苏区坚持游击战争的瞿秋白、何叔衡、邓子恢等，向永定转移途中于长汀县水口乡梅迳村被国民党军包围，瞿秋白被捕，邓子恢突出重围，何叔衡跳崖牺牲。

3月中旬，红八团、红九团和张鼎丞率领的部队在永定县月流胜利会师，成立闽西军政委员会，张鼎丞任主席。

4月12日，中央代表陈潭秋主持的闽西党政军代表大会在永定赤寨召开，大会讨论红军长征后的形势，决定成立以张鼎丞为主席的闽西南军政委员会。

5月至7月，闽西南红军游击队粉碎了国民党军在闽西发动的第一期"清剿"。

6月18日，瞿秋白在长汀县城西门外罗汉岭英勇就义。

8月至12月，红军游击队粉碎国民党军在闽西部署的第二期"清剿"。

12月底，闽西南军政委员会通过地下交通与上海中央局交通站取得联系，得到了《中央关于抗日讨蒋统一战线策略的指示》。

1936 年

1月1日，闽西南军政委员会第二次会议在上杭双髻山召开，讨论通过《关于目前新的形势与新的任务决议》，确定在闽西南开展抗日反蒋统一战线的新方针，建立广泛的抗日反蒋统一战线。

2月5日，闽西南军政委员会作出《关于春荒斗争的决定》，提出党在农村主要是解决农民的粮食、土地与春耕资金的困难。

4月26日，闽西南军政委员会发表《告闽西南工人书》，号召广大工人团结起来，坚持斗争。

7月1日，闽西南军政委员会作出《秋收斗争决定》，号召游击区的群众抓紧秋收工作。

9月22日，周恩来致函张鼎丞、邓子恢、谭震林，代表中央对他们苦斗不懈表示敬仰和欣慰，并介绍中央关于建立抗日民族统一战线的政策，使与中共中央失去联系近两年的闽西党组织对全国的抗日形势和党的策略有了更加明确的认识。

12月15日，随着"西安事变"的和平解决，停止内战，一致对外，国共合作，团结抗战的浪潮席卷闽西。闽西南军政委员会发出第3号布告，坚决贯彻中共中央关于抗日民族统一战线的土地政策。

1937 年

3月15日，闽西南军政委员会作出《关于闽西南目前政治形势和党的任务决议》，同时决定将抗日讨蒋工农红军改为人民抗日红军，游击队改名为人民抗日义勇军。

4月上旬，方方代表闽西南军政委员会前往延安向中共中央汇报和请示工作，得到毛泽东等的赞扬。

5月15日，闽西南军政委员会发布《关于闽西南人民抗日救国纲领》《三致粤军公函》等文告，对实现国共合作共同抗日提出各种建议和措施。

7月29日，邓子恢、谢育才与粤军代表练惕生、国民党专署代表张策安三方在龙岩正式谈判达成协议并签字生效，标志闽西第二次国共合作正式形成。这是闽西地方国共两党由十年内战走上团结抗战的历史转折。

8月25日至9月2日，根据和谈协议，闽西红军游击队分别集中龙岩的白沙和平和的小芦溪点编，红军游击队改编为"闽西人民抗日义勇军第一支队"，谢育才任支队长，并成立了闽西人民抗日义勇军司令部，罗忠毅任司令员。

10月9日至15日，中共闽粤赣边临时代表会议在龙岩白沙乡南卓村召开。会上，方方传达了中央对闽西南工作的指示，转达了毛泽东的问候。会议总结了闽西党组织坚持三年游击战争的经验，确定了今后的任务，宣布取消闽西南军政委员会，决定成立闽粤赣边省委，选出委员17人，张鼎丞任书记，方方任组织部部长，邓子恢任宣传部部长，谭震林任军事部长。

11月15日，中共闽粤赣边省委将省委原机关报《红旗》改为《前驱》半月刊。该刊主要任务是宣传党的团结抗战主张，促成抗日民族统一战线在福建的实现。

1938 年

1月28日，谭震林从新四军军部接受命令返回闽粤赣边省委驻地龙岩白土，正式宣布将闽西、闽粤边、闽赣边和闽中地区的红军游击队改编为新四军第二支队，张鼎丞任司令员，谭震林任副司令员，罗忠毅任参谋长，王集成任政治部主任，邓子恢调任新四军政治部副主任。

2月27日下午，新四军二支队全体指战员及各界群众代表6 000余人，在龙岩白土举行北上抗日誓师大会。大会由支队政治部主任王集成主持，支队司令员张鼎丞、中共闽粤赣边省委书记方方在会上讲了话。国民党军政当局负责人涂思宗、张策安等应邀出席了大会。

3月2日，新四军二支队龙岩留守处在白土成立，主任谢育才，副主任魏金水。

5月22日，新四军二支队在抗日前线寄给中共闽粤赣边省委一封《答谢闽西群众慰劳信》，热情洋溢地感谢闽西父老乡亲的大力支持。

6月，根据中央长江局的指示，中共闽粤赣边省委改为中共闽西南潮梅特委，方方为书记。

9月，中共闽西南潮梅特委领导革命基点村进行减租斗争。龙岩、上杭、永定等县的基点村按照不同情况分别实行了"二五""三七""五五"减租。

1939 年

3月，中共闽西南潮梅特委机关由龙岩迁至广东梅县。闽西南设立分委，领导闽西南各地党的工作，谢育才任书记。

7月30日，中共闽西南潮梅特委向所属党组织发出《关于目前政治形势特点报告大纲》，指出：投降妥协是目前政治形势的主要危险，反共逆流是投降妥协的具体准备。因此，反逆流、反击反共顽固分子，是巩固团结、坚持抗战、争取最后胜利的必要步骤。

8月，中共闽西南潮梅特委根据中央指示，通知各级党组织一律转入地下，开展隐蔽斗争，以适应特殊环境，应付突然事变。并制定了党员秘密工作条例和领导机关秘密工作条例。

9月14日，针对国民党闽西顽固派在龙岩、永定进行夺田倒算的活动，闽西南潮梅特委负责人谢育才、魏金水发表书面谈话，指出：龙岩、永定一带的土地问题，必须遵守协议，维持现状，不得变更。击破了顽固派的夺田阴谋。

11月，中共闽西南潮梅特委召开第六次扩大会议，会上传达了中央指示，贯彻关于在国民党统治区党的工作必须"隐蔽精干"的方针，会议选出叶剑英、边章五、方方、伍洪样、苏惠、王维、谢南石等7人为中共"七大"代表。

1940 年

3月，中共闽西南潮梅特委决定深入贯彻中央关于"隐蔽精干"的方针，整顿基干队，提高警惕性；加强基点村的政治工作，防备国民党突然进攻；发动群众购枪，分批组织武装上山。

7月1日，谢育才致函国民党永定县长及地方绅士，严正指出：立即通令停止地方一切反共军事行动，迅速惩办谋杀马永昌等同志之凶犯，尽快制裁贪污奸商，减轻民众负担，改善民众生活。

9月17日，永定爱国归侨中共岐岭党支部宣传委员陈康容被国民党当局杀害，时年25岁。

10月9日，刘永生率永定县委基干队50余人，在大阜击毙了杀害马永昌的凶手，严惩了反共顽固派的壮丁队。

11月，方方从重庆回到中共闽西南潮梅特委，召开干部会议，传达中央指示和南方局关于成立中共南方工作委员会的决定。委员由方方、张文彬、郭潜、涂振农、王涛等5人组成，书记方方、副书记张文彬。会上宣布撤销闽西南潮梅特委，分设闽西、闽南、潮梅3个特委，直属南委领导。

1941 年

1月中旬，中共闽西代表会议在龙岩白土后田畲头村召开，正式成立闽西特委，王涛任书记，魏金水任组织部部长，陈卜人任宣传部部长。

1月20日，国民党顽固派发动震惊全省的"闽西事变"，由于闽西特委机关早一天得到"皖南事变"的消息，立即采取了应变措施，所以未受损失。但几十处革命基点村遭受摧残，接头户数百人被捕或被杀害。仅龙岩县就有 500 多人被捕、数十人罹难。

6 月 17 日，中共中央发出《关于老苏区老游击区工作方针的指示》，指出：大后方老苏区老游击区，目前一般不与国民党作武装斗争，介当国民党抽我武装进攻时，在必要与可能武装自己并可坚持的条件下，武装自己也可以，并应有不怕武装斗争扩大的决心，其目的仍在求和平保存党的力量。

9 月 21 日，闽西特委机关在龙岩油房坑突遭福建省保安十一团的袭击，特委书记王涛不幸中弹壮烈牺牲，大多数干部安全转移。不久，南委决定由魏金水代理闽西特委书记。

11 月 10 日，闽西特委向各县区委发出《关于应付奸顽瓦解我们的新方针的指示》，要求各地党组织采取适时的政策，在党内和基本群众中加强阶级教育，发扬对党的忠实，提倡共产主义的气节与不怕牺牲的精神，利用具体事实进行反对叛变自首的斗争，巩固革命队伍。

12 月 1 日，中共闽西特委发出《关于深入讨论中央〈关于增强党性的决定〉的指示》，要求各县区委负责干部对照学习，开展批评与自我批评、增强党性、加强纪律、认真学习理论、改善自己的工作。

1942 年

2 月，为了统一加强闽西南党组织的领导，中共南方工委指示成立中共闽粤边委员会，朱曼平、张昭娣分任正、副书记。

5 月下旬，南方工作委员会组织部部长郭潜在广东韶关被捕叛变，使南委副书记张文彬和宣传部部长涂振农被捕。随后，南委领导下的粤北、广西等省委也遭受破坏，造成了严重的"南委事件"。

6 月 8 日，中共南方局致电方方：（一）南委同江西、粤北党组织断绝一切往来，负责同志立即分散隐蔽；（二）立即斩断一切上层的公开关系；（三）南委直接管辖的下级党组织暂停止活动。此后，南委决定：组织上，保留特委、县委，区以下组织停止活动。区设联络员，支部设观察员。特委、县委委员制改为特派员。

6 月，"南委事件"发生后，面对国民党顽固派的武装进攻，方方指定李碧山为南委联络员，负责与南方局和闽西、闽南、潮汕地区的联系，采取有理有节的斗争，以保存和积蓄力量。

10 月 8 日，闽粤边委书记朱曼平针对闽西老区党组织和群众基础较好的形势，要

求各县党组织以生产生息为工作中心，隐藏和锻炼干部，逐步取得经济自给，伺机再动。

11月17日，中共闽西特委书记魏金水为进一步贯彻南委指示，作了《对汀连边工作意见》的讲话，布置"生产自给运动"具体措施。

1943 年

5月5日，国民党福建省保安处第一指挥部（闽西）指挥官王成章召开反共检讨会，决定发动夏季攻势，对共产党实行"全面搜剿""于最短期内竭全力加以扑灭之"。

夏，国民党掀起第三次反共高潮，闽西的顽固派又闻风而起，紧密配合，破坏共产党隐蔽生产基地，洗劫基点村，屠杀共产党的干部，强迫移民并村，制造了一系列极其严重的反共事件，形势更趋紧张。

7月至8月，岩永杭边100多个村庄遭受国民党的严重摧残。上杭严坑、龙岩小池的牛眠石等10多个村庄被迫移民。许多干部家属被扣押作人质，魏金水一家老小7人长期被拘禁，3人死于狱中。

10月7日，根据中共粤边委的决定，闽西南武装经济工作总队在平和县芦溪乡成立，刘永生任总队长，范元辉任政委，着力解决经济问题。接着，经工总队闽西分队也在永定董生棋山成立，由经工总队政治部主任陈仲平兼任指导员，巫先科任队长，共有武装人员12人。

10月，中共闽西特委领导农民抵制龙岩县国民党政府提出的"扶植自耕农"方案，组织农村党员和秘密农会会员总结过去保田斗争中"争取多数，打击少数，利用矛盾，各个击破"的策略，同国民党当局抗争。

1944 年

5月，福建省国民党军政当局在龙岩设立闽西绥靖区指挥部，统一指挥龙岩、永定、上杭等县国民党地方武装，企图消灭闽西的共产党组织及其武装。

8月，岩西北县委委员陈士坤和龙岩县委派到外线工作的区委干部林汉章、章永木，以及从外地返回龙岩县山马区的原区委书记张木良等，先后被国民党顽固派抓获并杀害。

10月25日，为纪念王涛烈士而命名的王涛支队，在杭永边境的梅镇乡楮树坪宣告成立。支队长刘永生，副支队长巫先科，代政委兼政治部主任陈仲平。全队49人都是久经考验的共产党员。

11 月间，中共永和靖县委在永定金丰大山建立了一支以陈康容烈士名字命名的武装游击队——康容支队，陈永安任支队长，熊克庭任指导员，共有队员 15 人。1945 年 2 月，康容支队编入王涛支队。

12 月 10 日，王涛支队一举攻下连坑村反共自卫队驻守的炮楼，缴获步枪 3 支和电话机一部，拔除国民党的一个反动据点。

12 月 27 日，王涛支队在龙岩小池山凹击溃国民党省保安三团一个连，毙敌 4 人，俘敌 6 人，缴获轻机枪 1 挺。

1945 年

4 月 13 日，刘永生率领王涛支队利用上杭丰稔圩的有利时机，全歼国民党保安三团一个连，缴获机枪 3 挺、步枪 20 支、短枪 6 支、子弹万余发，取得丰稔战斗的胜利。

5 月 2 日，王涛支队在龙岩田螺形消灭国民党龙岩专署自卫大队，毙敌 13 人，俘敌 23 人。缴获手提机枪 1 挺、步枪 22 支、驳壳枪 6 支。

6 月 14 日，中共闽粤边委在永定金丰大山召开闽西南党的领导干部会议，确定了新的斗争方针，决定把王涛支队扩编为三个大队，支队部改为司令部，刘永生为司令员。同时决定成立中共闽西南特委和军事委员会，由魏金水为书记兼军委会主席，朱曼平仍为闽粤边委书记兼闽西南军事委员会书记。

8 月 15 日，日本宣布无条件投降，中国人民取得了抗日战争的伟大胜利，闽西的共产党人迅速转入争取和平民主建立中华人民共和国的斗争。

9 月 15 日，中共闽粤边委机关报《新民主》发表《铁的意志，铁的态度》的社论，揭露国民党当局进攻闽西南人民武装、摧残群众的罪行，表明"犯我者击之，反我者反之"的严正立场。

10 月 14 日，闽粤边委在永定县龙门决定成立闽西军分区司令部，领导全闽西的武装斗争，司令员刘永生，政委林映雪。

12 月 12 日，闽粤边临委发出指示，要求各级党委和部队，必须坚决领导群众，采取合法与非法相结合，把群众求生存斗争和粉碎国民党反动派的进攻结合起来。

1946 年

1 月 9 日，闽粤边临委发出《关于革命新时期的当前任务》的指示，指出：敌军继续向我进攻，我们无理由束手待毙；要争取主动求生存。决定一面继续贯彻"分散发展，以待时机"的方针；一面坚决创造战略出击，而取得应有的政治地位与经济的解决。

2 月 24 日，中共闽粤边区临委特派员魏金水，在临委机关庆祝和平民主大会上，发表《掀起闽西南和平民主的热烈运动》的讲话，提出：党要从群众的切身要求入手，领导广大群众走上反对内战、推行民主的政治斗争的道路。在军事上开展有理、有利、有节的军事自卫斗争。

6 月 22 日，蒋介石单方撕毁"停战协定"，悍然发动全面内战，大举向解放区、游击区进攻。

7 月 19 日，驻在永定合溪半山的闽西特委、杭永县委机关，遭国民党军 300 余人的包围，在突围中，闽西特委 5 人牺牲，7 人被捕，其中 4 人在狱中被折磨致死。造成震惊闽粤边的"半山事件"，闽西特委和杭永县委遭受重大损失。

11 月，中共闽粤边临委召开会议，朱曼平传达南方分局负责人方方的指示，强调边区的斗争总方针仍是"长期埋伏，积蓄力量，等待时机"。会议决定闽粤边临委改为中共闽粤边工作委员会，由魏金水总负责，工委下设梅埔、闽西、闽南三个地委。原闽粤赣中心县委及闽西、闽南两特委撤销。

1947 年

1 月，根据中共中央指示，中共香港分局成立，由方方、林平、潘汉年等人负责，管理南方党的工作，直属中共中央南方局，中共闽粤边工委隶属香港分局领导。

4 月，魏金水从香港回闽西后，在永定召开中共闽粤边工作委员会扩大会议，传达中共中央和香港分局的有关决议，确定"以粤东为重点，先粤东后闽西南""放手发动群众，开展武装斗争"的战略方针。决定把工委特务队和粤东特务队合编成立中国人民解放军粤东支队。支队长刘永生，支队政委杨建昌。

6 月 18 日，中共闽粤边工作委员会在广东大埔县隘头村召开第一次执委扩大会议。会议传达了中央和香港分局的指示，制定闽粤赣边区党的总任务是："放手发动群众，创造闽粤边区人民解放军及解放区。"会议决定成立中国人民解放军闽粤赣边总队，刘永生任总队长，魏金水任政委，朱曼平任副政委，总队共 50 人。会议还决定各地委成立支队，各县成立独立大队，以利游击战争的全面开展。

8 月 20 日，中共闽西地委遵照中共闽粤边工委第一次执委扩大会议精神，在永定金丰大山雨顶坪成立中国人民解放军闽粤赣边总队闽西支队，兰汉华任支队长，林映雪兼政委，郑永清任副支队长，丘锦才任副政委，胡伟任政治部主任。

9 月 14 日，中共闽粤边工委发出《致总队及各地委的信》，提出"加速准备力量，迎接大军南下，壮大人民武装，配合全国总反攻，解放闽粤赣边苦难人民"的口号。

10月至11月，闽粤边武装斗争活跃，使大部分县区的乡保反动政权基本瘫痪，镇压一批反动分子，消灭一批地方反动武装，初步解决经费、粮食和武装等问题。

1948 年

1月5日，中共闽粤边工委发出《关于发动年关斗争的意见》，要求各党委、各部队利用群众斗争日益高涨的有利条件，采取各种形式，大胆地、普遍地发动年关斗争，以解决群众的经济困难，并进一步把群众发动起来。

3月15日，国民党闽粤边"剿共"总指挥部指挥涂思宗在大埔县大麻镇主持召开"闽粤边各县军事会议"，制订所谓"十字扫荡"的进攻方案。

7月17日，中共中央发出《关于南方各游击区暂不实行土地改革的指示》。中共闽粤边工委认真贯彻中央指示，在游击根据地开展反对国民党政府的征粮、征兵、征税斗争，以及实行减租减息的政策。

8月5日，撤销中共闽粤边工作委员会，成立中共闽粤赣边区委员会，由魏金水任书记，朱曼平任副书记，管辖粤东、潮汕、闽西、闽南。

8月7日至22日，中共闽粤赣边党委召开了边区第一次党代会。会议充分肯定了边工委第一次扩大会议所确定的"创造闽粤赣边区人民解放军和解放区"的总任务，"放手发动群众，开展游击战争"的方针和"由外而内"出击等战略战术的正确性。会议作出《关于粉碎重点进攻，为建立和发展边区根据地而斗争决议案》。

12月，闽粤赣边区党委发出《关于目前形势问题》的指示。指出：边区党经过一年来的斗争，武装力量扩增了12倍，活动地区达40余县，党的队伍也逐渐壮大，并且在斗争中涌现了大批干部，边区的斗争已经在分散小搞中打下了大搞的基础。

1949 年

1月29日，根据中央军委命令，在广东大埔县樟树村成立中国人民解放军闽粤赣边区纵队，司令员刘永生，政委魏金水，副司令员兼参谋长铁坚，副政委朱曼平，政治部主任林美南。管辖5个支队，闽西为第七支队。

2月28日，中共闽西地委、第七支队领导和中共永定县委在永定河凹头召开负责人会议，会议确定"壮大自己，发动群众斗争，使各县连成一片，有力地配合兄弟部队行动，迎接大军，为解放闽西人民而斗争"的方针。

8月24日，福建省人民政府宣告成立，张鼎丞任主席。

9月1日，中共永定县委在湖雷詹屋坪召开庆祝永定解放暨永定县人民民主政府

成立大会。

9月17日，上杭县人民民主政府正式成立，张昭娣任县长，军管会同时撤销。

10月19日，长汀县各界人士1万余人，在南寨广场举行"庆祝中华人民共和国成立、长汀人民解放大会"，会上宣告成立长汀县人民政府。游荣长任县长，吴德贤任副县长。

10月中下旬，根据中共中央华南分局和福建省委指示，中共闽西地委改为中共福建省委第八地方委员会，隶属中共福建省委，统辖龙岩、永定、上杭、武平、长汀、连城、漳平等7个县委。

10月30日，福建省第八地委、第八行政督察公署、第八军分区在龙岩成立。范元辉任地委书记兼军分区政委，陈仲平任专员，王胜任军分区司令员。

11月6日，以戴炳辉为团长、陈梅光为副团长的中国人民解放军军事代表团进驻接管连城。

11月7日，福建省第八行政督察公署批准成立武平县人民政府，县长由饶奕昌（饶练）兼，副县长谢抡攒。

11月10日，龙岩县人民政府宣告成立。县长吴潮芳，副县长罗恭旺、陈水锦。至此，闽西各级人民政府及党政军机构均已建立。

参考文献

［1］ 毛泽东. 毛泽东选集：合订本［M］. 北京：人民出版社，1964.

［2］ 福建省档案馆，广东省档案馆. 闽粤赣边区革命历史档案汇编：第5辑［M］. 北京：档案出版社，1987.

［3］ 中共中央文献研究室. 毛泽东文集：第1卷［M］. 北京：人民出版社，1993.

［4］ 毛泽东. 毛泽东选集：第1卷［M］. 北京：人民出版社，1991.

［5］ 中共中央文献研究室，中国人民解放军军事科学院. 毛泽东军事文集：第1卷［M］. 北京：军事科学出版社、中央文献出版社，1993.

［6］ 中共中央文献研究室. 周恩来军事文选：第1卷［M］. 北京：人民出版社，1993.

［7］ 中共中央文献研究室. 周恩来选集：上卷［M］. 北京：人民出版社，1980.

［8］ 邓小平. 邓小平文选：第2卷（1975—1982）［M］. 北京：人民出版社，1983.

［9］ 中共中央党史资料征集委员会. 中共党史资料：第21辑［M］. 北京：中共党史资料出版社，1987.

［10］中共党史资料征集委员会征集研究室. 中共党史资料专题研究集：第二次国内革命战争时期［M］. 北京：中央党史资料出版社，1988.

［11］中央档案馆，中共中央文献研究室. 中共中央文件选集：第5册［M］. 北京：中央党校出版社，1990.

［12］中央档案馆. 中共中央文件选集：第15卷（1945）［M］. 北京：中共中央党校出版社，1991.

［13］邓子恢. 龙岩人民革命斗争回忆录［M］. 福州：福建人民出版社，1961.

［14］张鼎丞. 中国共产党创建闽西革命根据地［M］. 福州：福建人民出版社，1982.

［15］张鼎丞，邓子恢. 闽西的春天［M］. 福州：福建人民出版社，1979.

［16］中共龙岩市委党史研究室. 从闽西走出的骄子［M］. 北京：中央文献出版社，2003.

［17］中共龙岩市委党史研究室. 无产阶级革命家在闽西［M］. 北京：社会科学文献出版社，2001.

[18] 中共龙岩市委党史研究室.龙岩人民革命史［M］.厦门：厦门大学出版社，1989.

[19] 中共永定县委党史研究室.永定人民革命史［M］.厦门：厦门大学出版社，1989.

[20] 中共上杭县委党史研究室.上杭人民革命史［M］.厦门：厦门大学出版社，1989.

[21] 中共长汀县委党史工作委员会.长汀人民革命史［M］.厦门：厦门大学出版社，1990.

[22] 中共中央文献研究室，中央档案馆.建党以来重要文献选编：第15册［M］.北京：中央文献出版社，2011.

[23] 闽西革命历史博物馆.闽西与中国革命［M］.北京：中共党史出版社，2012.

[24] 马克思恩格斯选集：第1卷［M］.北京：人民出版社，2012.

[25] 习近平.谈治国理政：第2卷［M］.北京：外文出版社，2017.

[26] 中共中央党史研究室.中国共产党历史：第一卷（1921—1949）：上册［M］.北京：中共党史出版社，2011.

[27] 中共龙岩市委党史研究室.闽西人民革命史［M］.北京：中央文献出版社，2001.

[28] 傅如通，符维健.红色闽西［M］.北京：中央文献出版社，2007.

[29] 萧克.关于红四军党的"七大"［J］.北京社会科学，1993（2）：130-136.

[30] 中共龙岩市委宣传部，党史研究室.闽西红色故事100篇［M］.北京：中央党史出版社，2018：209.

[31] 中共福建省龙岩市委党史研究室.闽西人民革命史（1919—1949）［M］.北京：中央文献出版社，2001：397.

[32] 中共长汀县委党史研究室.福建中央苏区纵横：长汀卷［M］.北京：中央党史出版社，2009：17.

[33] 新罗区档案馆，龙岩学院中央苏区研究院，厦门大学历史系，编.民国时期龙岩县扶植自耕农档案史料［M］.厦门：厦门大学出版社，2021.

[34] 中共福建省龙岩市委党史研究室.闽西人民革命史（1919—1949）［M］.北京：中央文献出版社，2001：507.

[35] 中共龙岩市委政研室.龙岩市推进闽西红色文化遗存保护利用研究［N］.红色文化周刊，2018-09-03（8）.

[36] 中共福建省龙岩市委党史研究室.闽西人民革命史（1919—1949）［M］.北京：中央文献出版社，2001：444.